Die Gestapo

Die Gestapo

Frank Gutermuth
Arno Netzbandt

nicolai

© 2005 Nicolaische Verlagsbuchhandlung GmbH, Berlin

Lektorat: Cornelia Kruse, Berlin
Mitarbeit Bildredaktion: Katja Klier, Berlin
Gestaltung: hawemannundmosch, Berlin
Umschlaggestaltung: castenow. beratung und kreation gmbh
Satz und Repro: Mega-Satz-Service, Berlin
Druck und Bindung: Ebner & Spiegel, Ulm

ISBN 3-89479-201-9

Inhalt

Vorwort

Dem Begleitbuch zur ARD-Fernsehreihe »Die Gestapo«, das Sie hier in Händen halten, liegen jahrelange Recherchen zugrunde – eine ebenso anspruchsvolle wie anstrengende Arbeit, die bei allen Beteiligten den Blick für diesen verhängnisvollen Abschnitt deutscher Geschichte geschärft hat.

Für eine sachlich korrekte Darstellung war es dringend erforderlich, den neuesten Stand der Wissenschaft zu kennen und einzubeziehen, darüber hinaus aber waren es doch immer wieder die Geschichten hinter der »großen« Geschichte, Erinnerungen von Opfern der Geheimen Staatspolizei, die uns berührten und zunehmend in Atem hielten. Bei aller Professionalität geht es stets tief unter die Haut, wenn man anhand solcher Zeugnisse miterlebt, in welchem Maße die Zeitzeugen mit dem damals Erlebten gerungen haben und immer noch ringen; es sind die Aussagen der unmittelbar Betroffenen, die das Geschehene immer aufs Neue so beklemmend gegenwärtig halten.

Dieses Buch informiert kompetent über Werden und Wirken der Gestapo, von den Anfängen kurz nach der »Machtergreifung« 1933 bis hin zu den Karrieren beteiligter Beamter, die oft auch noch nach Kriegsende ihre Fortsetzung fanden. Mit Blick auf das Selbstverständnis der »Weltanschauungskrieger« wird deutlich, wie Polizeibeamte ohne Zögern oder Gewissenskonflikte vom »Freund und Helfer« zu Tätern wurden; die Beschäftigung mit der Geisteshaltung dieser Handlanger des Systems, die sich als »Chirurgen am Volkskörper« verstanden, erschreckt ebenso wie sie erhellt. Gerade diese Einstellung brachte das Gift zutage, das jegliche Menschlichkeit zersetzte – und bewirkte, dass nicht nur Deutschland, sondern schließlich das gesamte besetzte Europa mit einer Welle gnadenlosen Terrors überrollt wurde.

Die Arbeit an der ARD-Dokumentation »Die Gestapo« hat alle, die daran mitwirkten, zutiefst beeindruckt und auch geprägt. Vieles, was im Fernsehen nur in der vom Medium gebotenen Kürze vorgestellt werden kann, erfährt im vorliegenden Band die notwendige Erweiterung und Vertiefung. Und so verbleiben wir frei nach Erich Kästner: »Wer verstehen will, muss lesen.«

Holger Hillesheim und Wolfgang Schoen
Filmautoren der dreiteiligen Dokumentation »Die Gestapo«

Einleitung

Die Geheime Staatspolizei stand im Zentrum der verbrecherischen Aktivitäten, mit denen die Nationalsozialisten zunächst das Deutsche Reich und bis 1945 fast ganz Europa überzogen. Für die Verfolgung Tausender politischer Gegner und die systematische Ermordung von Millionen europäischer Juden war sie maßgeblich mit verantwortlich. Das Organisationsgeflecht aus SS und Politischer Polizei, die in Preußen schon 1933 in der Gestapo aufging, entwickelte sich zwischen 1933 und 1945 zu dem wesentlichen Stabilisierungsfaktor des nationalsozialistischen Herrschaftsgefüges – als Richter über Leben und Tod gehörten die Gestapo-Führer zu den mächtigsten Männern im Deutschen Reich. Früh schuf sich dieser Apparat selbst den Mythos, allwissend und allmächtig zu sein, doch konnte er nur aus einem Grund so wirkungsvoll agieren: Viele Deutsche waren zur Denunziation bereit und fungierten mithin als wichtige Rädchen in der Maschinerie der Verfolgung, was mit der Zeit zur Folge hatte, dass die Bevölkerung sich in weiten Teilen gleichsam selbst überwachte – und dies in einer Weise, wie es die Geheime Staatspolizei schon aufgrund ihrer personellen Kapazitäten niemals hätte bewerkstelligen können.

Eine Geschichte dieser Behörde zu erzählen ist nicht möglich, ohne die Geschichte des so genannten »Dritten Reiches« immer wieder zu streifen. Wer also waren die Täter, wie gingen sie vor, welche Bevölkerungsteile gerieten zu welchem Zeitpunkt besonders ins Visier der Verfolgung? Die Biographien einzelner Beamter werden hier ebenso mit einbezogen wie Berichte heute noch lebender Opfer; dass dies in einem Fernsehbegleitbuch nur streiflichtartig geschehen kann, liegt auf der Hand – so ungeheuerlich war das Ausmaß der von der Gestapo im In- und Ausland begangenen Taten, dass lediglich einzelne Aspekte exemplarisch aufgezeigt werden können. Weitgehend dem chronologischen Verlauf von 1933 bis 1945 folgend, zeichnet der vorliegende Band in fünf Kapiteln die wichtigsten Entwicklungsstränge nach.

Zunächst wird die Situation zu Beginn der NS-Herrschaft beschrieben, in der die Gestapo gegründet wurde und ihr Aufstieg begann. Ein Hauptaugenmerk gilt mit Heinrich Himmler, Reinhard Heydrich und Heinrich Müller den Protagonisten dieser Entwicklung, des Weiteren steht die allgemeine Struktur der Organisation bis 1939 ebenso im Blickpunkt wie das Selbstverständnis dieses Polizeiapparats, dessen stetige Kompetenzerweiterung anfangs innerhalb der NS-Herrschaft durchaus auch auf Widerstand stieß.

Anschließend ist das Instrumentarium zu thematisieren, mit dem die Gestapo ihr Verfolgungssystem auf- und ausbaute: Ohne Karteikartensystem, ohne (willkürlich gehandhabte) »Schutzhaftbefehle« und – wichtiger Pfeiler des Unterdrückungssystems – ohne die Inhaftierung unliebsamer Personen in Konzentrationslagern hätte die nun anlaufende Maschinerie niemals so umfassend wirken können. Die erste große Verfolgungswelle gleich nach Hitlers Machtantritt richtete sich gegen Kommunisten, Sozialdemokraten und Antifaschisten, was hier anhand von Augenzeugenberichten verdeutlicht werden wird. Doch sollte es nicht bei der Verfolgung politischer Gegner bleiben: Im Zusammenhang mit dem »Röhm-Putsch« von 1934 und der damit verbundenen Machtausweitung Himmlers und seiner SS wird anschließend das verbreitete Spektrum der von der Gestapo verfolgten »Feindgruppen« beschrieben; damals als »Zigeuner« Verfolgte kommen ebenso zu Wort wie als Homosexuelle, »Bibelforscher« oder Mitglieder der »Swing-Jugend« Inkriminierte. Zentrales Thema ist zudem das Vorgehen der Geheimen Staatspolizei bei der Umsetzung der antisemitischen »Judenpolitik«, von jeher Grundpfeiler der NS-Ideologie: Wurde die Ausgrenzung schon seit Hitlers Machtantritt unerbittlich betrieben, bedeuteten die 1935 erlassenen »Nürnberger Rassegesetze«, die jüdische Deutsche ganz legal zu Bürgern zweiter Klasse herabsetzten, einen besonders gravierenden Einschnitt. Diese Entwicklung fand bis 1938 mit der Einrichtung der »Zentralstelle für jüdische Auswanderung« in Wien, die die Ausreise massiv forcierte, sowie mit dem reichsweiten Pogrom vom 9. November 1938, bei dem jüdische Geschäfte, Synagogen und Privatwohnungen zuhauf verwüstet wurden, ihre Fortsetzung – und sollte in Massendeportation und organisierte Vernichtung der europäischen Juden münden.

Ein dritter Teil befasst sich mit den Verbrechen der Gestapo in verschiedenen Ländern Europas seit Kriegsbeginn 1939: Bei den schon im Vorfeld inszenierten »Zwischenfällen« nahe der polnischen Grenze, die als »propagandistischer« Anlass für den deutschen Einmarsch in Polen dienen sollten, wirkte die Geheime Staatspolizei federführend mit, und auch das Wüten der so genannten »Einsatzgruppen« in Polen und später der Sowjetunion ging entscheidend auf ihr Konto. Wie rücksichtslos die Gestapo als Teil der deutschen Besatzungsmacht vorging, wird vor allem am Beispiel Frankreichs gezeigt: Im Gefolge des »Westfeldzugs« 1940 gerieten auch die Franzosen ins Visier der Beamten, die mit derselben Zielstrebigkeit, die sie im Deutschen Reich an den Tag legten, politische Gegner, die Kämpfer der Résistance und immer mehr Juden verfolgten und später ermorden ließen. Die Umsetzung der auf der Wannsee-Konferenz im Januar 1942 koordinierten Massendeportation und -vernichtung von Juden aus ganz Europa schließlich wird am Beispiel Mainfranken gezeigt: Bei der Verschleppung der dortigen Juden in die Todeslager im Osten ist das Zusammenspiel von Gestapo und lokalen Behörden besonders gut dokumentiert – und wird hier anhand einer fast lückenlos zu rekonstruierenden Täterbiographie ins Blickfeld gerückt.

Thema des vierten Teils ist die Verfolgungspraxis der Gestapo innerhalb des Deutschen Reiches, seit eine Serie von militärischen Niederlagen und das Vorrücken alliierter Streitkräfte das frühzeitige Ende des »Tausendjährigen Reiches« ankündigte: Die Unterdrückung von »Fremdarbeitern«, die Ahndung von »Feindbegünstigung« seitens der deutschen Bevölkerung und die Einrichtung so genannter »Arbeitserziehungslager« gehörten zum erweiterten Repertoire der Gestapo, um das »Volk« gefügig zu halten. Als Folge des gescheiterten Attentats vom 20. Juli 1944 wurden die Kompetenzen von Himmlers Machtapparat noch einmal beträchtlich erweitert, die Willkür richtete sich nun auch völlig enthemmt gegen die eigene »Volksgemeinschaft«.

Abschließend wird an ausgewählten Beispielen gezeigt, welche Wege die Täter nach 1945 beschritten – um Verschollene rankten sich jahrzehntelang die verschiedensten Mythen, andere führten zuhauf ein unbehelligtes Leben in Freiheit; die gesellschaftlichen Bedingungen im besiegten (West-) Deutschland ermöglichten selbst belasteten Gestapo-Beamten nicht selten einen problemlosen Neuanfang. Die hier offenbar werdenden Kontinuitäten erschrecken nicht weniger als die Tatsache, dass es mitnichten nur Beamte in Leitungsfunktionen waren, die die Verantwortung für die Verbrechen trugen, sondern auch und gerade rangniedere Beamte.

Die Gestapo dokumentierte ihr verbrecherisches Tun umfassend, doch vernichteten die Beamten vor Kriegsende zahlreiche Akten, um sie dem Zugriff der Alliierten zu entziehen und Spuren zu verwischen – auch um den eigenen Kopf zu retten. Der noch vorhandene Aktenbestand weist Lücken auf, nur auf lokaler Ebene ist eine weitgehende Rekonstruktion möglich. Zudem hat die Geheime Staatspolizei ihre Arbeit höchst selten fotografisch dokumentiert. Trotz alledem ist es bei den Vorarbeiten zur Fernsehdokumentation gelungen, eine erkleckliche Anzahl an Bildern zusammenzutragen, die eine Ahnung von dem Schrecken vermitteln, den der nationalsozialistische Polizeiapparat weit über die Grenzen des Deutschen Reiches hinaus verbreitete.

Unser größter Dank gilt allen Zeitzeugen, die bereit waren, ihre schmerzhaften Erinnerungen der Öffentlichkeit zugänglich zu machen. Ebenso sind wir allen Gedenkstätten, Forschungseinrichtungen und Archiven zu Dank verpflichtet, die uns unterstützt und die Realisierung dieses Buchprojekts somit erst ermöglicht haben. Und nicht zuletzt sei auch all denen, die uns mit Engagement, Rat und Tat zur Seite standen, an dieser Stelle herzlich gedankt.

Frank Gutermuth und Arno Netzbandt   Berlin, April 2005

Prolog: Die Hintergründe

Die Anfänge der Gestapo

Als am 30. Januar 1933 die Nationalsozialistische Deutsche Arbeiterpartei (NSDAP) unter Führung von Adolf Hitler in die Regierung des Deutschen Reiches eintrat, ahnten viele nicht, welche weitreichenden Ereignisse in den nächsten Jahren bevorstehen würden: Unterdrückung, Terror und Unterwerfung und schließlich Vernichtung, Zerstörung und Krieg. Ein klar umrissenes, umfangreiches Regierungsprogramm der NSDAP war nicht bekannt, lediglich ihre – nicht nur Rhetorik bleibende – Feindschaft gegenüber der Arbeiterbewegung sowie ihre antisemitischen Hetztiraden waren öffentlich. Die Ablehnung und Bekämpfung nicht nur der Kommunistischen Partei Deutschlands (KPD), sondern der parlamentarisch-demokratischen Ordnung der Weimarer Republik stießen auch bei Deutschnationalen und Konservativen auf Zustimmung. Die Nationalsozialisten, die 1932 im Zuge der sich langsam bessernden wirtschaftlichen Lage ihren Zenit scheinbar überschritten hatten, waren in der neuen Regierung neben Hitler als Reichskanzler nur mit zwei weiteren Ministern vertreten: Wilhelm Frick und Hermann Göring. Doch diese hatten Schlüsselpositionen besetzt, die einen Zugriff auf die Polizei im größten Teil des Reiches ermöglichten. Frick wurde zum Reichsinnenminister ernannt, Göring zum Minister ohne Geschäftsbereich, dafür aber mit der Geschäftswahrnehmung als preußischer Innenminister beauftragt. In Preußen, dem größten und mit rund 60 Prozent bevölkerungsreichsten Land des Deutschen Reiches, war bereits am 20. Juli 1932 zur Zeit der Regierung des Kanzlers Franz von Papen die Landesregierung durch Notverordnung ihres Amtes enthoben worden. Dieser »Preußenputsch«, auch »Preußenschlag« genannt, setzte gegen die Regelungen der Weimarer Verfassung die gewählte preußische Regierung ab. Begründung dafür war der angeblich unhaltbare Zustand, dass die Regierung keine Mehrheit im Landesparlament hatte und somit als handlungsunfähig angesehen wurde. Zunächst wurden Ministerpräsident und Innenminister, beide Sozialdemokraten, entlassen, was den Putschisten der Reichsregierung den Zugriff auf die preußische Polizei ermöglichte.

Nachdem Hitler am 30. Januar 1933 zum Reichskanzler ernannt worden war, feierten NSDAP-Anhänger mit einem abendlichen Fackelzug Adolf Hitler, Wilhelm Frick und Hermann Göring am Fenster der Berliner Reichskanzlei.

Reichskanzler von Papen selbst wurde Reichskommissar für Preußen – und verringerte den sozialdemokratischen Einfluss in der Verwaltung und der Polizei. Vor diesem Hintergrund wurde in der im Januar 1933 neu nominierten Reichsregierung der diesmal zum Vizekanzler ernannte Papen erneut zum Reichskommissar für Preußen bestellt. Das waren die Voraussetzungen, unter denen Göring als kommissarischer Innenminister Preußens Chef aller Polizeikräfte dieses Landes wurde. Um die verbliebenen Anhänger der Republik – sozialdemokratische oder sonstige – aus der preußischen Verwaltung, besonders aus der Polizei zu entfernen, setzte Göring am 7. Februar 1933 den SS-Gruppenführer Kurt Daluege, Mitglied der NSDAP seit 1922, zum Kommissar »zur besonderen Verfügung« ein. In der nationalsozialistischen Bewegung hatte Daluege bereits zahlreiche Posten innegehabt, so war er etwa als SS-Führer von Berlin 1930 verantwortlich für die so genannten Rollkommandos gewesen, die Überraschungsangriffe auf Kommunisten und andere politische Gegner organisierten, und in innerparteilichen Konflikten hatte er stets auf Seiten Hitlers gefochten.

Göring wusste seine Macht zu nutzen, indem er am 17. Februar 1933 die Polizei aufforderte, im Kampf gegen politische Gegner rücksichtslos von der Schusswaffe Gebrauch zu machen. Wenige Tage später, am 22. Februar 1933, wurden Teile der Kampfverbände der NSDAP (SA und SS) sowie des deutsch-nationalen, republikfeindlichen und militärisch aufgebauten »Stahlhelm« in Preußen als »Hilfspolizei« eingesetzt; Streifen- und Wachdienst durfte nur in Begleitung regulärer Polizeibeamter durchgeführt werden. Ihre Stärke betrug etwa 50 000 Mann. Unterstützt von den regulären Polizeikräften, sollten diese Kampfverbände in ihrem Terror gegen die KPD und die Sozialdemokratische Partei Deutschlands (SPD) legalisiert werden. Bald wurde das Reich mit einem unübersichtlichen System von Folterstätten überzogen, die vornehmlich von lokalen oder regionalen SA- oder SS-Einheiten betrieben wurden.

Innerhalb der Polizeiapparate hatten die einzelnen Länder in der Weimarer Republik Politische Polizeien eingerichtet. Für die Politische Polizei in Preußen wurden die Koordinationsaufgaben von der Abteilung I A des Berliner Polizeipräsidiums ausgeübt. Die Leitung dieser Abteilung übertrug Göring noch vor dem Reichstagsbrand 1933 dem Oberregierungsrat Rudolf Diels, der vorher im preußischen Innenministerium für die Bekämpfung kommunistischer Bewegungen zuständig gewesen war. Der Reichstagsbrand vom 27. Februar wurde zum Anlass genommen, bereits am folgenden Tag die so genannte »Notverordnung zum Schutz von Volk und Staat« (Reichstagsbrandverordnung) zu erlassen, die vor allem die Aufhebung der verfassungsmäßigen Sicherungen gegen willkürliche Verhaftungen beinhaltete. Diese Verordnung hatte aufgrund ihrer dauerhaften Wirkung und der Aufhebung gesetzlicher Bestimmungen der Weimarer Republik den Charakter einer »Verfassungsurkunde« des nationalsozialistischen Deutschen Reiches (Ernst Fraenkel). Die Reichstagsbrandverordnung ermöglichte es, politisch unliebsame Bürger in »Schutzhaft« zu nehmen und über einen längeren Zeitraum zu inhaftieren. Wie – und mit welcher Begründung – dies allerdings im Einzelnen abzulaufen habe, war nicht näher ausgeführt; eine Detailregelung existierte nicht, das entsprechende Vorgehen unterlag der Willkür der jeweiligen Entscheidungsträger. Der Beschwerdeweg war jedenfalls ausgeschlossen. Zunächst war eine Verlängerung der Haftzeit nur mit richterlicher Anordnung vorgesehen, eine Kontrollinstanz, der sich die entstehende Gestapo aber zunehmend zu entziehen suchte. Anfang März 1934 wurde der Politischen Polizei per preußischer Ministerialverordnung die Übertretung solcher Gesetzesgrundlagen ermöglicht, die ihre Zuständigkeit bislang noch eingeschränkt hatten. Die anvisierte Eigenständigkeit – die Herauslösung der Politischen Polizei aus der inneren Verwaltung – war schon ein Jahr zuvor erstmals sichtbar geworden, als nämlich die neu gegründete »Abteilung zur Bekämpfung des Bolschewismus« am 8. März 1933 in die zum »Horst-Wessel-Haus« umbenannte ehemalige KPD-Zentrale einzog; der Standort war wohl kaum zufällig gewählt.

Die Geschichte der Gestapo begann offiziell mit dem Gesetz über die Errichtung eines Geheimen Staatspolizeiamts vom 26. April 1933, wodurch das

Anfang Mai 1933 nahm das Geheime Staatspolizeiamt (Gestapa) seinen Dienstsitz in der ehemaligen Kunstgewerbeschule in der Berliner Prinz-Albrecht-Straße 8, hier um 1932.

so genannte Gestapa geschaffen wurde, eine polizeiliche Sonderbehörde, die außerhalb des Zuständigkeitsbereichs des Berliner Polizeipräsidiums entstand. Einem Runderlass zufolge sollte diesem Amt die Aufgabe obliegen, als »allgemeine zentrale Nachrichtensammelstelle der Politischen Polizei für das gesamte Staatsgebiet« Preußens zu fungieren und »alle staatsgefährlichen politischen Bestrebungen im gesamten Staatsgebiet [zu] erforschen«.[1] Zugleich erhielt das Gestapa für das Stadtgebiet Berlins polizeiliche Vollzugskompetenzen. Unter Leitung von Rudolf Diels zog das Amt Anfang Mai in die Räume der ehemaligen Kunstgewerbeschule in der Berliner Prinz-Albrecht-Straße 8.

Durch das zweite »Gesetz über die Geheime Staatspolizei« vom 30. November 1933 gliederte Göring, seit April desselben Jahres auch preußischer Ministerpräsident, das Gestapa aus der Polizeiverwaltung des Innenministeriums aus. Fortan war es nicht mehr Teil der bisherigen Polizeistruktur, sondern als eigenständige Institution direkt Göring selbst unterstellt. Damit konnte er die Kontrolle über die Politische Polizei in Preußen aufrechterhalten, obwohl er nach einem internen Machtkampf das preußische Innenministerium an Reichsinnenminister Frick abgegeben hatte.

Neben der Entwicklung in Preußen gab es auch in Bayern Ansätze, die in den Jahren nach 1933 zum Aufbau einer reichseinheitlichen Politischen Polizei

Heinrich Himmler während eines Feldgottesdienstes anlässlich einer Großveranstaltung der »Nationalen Opposition« in Bad Harzburg am 11. Oktober 1931. Rechtskonservative bis hin zur NSDAP wollten an diesem Tag demonstrativ ihre Geschlossenheit im Kampf gegen die Weimarer Republik zur Schau zu stellen.

führten. Sie waren eng mit den Namen Heinrich Himmler und Reinhard Heydrich verbunden. Bevor auf die Entwicklung einzugehen ist, die bald zur Gleichschaltung auch des Polizeiapparats führte, müssen an dieser Stelle die zwei Organisationen skizziert werden, die unter ihrer Ägide zu Hauptinstrumenten des Terrors und späteren Massenmords werden sollten: die so genannte Schutzstaffel (SS) und der Sicherheitsdienst (SD).

Vermutlich 1932 posierte das Führerkorps der SS im Münchener Sitz der Parteileitung, dem »Braunen Haus«. In der ersten Reihe ist Himmler (dritter von rechts), in der dritten Reihe von unten Reinhard Heydrich (zweiter von rechts) zu sehen. Zu diesem Zeitpunkt war die so genannte »Schutzstaffel« noch eine Gliederung der SA und dem Obersten SA-Führer unterstellt.

Heinrich Himmler führte ab 1929 die SS, eine Organisation der NSDAP, die formell zunächst der Sturmabteilung (SA) und ihrem Stabsführer Ernst Röhm untergeordnet war. Die am Totenkopfemblem, später dann an ihren gänzlich schwarzen Uniformen zu erkennende Truppe, die 1925 vor allem mit dem Ziel gegründet worden war, Hitler eine ihm bedingungslos ergebene Leibwache zu schaffen, wurde in der Folge zunächst zu einer Art innerparteilicher Polizei und wuchs unter der Leitung Himmlers stark an. Als »Reichsführer SS« strebte er danach, die SS zum nationalsozialistischen Führungsorden zu machen, einer Elitetruppe der NS-Bewegung, der nur Menschen »rassisch höherer Qualität« angehören sollten: Mit rein »arischen« Mitgliedern, so Himmlers Vorstellung, würde so ein »neuer Adel« entstehen. Aus einer anfänglich kleinen, untergeordneten Zweigorganisation wurde ab 1933 ein wichtiger Pfeiler der NS-Herrschaft; zunächst gliederte sie sich in Allgemeine SS, Sicherheitsdienst (SD) und die »politischen Bereitschaften« auf, später uferte ihr Wirkungsbereich zunehmend aus. Im Laufe der Zeit kamen verschiedene

Sonderabteilungen zum Einsatz: Neben der Leibwache für den Reichskanzler Adolf Hitler waren das die »Totenkopfverbände«, die die Konzentrationslager bewachten. Im weiteren Verlauf wurde 1933/34 aus den »politischen Bereitschaften« eine so genannte Verfügungstruppe als Keimzelle zur Militarisierung der Organisation geschaffen, aus der die Waffen-SS hervorging.[2] Dieser Organisationszweig, er galt als Eliteeinheit, nahm an den deutschen Feldzügen zur Eroberung und Unterwerfung Europas teil. Die Allgemeine SS, die im Gegensatz zu Waffen-SS und »Totenkopfverbänden« vor allem ehrenamtliche Mitglieder hatte, diente fortan als Reservepotenzial. Von anfangs einigen hundert war die Zahl der Mitglieder der SS insgesamt schon 1933 auf etwa 200 000 angewachsen.[3] In Zusammenarbeit mit der Gestapo sollte sie bei der Deportation und Ermordung der europäischen Juden eine besondere Rolle spielen. In dem immer enger verwobenen Herrschaftskonglomerat aus SS und Polizei, das Himmler mit wachsendem Einfluss aufzubauen begann, kam dem im Folgenden näher zu beschreibenden »Sicherheitsdienst« (SD) des Reichsführers SS eine besondere Stellung zu.

Gegründet im Jahre 1931 von Himmler und Heydrich, diente der SD als Nachrichtendienst der NSDAP im Hinblick auf Beobachtung sowohl der politischen Gegner als auch der NS-Bewegung selbst. Zunächst analog zu militärischen Einrichtungen als »Ic-Dienst« bezeichnet, nahm er bald darauf die Aufgaben anderer, dann aufgelöster Nachrichtendienste in der NS-Bewegung wahr. Nach 1933 wurde ein Teil seiner Aufgaben von der Geheimen Staatspolizei übernommen. Der SD wurde später mit der Gestapo und der Kriminalpolizei Teil der Doppelstruktur von Polizei und SS, eine Verflechtung, die ihren Ausdruck auch darin fand, dass Beamte der Gestapo oder der Kriminalpolizei, wenn sie Mitglieder der SS waren, zumeist dem SD angehörten und somit Himmler gleich zweifach unterstellt waren. Aufgabe des Sicherheitsdienstes war die Datensammlung über die Meinungen der deutschen Bevölkerung, wie sie in den von der SD-Zentrale in Berlin anhand von regionalen Berichten erstellten »Meldungen aus dem Reich« für eine begrenzte Führungsschicht des nationalsozialistischen Staates verfasst wurden. Der SD arbeitete der Gestapo zu und leitete Informationen an sie weiter, was dadurch erleichtert wurde, dass er neben einigen tausend festen Mitarbeitern auch ein eigenes System von mehreren zehntausend V-Leuten unterhielt. Während des Zweiten Weltkriegs hatte der SD zudem entscheidenden Anteil an den rassistischen und antisemitischen Verfolgungs- und Vernichtungsaktionen in Polen und der Sowjetunion, die durch eigens hierfür eingesetzte »Einsatzgruppen«[4] durchgeführt wurden.

Der »Reichsführer SS« (RFSS) Himmler und sein eifrigster Mitarbeiter Heydrich, der den Sicherheitsdienst (SD) des RFSS leitete, waren bei der Verteilung von höheren Posten auf Reichsebene zunächst nicht berücksichtigt worden. Doch Anfang März 1933 begann die Gleichschaltung der nicht nationalsozialistisch regierten Länder, in deren Verlauf Reichsinnenminister Frick Nationalsozialisten als Polizeikommissare einsetzte. Gleichzeitig wurde am 9. März 1933 ein Reichskommissar für Bayern eingesetzt, der wiederum Himmler zum kommissarischen Polizeipräsidenten von München bestimmte – mit Heydrich als Leiter des politischen Referats. Einer der Mitarbeiter in München, Heinrich Müller, der bereits am Ende der Weimarer Republik in der Politischen Abteilung der Polizei tätig gewesen war, wurde vor allem wegen seiner Kenntnisse über die KPD übernommen. Der Aufbau und stetige Ausbau des Apparats, der die nun anrollende Terrormaschinerie stetig in Gang halten sollte, ist verbunden mit dem steilen Aufstieg und einer stetigen Machtausweitung des Triumvirats Himmler, Heydrich und Müller.

Die Protagonisten: Himmler, Heydrich, Müller

Das bürgerliche Elternhaus hatte die zunächst königstreue, dann zunehmend völkische Einstellung, die Autoritätshörigkeit und geschichtsromantischen Vorstellungen des jungen **Heinrich Himmler** geprägt. Der Spross einer Beamtenfamilie, am 7. Oktober 1900 in München geboren, strebte die Offiziersausbildung an, die er Ende 1917 in der bayerischen Infanterie begann. Zu seinem Missfallen wurde er schon im Dezember 1918 als Fahnenjunker aus der Armee entlassen, ohne auch nur an einer einzigen Schlacht des Ersten Weltkriegs teilgenommen zu haben. Bei der Niederschlagung der bayerischen Räterepublik wenig später schloss er sich einem Freikorps an, kam jedoch erneut nicht zum Einsatz. Nach einem Studium vom Herbst 1919 bis zum Sommer 1922 an der Technischen Hochschule München, das er als Diplom-Landwirt abschloss, war er bis 1923 als technischer Assistent in einer Düngemittel-Firma bei München tätig. Parallel dazu setzte er seine paramilitärischen Aktivitäten bei verschiedenen Freikorps fort. Parteimitglied der NSDAP seit August 1923, nahm er im Zuge des »Hitler-Putsches« am 9. November desselben Jahres am »Marsch auf die Feldherrnhalle« teil, wurde jedoch nicht festgesetzt. Als die NSDAP in der Folge reichsweit verboten wurde, trat er der unter der Obhut von General Ludendorff stehenden Nationalsozialistischen Freiheitsbewegung bei. Nach dem Wahlsieg seines Gesinnungsgenossen Gregor Strasser, der 1924 für eine Nachfolgeorganisation der NSDAP in den Reichstag einzog, wurde Himmler mit dem Amt eines stellvertretenden Gauleiters für Niederbayern betraut. Gauleiter Strasser, der Himmlers organisatorisches Talent erkannte, setzte sich ein für seinen Aufstieg in der Parteihierarchie. Auch Hitler war inzwischen aufmerksam geworden – einer Karriere innerhalb der 1925 wiedergegründeten

Am 20. April 1934 wurde Heinrich Himmler in der Prinz-Albrecht-Straße 8 vom preußischen Ministerpräsidenten Hermann Göring zum »Inspekteur« der preußischen Geheimen Staatspolizei und damit zu deren eigentlichem Chef ernannt. Himmler war als Reichsführer SS nur Hitler direkt unterstellt.

NSDAP standen die Türen nun offen: Der fanatische Antisemit Himmler wurde im Herbst 1926 Strassers Stellvertreter als Reichspropagandaleiter. Im selben Jahr trat er der Schutzstaffel bei, 1927 wurde er zum stellvertretenden Führer, 1929 – ein Jahr nach seiner Heirat mit der Gutsbesitzertochter Margarete Boden – zum Reichsführer SS ernannt. Nach dem nationalsozialistischen

Machtantritt Ende Januar 1933 wurde Himmler, der seit 1930 für die NSDAP im Reichstag saß, schon Mitte März zum politischen Referenten beim Staatsministerium des Innern ernannt und war zunächst lediglich Münchner Polizeipräsident, seit April dann Kommandeur der bayerischen Politischen Polizei. Von Bayern aus, wo seine Position nach kurzer Zeit in »Politischer Polizeikommandeur« umbenannt wurde, brachte Himmler in einem erbitterten Kampf um weitere Positionen bis Ende 1933 schrittweise auch die Politischen Polizeien der Länder Anhalt, Baden, Bremen, Hamburg, Hessen, Lübeck, Mecklenburg, Thüringen und Württemberg unter seine Kontrolle; im Februar 1934 hatte er in insgesamt vierzehn Ländern des Deutschen Reiches den Kommandeursposten inne – das waren alle außer Preußen und Schaumburg-Lippe. Der nächste Karrieresprung war die Ernennung zum stellvertretenden Chef und Inspekteur der preußischen Geheimen Staatspolizei durch Göring am 20. April 1934, ein Schritt, der Göring die Möglichkeit eröffnete, zusammen mit Himmlers SS gegen die SA, auch innerhalb der preußischen Polizei, vorgehen zu können. Die Ära Rudolf Diels in der Gestapo war damit zu Ende: Diels, der kein NSDAP-Mitglied war, wurde auf das Amt des Regierungspräsidenten von Köln abgeschoben. Die Leitung des Gestapa übernahm der Chef des SD, Heydrich, weshalb auch der Sicherheitsdienst nach Berlin ins nahe gelegene Prinz-Albrecht-Palais umzog. Formell Göring unterstellt, fühlte Himmler sich keineswegs daran gebunden, dem preußischen Ministerpräsidenten Rechenschaft über seine Tätigkeit abzulegen, was ihm faktisch die Verfügungsgewalt über die größte Politische Polizei Deutschlands verschaffte.

Durch die Schaffung einer Koordinationsstelle »Zentralbüro des Politischen Polizeikommandeurs der Länder« am 2. Mai 1934 fasste Himmler seine Länderkompetenzen zu einer Reichskompetenz zusammen. Die neue Machtposition sollte sich bald als sehr hilfreich erweisen, als sich der gegen die »revolutionäre« SA gerichtete Kampf um einflussreiche Stellungen innerhalb des NS-Regimes zuspitzte: Nach den Morden während des »Röhm-Putsches« am 30. Juni/1. Juli 1934, die die Machtbasis der SA und vor allem ihren Stabschef Ernst Röhm ausschalteten und an denen Himmler selbst aktiv beteiligt war, wurde er als Reichsführer SS direkt der Befehlsgewalt Hitlers unterstellt; die SS erhielt organisatorische Eigenständigkeit. Ab dem 20. November 1934 gab Göring dem Druck Hitlers und Himmlers nach, indem er alle bisher ihm vorbehaltenen Kompetenzen bezüglich der Politischen Polizei in Preußen an Himmler abtrat. Mit Erlass Hitlers und Fricks wurde diesem dann am 17. Juni 1936 die Position des »Reichsführers SS und Chefs der Deutschen Polizei im Reichsministerium des Innern« übertragen.

Damit war Himmler auch in der Polizeileitung nur noch Hitler untergeordnet – er wurde nach dem »Führer« der mächtigste Mann im Deutschen Reich: In der Praxis hatte er nun die Kontrolle nicht allein über die Einheiten

Geheimes Staatspolizeiamt von innen: Zu sehen sind die Haupthalle und das Treppenhaus, um 1935.

der SS und des SD, sondern auch über die gesamte Polizei (Gestapo, Kriminal- und Ordnungspolizei) – was seine formale Unterstellung als Staatssekretär unter den preußischen und Reichsinnenminister Frick praktisch bedeutungslos machte. Die »Verreichlichung«, die Zentralisierung der Polizei auf Reichsebene also, war damit durchgesetzt.

Fortan wurde die Gestapo in zunehmendem Maße aus der staatlichen Polizei herausgelöst und mit dem SD verbunden. Doch Himmler nutzte seine Position nicht nur zum Ausbau des Polizeiapparats, er erweiterte und etablierte auch das KZ-System: Als Teil des entstehenden Machtdreiecks SS – Politische Polizei – Konzentrationslager (KZ) wurde bereits im März 1933 auf seinen Befehl in Dachau ein KZ eingerichtet, über das er durch die SS die Kontrolle ausübte und das über kurz oder lang Vorbildcharakter erhielt für alle weiteren Lager im Land.

Kurz nachdem das Deutsche Reich 1939 den Zweiten Weltkrieg begann, wurde Himmler im Oktober zum »Reichskommissar für die Festigung des deutschen Volkstums« (RKF) ernannt. Als seine Machtposition im NS-Staat schon lange nicht mehr ernsthaft infrage stand und die Bedeutung der von ihm geleiteten Institutionen für die Deportation und Vernichtung der europäischen Juden stetig zugenommen hatte, löste er im August 1943 Wilhelm Frick als Preußischen und Reichsminister des Innern ab, womit die formale[5] Anerkennung seiner Position als Leiter der Polizei nachträglich gegeben war. Den Zenit seiner Macht erreichte er im Laufe des Krieges: Im Februar 1944 folgte die Ernennung zum »Chef der militärischen Abwehr«, die zuvor eine Abteilung der Wehrmacht war, damit unterstanden ihm alle Nachrichtendienste des NS-Staates, und nach dem Attentat auf Hitler am 20. Juli 1944 ernannte dieser ihn zum Befehlshaber des Ersatzheeres, eine Funktion, in der Himmler sich militärisch nicht bewährte. Trotzdem wurden ihm noch Ende 1944 und Anfang 1945 nacheinander die Kommandeursposten der Armeegruppen Oberrhein und Weichsel übertragen.

Himmlers rechte Hand **Reinhard Heydrich**, der am 7. März 1904 in Halle an der Saale als Sohn einer Musikerfamilie zur Welt kam, schloss sich schon früh deutschnationalen und völkischen Gruppierungen an. Auch er beschloss nach dem Schulabschluss, die Offizierslaufbahn einzuschlagen – was in seinem den Komponisten Richard Wagner verehrenden Elternhaus durchaus Unterstützung fand. 1922 trat er in die Reichsmarine ein, 1926 wurde er zum Leutnant, 1928 zum Oberleutnant befördert. Doch die militärische Karriere fand ein jähes Ende, als er im April 1931 wegen »ehrenwidrigen Verhaltens« aus der Marine entlassen wurde – er hatte ein Heiratsversprechen gebrochen. Ein Freund der Familie empfahl ihn Heinrich Himmler, der ihn in seiner Eigenschaft als Reichsführer SS bereits im Juli 1931 mit dem Aufbau des SS-Nachrichtendienstes (seit

Reinhard Heydrich 1934 in seiner Funktion als Leiter der Abteilung Politische Polizei in München. Kurz darauf erfolgte sein Wechsel nach Berlin.

1932 Sicherheitsdienst [SD]) in München beauftragte. Heydrich, der 1931 eine überzeugte Nationalsozialistin heiratete, wurde Ende desselben Jahres zum Sturmbannführer der SS, 1932 dann zum Standartenführer und Leiter des SD befördert. Himmler persönlich ernannte ihn im März 1933 zum Leiter der Abteilung Politische Polizei innerhalb des Polizeipräsidiums München, ab April 1933 hatte er die geschäftsführende Leitung der gesamten Bayerischen Politischen Polizei unter Himmler inne. Nach der Übernahme der Kommandeurspositionen der Politischen Polizeien der Länder durch Himmler 1933 und 1934 wurde Heydrich auch mit deren Leitung beauftragt und folgte Himmler nach Berlin, um dort die Leitung der Preußischen Geheimen Staatspolizei zu übernehmen. Eine weitere Beförderung, diesmal zum SS-Gruppenführer, erfolgte schon Anfang Juli 1934, unmittelbar nach dem »Röhm-Putsch«. Himmler setzte als Chef der Deutschen Polizei nach deren Neuorganisation 1936 den beflis-

Seine Karriere begann Heinrich Müller als 19-Jähriger mit dem Eintritt in den Münchener Polizeidienst. Uneingeschränkter Eifer und Dienstbeflissenheit zogen frühzeitig die Aufmerksamkeit Himmlers auf sich, der ihm den Weg bis hin zum Gestapo-Chef ebnen sollte.

senen Untergebenen Heydrich als Chef der Sicherheitspolizei (Sipo) sowie beider Abteilungen Gestapo und Kriminalpolizei (Kripo) ein. Den Gipfel seiner polizeilichen Karriere erreichte Heydrich mit der Bestellung zum Leiter des neu geschaffenen, aus Sipo und SD zusammengefügten Reichssicherheitshauptamtes (RSHA) im September 1939. Kurz zuvor, am 31. August, gab er das Startzeichen für die Inszenierung der »Grenzzwischenfälle« und des (vermeintlich

von Polen, in Wirklichkeit aber durch Angehörige von SS und Gestapo ausge-
führten) Überfalls auf den deutschen Sender Gleiwitz, der als Vorwand für den
deutschen Angriff auf Polen dienen würde, darauf dirigierte er die »Einsatzgruppen«, die in Polen gegen die dortige Intelligenz und Juden wüteten sowie
danach in der Sowjetunion Massenmorde an Juden begingen; von alledem wird
noch ausführlich die Rede sein. Von Göring ließ Heydrich sich im Juli 1941 mit
der Vorbereitung der »Endlösung der Judenfrage« beauftragen – und wurde
dadurch zum Organisator der so genannten »Wannsee-Konferenz«, auf der im
Januar 1942 die Abstimmung und Koordination all jener Behörden erfolgte, die
sich an der nun einsetzenden Massendeportation und -vernichtung der
europäischen Juden in den Todeslagern im Osten beteiligten. Seit September
1941 stellvertretender »Reichsprotektor für Böhmen und Mähren«, jener
Gebiete also, die der Tschechischen Republik nach der Annexion der »Sudeten-
gebiete« 1938 verblieben und 1939 vom Deutschen Reich besetzt worden
waren, war Heydrich auch hier verantwortlich für die Deportation und
Ermordung Tausender.

Zu den Beamten der Bayerischen Politischen Polizei, die Himmler aus München
nach Berlin mitnahm, gehörte auch **Heinrich Müller**. Gestapo-Müller, wie man
ihn später nannte, kam am 28. April 1900 als Kind eines Gendarmeriebeamten
in München zur Welt; durch das Elternhaus wurde er katholisch geprägt. Im
Ersten Weltkrieg meldete er sich 1917 als Freiwilliger bei einer Fliegertruppe,
erhielt mehrere Auszeichnungen und kehrte 1919 als Unteroffizier zurück. Im
selben Jahr erhielt der gelernte Flugzeugmonteur einen Posten bei der Polizei,
wo er bei der Abteilung Politische Polizei des Münchner Polizeipräsidiums seit
1920 unter anderem mit der Überwachung kommunistischer Organisationen
befasst war. Parallel dazu holte er die mittlere Reife nach; die Prüfung für den
mittleren Polizeidienst legte er 1929 als Zweitbester ab. Von Himmler und Heydrich umgehend übernommen, erhielt der fleißige Beamte 1933 die Beförderung zum Kriminalinspektor und trat im Jahr darauf der SS und dem SD bei.
Nach der Übernahme der Gestapo durch Himmler war Müller in der Berliner
Prinz-Albrecht-Straße für die Bekämpfung von KPD, SPD, Gewerkschaften und
anderen Gegnern verantwortlich, im Amtsdeutsch: Er war tätig in der Hauptabteilung II, Unterabteilung II 1. Ab April 1934 war er auch für die Überwachung
der NSDAP und ihrer Untergliederungen zuständig. Im Juli 1936 übertrug Heydrich ihm die Leitung der Abteilung II (innere Politische Polizei) und damit der
wichtigsten des Gestapa.
    Seit 1937 als Oberregierungs- und Kriminalrat beamtet, war Müller nach
dem Geschäftsverteilungsplan vom Januar 1938 nicht nur Stellvertreter
Heydrichs im Amt Politische Polizei (Gestapa), sondern zugleich faktischer
Leiter der Gestapo, da er auch die Leitung des Geschäftsbereichs Politische

Polizei II innehatte sowie Referent der Hälfte aller Unterabteilungen war. Mit der Errichtung des RSHA 1939 schließlich wurde Müller als Generalleutnant der Polizei zum Chef der Gestapo ernannt und war in dieser Funktion später mit verantwortlich für die Verfolgung und Einweisung von Juden in die Konzentrationslager. Ein Eintritt in die NSDAP wurde ihm trotz alledem erst 1939 gestattet – in der Weimarer Republik war er, der als Katholik der Zentrumspartei nahe stand, als Polizist gegen die Nationalsozialisten vorgegangen. Der Gestapo-Chef war, wie gezeigt werden wird, bei den erwähnten fingierten Grenzzwischenfällen, die dem Deutschen Reich als Anlass für den Kriegsbeginn dienten, federführend beteiligt. Da ihn dies zum Geheimnisträger machte, konnte er sich – entgegen seinem ausdrücklichen Wunsch – nicht an den Feldzügen der Wehrmacht beteiligen. Auch Müller, der seit 1941 bereits mit dem Dienstgrad eines SS-Gruppenführers den vierthöchsten Rang innerhalb der SS innehatte, nahm an der Wannsee-Konferenz teil und wurde, um eine rigidere Politik gegen Juden voranzutreiben, unter anderem 1943 nach Italien gesandt.

Die Struktur der Gestapo

Der Apparat der Geheimen Staatspolizei war ein hoch komplexes Gebilde, was auch damit zusammenhing, dass seine Struktur durch zahlreiche, einander ablösende Gesetze und Erlasse geregelt und immer wieder verändert wurde. Mit dem ersten Gestapa-Gesetz vom 26. April 1933 erhielt das Geheime Staatspolizeiamt für das Stadtgebiet Berlin exekutive Kompetenzen. In den Regierungsbezirken Preußens entstanden Staatspolizeistellen, die sowohl dem Gestapa als auch dem Regierungspräsidenten zugeordnet waren, was zwangsläufig Konflikte hervorrief.[6] Aus dem ersten Gesetz über das Gestapa wurde ein allgemeines Weisungsrecht des Amtes als Zentralbehörde gegenüber allen Landes-, Kreis- und Ortspolizeibehörden abgeleitet.

Das am 30. November 1933 verabschiedete zweite Gestapa-Gesetz wies der Gestapo als Aufgabengebiet alle bisher von der allgemeinen und inneren Verwaltung wahrgenommenen Geschäfte der Politischen Polizei zu. Die Staatspolizeistellen blieben den Regierungspräsidenten unterstellt, zugleich erhielt der Inspekteur der Geheimen Staatspolizei die Oberaufsicht und damit das Weisungsrecht.

Klagen gegen Verfügungen des Gestapa waren mit Inkrafttreten dieses Gesetzes nicht mehr möglich, da die Gestapo qua gerichtlichem Beschluss nicht mehr zu den allgemeinen Polizeiverwaltungen des Innenressorts zählte. Ein Runderlass vom 14. März 1934 besagte, dass ab 1934 die Staatspolizeistellen aus ihrem bisherigen organisatorischen Zusammenhang mit der Bezirksregierung oder einer staatlichen Polizeiverwaltung herausgelöst und zu selbständigen

Im Gebäude des Geheimen Staatspolizeiamtes war im Spätsommer 1933 ein »Hausgefängnis« mit 39 Zellen eingerichtet worden. Häftlinge, an denen die Gestapo besonderes Interesse hatte, wurden hier zum Verhör bereitgehalten. Vor allem politische Häftlinge, die in unterschiedlicher Form Widerstand gegen das nationalsozialistische Regime zu leisten versuchten, folterte die Gestapo an diesem Ort mit äußerst brutalen Methoden.

Behörden der Geheimen Staatspolizei bestellt werden sollten. Am 9. März 1936 gab Heydrich an alle Staatspolizei-Stellen folgende Anweisung: Bei der Rechtsmittelbelehrung von Betroffenen sei diesen jeweils mitzuteilen, dass »zur Entscheidung über die Dienstaufsichtsbeschwerde das Geheime Staatspolizeiamt in Berlin zuständig ist«.

Nachdem Himmler mit Erlass vom Juni 1936 »Chef der Deutschen Polizei« geworden war, ordnete er eine Umorganisation an. Kurt Daluege, der hier schon im Zusammenhang mit der Entfernung nicht linientreuer Beamter aus dem Polizeidienst im Jahre 1933 Erwähnung fand, wurde nun als General der Polizei mit der Leitung des Hauptamtes Ordnungspolizei betraut, womit ihm Schutzpolizei, Gendarmerie und Gemeindepolizei unterstanden. Heydrich wurde »Chef der Sicherheitspolizei«, damit leitete er die im Hauptamt Sipo zusammengefasste Gestapo und Kriminalpolizei. Auf diese Weise wurde die Kriminalpolizei enger mit der Gestapo verknüpft und zu einem weiteren Instrument politisch motivierter Polizeitätigkeit innerhalb des NS-Regimes.

Ab dem 1. Oktober 1936 erhielten alle Dienststellen der Politischen Polizeien der Länder die Bezeichnung Geheime Staatspolizei, die untergeordneten Dienststellen nannten sich Stapo-Leitstellen und Stapo-Stellen. Die Chefs der Stapo-Leitstellen übten Vermittlungsfunktionen zwischen dem Gestapa und den örtlichen Mitarbeitern aus. Darüber hinaus kontrollierten sie die gesamten Tätigkeiten der jeweiligen Leitstelle, entschieden über Ermittlungen und leiteten Berichte und Empfehlungen nach Berlin weiter. Außerdem waren sie für die Prüfung von Führungsberichten über KZ-Häftlinge zuständig und konnten darüber verfügen, wie lange Personen bei laufenden Ermittlungen gefangen gehalten wurden.

Die innere Gliederung des Gestapa veränderte sich mehrfach; immer wieder wurden Namen von Abteilungen geändert und deren Kompetenzen verlagert, einige wurden auch gleichzeitig unter verschiedenen Bezeichnungen geführt. Um diese Struktur ein wenig übersichtlicher zu zeigen, erfolgt hier ein grober Überblick.

Der erste überlieferte Geschäftsverteilungsplan vom 19. Juni 1933 gliederte das Gestapa in zehn Dezernate[7]:

I Generalien, Einrichtung der Politischen Polizei, Gesetze, Verordnungen, Erlasse und Verfügungen auf dem Gebiet der Politischen Polizei usw.

II Pressepolizei, Verwertung beschlagnahmten Eigentums usw.

IIa Beschränkung der persönlichen Freiheit (»Schutzhaft«)

III Internationaler Bolschewismus, Allgemeine Kommunistensachen

IV DNVP und Nebenorganisationen, rechtsoppositionelle Bewegungen, Politische Bewegungen Berlin, Brandenburg, Pommern, Grenzmark, Ostpreußen und Schlesien, Stapo-Stelle Berlin

V SPD und Nebenorganisationen, Politische Bewegungen Rheinprovinz, Westfalen, Hessen-Nassau, Sigmaringen, außerdem Wirtschaftspolitik (Werksabotage)

VI Agrarpolitik, Sozialpolitik, Funksachen, Politische Bewegungen Hannover, Sachsen, Schleswig-Holstein, Nationale Minderheiten Saargebiet, Memelland, Danzig und Österreich

VII Zentrum und Nebenorganisationen, Kulturpolitik und politische Bewegungen, die nicht unter andere Dezernatszuständigkeit fallen

VIII Landesverrat, Spionage, Zersetzung der Wehrmacht, Schutzpolizei und Wehrverbände

IX Ausschreitungen, Sprengstoff, Attentate, Waffensachen, Sicherungen, Ausländer, Emigranten, Juden, Freimauer

1934 gab es drei Hauptabteilungen im Gestapa:

I Justitiar-, Verwaltungs-, Organisations- und Personalangelegenheiten

II Politische Polizei

III Abwehrpolizei

Die Hauptabteilung II wiederum war in zwei Unterabteilungen aufgeteilt:

II 1 Hauptgeschäftsstelle, Berichterstattung (darunter Dienststellen zur Beobachtung verschiedener oppositioneller Richtungen, aber auch

der NSDAP und ihrer Untergruppierungen, des Weiteren Fragen von
»Schutzhaft« und Konzentrationslagern)

II 2   Presse

Zwischen 1936 und 1939 war das nun als »Amt Politische Polizei im Hauptamt
Sicherheitspolizei« bezeichnete Gestapa in zwei Abteilungen unterteilt:[8]

II	Innere Politische Polizei (Leiter: Heinrich Müller)
III	Abwehrpolizei (Leiter: Werner Best)

Die Abteilung II (Innere Politische Polizei) war folgendermaßen untergliedert:

II A	Kommunismus, Marxismus
II B	Kirchen, Sekten, Emigranten, Juden, Logen
II C	Reaktion, Opposition, Österreichische Angelegenheiten
II D	»Schutzhaft«, Konzentrationslager
II E	Wirtschafts-, Agrar- und sozialpolitische Angelegenheiten, Vereine
II G	Funküberwachung
II H	Parteiangelegenheiten
II J	Ausländische Politische Polizei
II Ber.	Lageberichte
II P	Presse
II S	Bekämpfung der Homosexualität und Abtreibung

Ab 1. Oktober 1939 bestand folgende Zusammensetzung des durch Erlass Himmlers vom 27. September 1939 neu geschaffenen, Sipo (also Gestapo und Kriminalpolizei) und SD zusammenfassenden Reichssicherheitshauptamtes (RSHA):

Amt I	Organisation, Verwaltung, Recht (Leiter: Werner Best)
Amt II	Gegnerforschung (Leiter: Franz Six)
Amt III	Deutsche Lebensgebiete (SD-Inland) (Leiter: Otto Ohlendorf)
Amt IV	Gegnerbekämpfung (Gestapo) (Leiter: Heinrich Müller)
Amt V	Kriminalpolizei (Leiter: Arthur Nebe)
Amt VI	SD-Ausland (Leiter: Heinz Jost)

Die Zahl der Mitarbeiter des Gestapa wuchs nicht kontinuierlich.[9] Anfangs
waren es relativ wenige: Am 19. Juni 1933 waren in der Behörde 41 Personen
beschäftigt, mit Außendienst über 200. Im folgenden Jahr waren ohne den
Außendienst bereits etwa 600 Angestellte und Beamte beim Gestapa tätig,
reichsweit betrug die Zahl der Gestapo-Beamten ungefähr 2000. Für Mai
1935 sind im Berliner Gestapa 637 beamtete Mitarbeiter verzeichnet, davon
326 Mitglieder der SS. 125 Personen gehörten vor dem 20. April 1934 dem

Gestapa an, 356 kamen aus dem Polizei- oder Verwaltungsdienst. Im ganzen Reich führte die Gestapo 1935 insgesamt 2 053 Beamte und 747 »nicht beamtete Hilfskräfte«. Durch die Eingliederung aller Politischen Polizeien der Länder in die Geheime Staatspolizei hat sich die Zahl im Jahr 1936 dann fast verdreifacht: Nun wurden reichsweit 6 372 Festangestellte als Mitarbeiter der Gestapo geführt, davon 1 683 im KZ-Wachdienst. Genaue Zahlen über die Gestapa-Mitarbeiter im RSHA liegen erst wieder für das Jahr 1942 vor, nämlich rund 1 100, 477 von ihnen saßen direkt in der Prinz-Albrecht-Straße, die übrigen verteilten sich auf die anderen Behördenadressen des RSHA. Zum Vergleich: im gesamten RSHA (Sipo und SD) waren in den Berliner Dienststellen zur selben Zeit etwa 3 400 Mitarbeiter beschäftigt.

Herkunft und Qualifikation der Gestapo-Mitarbeiter waren stark unterschieden nach Leitungsebene und einfachen Beamten. Auf der Leitungsebene waren großenteils jüngere Männer beschäftigt, die sehr häufig eine höhere Schule besucht oder sogar ein Studium absolviert hatten, Letztere in der Mehrzahl Juristen. Einige waren bereits in der Weimarer Republik im Polizeidienst tätig gewesen, Mitglieder in NS-Organisationen waren allerdings nur wenige; wer damals im Polizeidienst stand, dem war dies untersagt. Eine rechte, nationalistische Gesinnung herrschte indes auch bei dieser Gruppe vor – so befanden sich vor allem unter den nach dem Machtantritt der Nationalsozialisten in den Dienst der neu entstandenen Gestapo eingetretenen Leitungsbeamten viele Mitglieder von NS-Organisationen. Diejenigen Beamten in leitenden Funktionen der Gestapo, die schon vor 1933 in den Politischen Polizeien der Länder tätig waren, hatten zumeist innerhalb der Polizei eine Ausbildung absolviert. Eine zentrale Ausbildung für die Gestapo wurde seit 1933 am Polizei-Institut in Berlin-Charlottenburg organisiert, das später in »Führerschule der Sicherheitspolizei« umbenannt wurde und Ausbildungsseminare für leitende Beamte von Gestapo und Kriminalpolizei anbot. Durch die Einsetzung Himmlers als Chef der preußischen Gestapo im April 1934 fand auch insofern eine Zäsur statt, als es in der Leitungsebene des Gestapa zu einem Generationswechsel kam. Zudem war der Hintergrund des Personals von nun an verstärkt akademisch geprägt – eine »neue Generation nationalsozialistisch denkender, effizient arbeitender und auf die eigene Karriere bedachter, zum großen Teil akademisch vorgebildeter Polizeibeamter«[10].

Die einfache Beamtenschaft und die Angestellten hingegen hatten einen anderen Hintergrund: Die überwiegende Mehrheit der einfachen Beamten der Politischen Polizei wurde 1933 aus dem Polizeidienst der Weimarer Republik übernommen, unter ihnen vor allem ausgebildete Polizisten, die zumeist – wie damals der überwiegende Teil der Bevölkerung des Deutschen Reiches – einen Volksschulabschluss vorzuweisen hatten. Sie gehörten in der Mehrzahl keineswegs der NSDAP oder deren Unterorganisationen an, sondern zum Teil sogar den die Weimarer Republik tragenden Parteien, was wohl damit zu begründen sein dürfte, dass sie sich dadurch in jener Zeit bessere Karriere-chancen erhofften. Doch auch von den einfachen Beamten (sie waren, wie übrigens auch das Gros der Angestellten, meist älter als die Leitungsbeamten) hatten sich die meisten 1933 oder später freiwillig zur Gestapo gemeldet. Viele von ihnen waren nach dem Machtantritt der Nationalsozialisten in die NS-Organisationen eingetreten – und zeigten sich nicht nur bereit, jede Vorschrift umzusetzen, unabhängig von den Folgen für die Opfer, sondern beteiligten sich später auch an Misshandlungen sowie an den euphemistisch als »Sonderbehandlung« bezeichneten Tötungen von Häftlingen und am Massenmord.

Sowohl im Gestapa, als auch in den Stapo-(Leit-)Stellen waren im Durchschnitt mehr Beamte als Angestellte beschäftigt. Bei den Angestellten der Politischen Polizei vollzog sich eine größere Neueinstellungswelle nach dem Regierungseintritt Hitlers; nur die Minderheit hatte schon vorher im Polizeidienst gearbeitet, die meisten wurden vor allem wegen ihrer Mitgliedschaft in NS-Organisationen eingestellt, eine Fachqualifikation mussten sie nicht vorweisen. Die Neueinstellung von langjährigen Parteigängern der Nationalsozialisten hatte den durchaus gewollten Nebeneffekt, dass der Einfluss der Partei und damit die Tendenz zur Politisierung der Arbeit der Politischen Polizei, später der Gestapo, im Sinne des Nationalsozialismus vergrößert werden konnte. Damit verringerte sich allerdings die Anzahl professioneller Kriminalisten.

Selbstverständnis der Gestapo

Die Bestimmung der Aufgabe der Polizei durch die Gestapo-Führungskräfte veränderte und radikalisierte sich im Laufe der Zeit. Zu Beginn war die Programmatik noch nicht klar umrissen, fest stand nur, dass das Staatsverständnis ein völlig anderes war als zur Zeit der Weimarer Republik. Am Anfang und im Zentrum aller Überlegungen standen das »Volk« und die »Rasse«. Auf diesem Gedankengut sollte der Staat basieren, nicht etwa auf »Gesetzen« – was aber mitnichten bedeutete, dass der NS-Staat auf eine Flut von Gesetzen verzichten konnte. Das hatte bereits Hitler in »Mein Kampf« festgehalten: »Im allgemeinen soll aber nie vergessen werden, daß nicht die Erhaltung eines Staates oder gar die einer Regierung höchster Zweck des Daseins der Menschen ist, sondern die Bewahrung ihrer Art. [...] Somit ist der höchste Zweck des völkischen Staates die Sorge um die Erhaltung derjenigen rassischen Urelemente, die, als kulturspendend, die Schönheit und Würde eines höheren Menschentums schaffen. Wir, als Arier, vermögen uns unter einem Staat also nur den lebendigen Organismus eines Volkstums vorzustellen, der die Erhaltung dieses Volkstums nicht nur sichert, sondern es auch durch Weiterbildung seiner geistigen und ideellen Fähigkeiten zur höchsten Freiheit führt.«[11] Hiervon ausgehend entwickelte Heinrich Himmler 1937 seine Vorstellungen für den Polizeiapparat: »Die Polizei hat das deutsche Volk als organisches Gesamtwesen, seine Lebenskraft und seine Einrichtungen gegen Zerstörungen und Zersetzung zu sichern. Die Befugnisse einer Polizei, der diese Aufgaben gestellt sind, können nicht einschränkend ausgelegt werden.«[12]

Heydrich legte 1936 seine Position in einem Artikel mit der Überschrift »Die Bekämpfung der Staatsfeinde« dar. Die »liberalistische« Konzeption würde es nahe legen, so lässt er da verlauten, vom Staat aus zu denken und deshalb Gegner als Staatsfeinde anzusehen und zu bekämpfen. Der Nationalsozialismus gehe demgegenüber »nicht mehr vom Staate, sondern vom Volke aus. [...] Dementsprechend kennen wir Nationalsozialisten nur den Volksfeind. Er ist immer derselbe, er bleibt sich ewig gleich. Es ist der Gegner der rassischen, volklichen und geistigen Substanz unseres Volkes.«[13]

Im Kontext der Vorstellung von Polizei als »Volkspolizei« stand ein Volksbegriff, den die Nationalsozialisten im klaren Widerspruch zu liberalen Ansätzen als einen organischen Zusammenhang verstanden – gemeint war keinesfalls eine Gesellschaft von Individuen. Die Interessen der Gemeinschaft hatten über denen des Individuums zu stehen, jeder, der sich dagegen erhob, galt als Feind der »Volksgemeinschaft«. Wenn der Staat gegen mögliche Bedrohungen vorgehen müsse, so sei dies als »Staatsnotwehr«, die dem »höheren Interesse des Allgemeinwohls« diene, zu verstehen. Damit wurde letztlich der Ausnahmezustand zum Status quo erhoben, da eine Notstandssituation erst dann als beendet angesehen würde, wenn es kein »verbrecherisches Verhalten« mehr gäbe – da davon aber nicht auszugehen war, wurde der Ausnahmezustand zum Dauerphänomen.

Federführend in der Ausarbeitung und Formulierung eines solchen Selbstverständnisses war Werner Best, Jahrgang 1903, promovierter Jurist und langjähriges Mitglied von NSDAP und SS, der 1935 stellvertretender Leiter des Gestapa und später Verwaltungsleiter wurde. Best verließ das RSHA 1940, nachdem er Auseinandersetzungen mit Heydrich über den Einfluss juristischer Ausbildung auf die Laufbahn in der Sicherheitspolizei geführt hatte. Heydrich wollte ihre Bedeutung gering halten und setzte sich damit durch. Best äußerte sich 1937 im Hinblick auf die politische Rolle der nationalsozialistischen Polizei des biologisch-organisch verstandenen »Volkskörpers« sehr deutlich: »Der politische Totalitätsgrundsatz des Nationalsozialismus [...] duldet keine politische Willensbildung in seinem Bereich, die sich nicht der Gesamtwillensbildung einfügt. Jeder Versuch, eine andere Auffassung durchzusetzen oder auch nur aufrechtzuerhalten, wird als Krankheitserscheinung, die die gesunde Einheit des unteilbaren Volksorganismus bedroht, ohne Rücksicht auf das subjektive Wollen seiner Träger ausgemerzt. Aus diesen Grundsätzen heraus hat der nationalsozialistische Führerstaat zum ersten Mal in Deutschland eine Politische Polizei entwickelt, wie sie von unserem Standpunkt aus als modern, d. h. den Bedürfnissen unserer Gegenwart entsprechend, aufgefaßt wird: als eine Einrichtung, die den politischen Gesundheitszustand des deutschen Volkskörpers sorgfältig überwacht, jedes Krankheitssymptom rechtzeitig erkennt und die Zerstörungskeime [...] feststellt und mit jedem geeigneten Mittel beseitigt.«[14]

Himmlers Anspruch reichte weiter, denn eine Polizei, gedacht als »Chirurg am Volkskörper«, konnte seiner Auffassung nach keine Grenzen ihrer Aufgaben kennen, was wiederum buchstäblich alle Belange zu Sicherheitsfragen machte. Damit sollte die Polizei selbst definieren, wer mit welcher Handlung zum Feind der »Volksgemeinschaft« würde. Doch wo waren hier die Grenzen zu ziehen? Dies war als politische Frage innerhalb der NS-Führung umstritten. Himmler führte Auseinandersetzungen mit Gauleitern, Reichskommissaren und Reichsministern über die Frage, inwieweit der Polizei, vor allem in den besetzten Gebieten, eine von anderen Verwaltungsstrukturen unabhängige Stellung zukommen sollte. Darin drückte sich die Kontroverse um völkische Konzeptionen von Sicherheit der SS aus.

Letztlich wurde nicht mehr der einzelne Delinquent für sein Verbrechen verantwortlich gemacht. Man ging vielmehr von »objektiven« Kriterien aus, die »Schädlinge am Volkskörper« – seien es nun »Asoziale«, »Arbeitsscheue« oder angeblich genetisch veranlagte »Gewohnheitsverbrecher« – zu ihrer Tat antrieben. Die Objektivität lag für die Vertreter dieser Vorstellungen darin begründet, dass nicht der individuelle Wille der Delinquenten, sondern der angeborene »Trieb« zum abweichenden Handeln drängte. Somit müssten nicht mehr die individuellen Besonderheiten untersucht werden, sondern nur noch die Zugehörigkeit zu einer »auszumerzenden« Gruppe, wodurch eine fast konfliktfreie Gesellschaft realisiert werden sollte.[15] Derartige »objektive Gegner« könnten nicht mehr mit den Mitteln und Maßstäben der Abweichung vom Gesetz bekämpft werden. Denn eine als rassische, sozialbiologische Prävention verstandene Polizeiarbeit, die sich am »gesunden Volksempfinden« ausrichten sollte, musste auf einer politischen Ablehnung von juristisch definierter Regulierung basieren.

Um solchen kriminalbiologischen Vorstellungen gerecht werden zu können, versuchte Himmler, die SS mit der Polizei zu einer Institution zu verschmelzen, um ein »einheitliches Staatsschutzkorps neuer und eigener Art« (Werner Best) zu schaffen. Doch nicht alle NS-Führungskräfte waren der Ansicht, dass Himmlers Vorstellungen realisiert werden sollten. Darum, welche Aufgaben die Gestapo zu übernehmen hatte und wie sie in den Staat integriert sein sollte, gab es erbitterte Machtkämpfe innerhalb der nationalsozialistischen Führungsschicht.

Schwierigkeiten und Widerstände im NS-Apparat

Die für die nationalsozialistische Herrschaft typische Konkurrenz zwischen Personen und Gruppen um Posten, Einfluss und Macht lässt sich auch bei der Gestapo feststellen. Weniger eine klare, gemeinsame Vorstellung davon, was die angestrebten Konturen eines »Führerstaates« sein könnten, bestimmte das Vorgehen der NSDAP, als vielmehr unterschiedliche, durchaus auseinanderstrebende Interessen. Das zeigt auch die Gleichzeitigkeit der verschiedenen Versuche – etwa von Göring, von Himmler, von Frick –, sich die Politische Polizei unterzuordnen und ein einheitliches Herrschaftsinstrument zu schaffen.

In der nationalsozialistischen Führungsschicht existierten zwei Modelle, wie die Polizei und die Konzentrationslager innerhalb des neuen Staates ihren Platz finden sollten – da war zum einen die preußische, zum anderen die bayerische Variante. Die preußische Politische Polizei wurde, auch was ihre Kontrolle anging, aus der Polizeiverwaltung herausgelöst, unterstand aber als oberste Landesbehörde direkt dem Ministerpräsidenten und war somit der Verwaltung nicht vollständig entzogen. Für die Organisation der Konzentrationslager bestanden vergleichbare Vorstellungen: Ein ziviler KZ-Direktor sollte dem preußischen Innenministerium unterstellt werden. Für diese Linie stand Göring und zum Teil auch Frick, der eher eine »Verreichlichung«, also eine Zentralisierung unter seiner Leitung anstrebte. Das bayerische Modell hingegen war durch die personell einheitliche Leitung von Politischer Polizei und Konzentrationslagern gekennzeichnet; dies wird im Zusammenhang mit dem KZ-System noch auszuführen sein. Schon frühzeitig schuf Himmler als Kommandeur der Bayerischen Politischen Polizei unter Einbeziehung der Verfügung über das KZ Dachau sowie der SS einen Machtblock, der sich als schlagkräftig darstellte und gegen das andere Modell durchsetzte. Voraussetzung dafür war die disziplinierte SS, deren weltanschaulich gefestigte Mitglieder die Polizeistellen auffüllen sollten. Bei der Auseinandersetzung in der NS-Führung ging es einerseits um die Frage einer zentralisierten Zusammenfassung der Polizei, besonders der Politischen Polizei, andererseits darum, ob bisher existierende Rechtsnormen und Einspruchsmöglichkeiten weiterhin den Rahmen für das Agieren der Polizei bestimmen oder eine vollkommen neue Art der Polizei geschaffen werden sollte. Während Himmler und Frick sich in der Frage der erwähnten »Verreichlichung« dahingehend einig waren, dass es eine hierarchisch auf der Reichsebene zusammengefasste Polizei geben solle, hatten sie unterschiedliche Vorstellungen, wem diese denn nun unterstehen sollte: Frick wollte als Reichsinnenminister die Zuständigkeit an sich reißen, Himmler – als Führer der weltanschaulichen Elite SS – hingegen die Leitung selbst übernehmen. Auch in der Frage der Gültigkeit von Rechtssetzungen und Gerichtswegen hatten Frick und Himmler unterschiedliche Konzepte. Ersterer war der Ansicht, dass der Ausnahmezustand am Beginn der NS-Herrschaft baldmöglichst beendet werden sollte, um zu einer dem Verwaltungsaufbau der Weimarer Republik ähnlichen Form zu kommen; das beinhaltete zugleich die heftig umstrittene Frage der »Schutzhaft«, deren Anwendung seiner Ansicht nach eingeschränkt und durch Einspruchsmöglichkeiten ihrer augenfälligen Willkür beraubt werden sollte. Himmler hingegen vertrat die Auffassung, dass die Polizeiarbeit im NS-Staat nicht durch derartige, als »liberalistisch« anzusehende, Regelungen blockiert werden dürfe. Er wollte eine Weltanschauungsbehörde einrichten, ein »Staatsschutzkorps neuer Art«. Das bedeutete für ihn einerseits, dass die Politische Polizei durch die aus der bisherigen öffentlichen Verwaltung übernommenen Verfahrensweisen ihre Arbeit routiniert würde ausführen können. Andererseits würde man – in für die NS-Herrschaft bedrohlichen Situationen – durch die enge Bindung an die SS über ein zuverlässiges Instrument zur Systemstabilisierung verfügen. Der Reichsführer SS sollte sich bei dem Versuch durchsetzen, die gesamte Polizei zu politisieren, vor allem weil er Hitler auf seiner Seite hatte.

Stellung der Gestapo im NS-System

Bei der Gründung der Geheimen Staatspolizei war noch nicht absehbar, in welche Richtung sich die Politische Polizei in Preußen und im restlichen Reich entwickeln würde. Die Repressionen der Anfangszeit, die sich vor allem gegen die Arbeiterbewegung richteten, waren zunächst nicht als spezifisch nationalsozialistisch zu bezeichnen. Die Gestapo war sicherlich ein Schlüssel zur Stabilisierung der NS-Herrschaft, aber zunächst unterschied sie sich in ihrer Praxis des Terrors und der Unterdrückung politischer Gegner nicht von anderen autoritären Regimen im Laufe der Geschichte. Durch das Potenzial, das die rigorose Inhaftierung von politischen Gegnern einerseits, die eigene Ausstattung mit repressiver Macht andererseits barg, eröffneten sich Möglichkeiten, genau jenes »Staatsschutzkorps neuer Art« zu schaffen, das Himmler vorschwebte und in dem sich die politische Bewegung den Polizeiapparat unterordnen sollte. Gleichzeitig mit der territorialen Expansion des NS-Staates entfaltete der Polizeiapparat seine Destruktionskraft innerhalb und außerhalb des Deutschen Reiches. Diese besondere Konzeption und die Struktur von Polizei als einem der »Volksgemeinschaft« dienenden Apparat schufen erst die Voraussetzungen für die antisemitische und rassistische Vernichtungsdynamik, die für das Regime so charakteristisch sein sollte.[16]

Um dieser Funktion nahe zu kommen, änderte die Gestapo mehrmals ihre Gestalt. Einen Einschnitt in der Entwicklung stellte die Umstrukturierung im Zuge der Bestellung Himmlers zum Chef der deutschen Polizei im Juni 1936 dar, womit nicht nur die Zentralisierung der gesamten Polizei durchgesetzt, sondern auch deren Verbindung mit der SS vertieft wurde. Hierbei handelte es sich weniger um eine Entstaatlichung als vielmehr um ein Zusammenwirken innerhalb des durch die Nationalsozialisten geschaffenen »Maßnahmenstaates« (Ernst Fraenkel). Dieser stand dem »Normenstaat« gegenüber, zusammen bildeten sie den »Doppelstaat«. Der »Normenstaat« basierte auf »Normen« im Sinne gesetzlicher Regelungen, die von Staatsorganen nach klaren Verwaltungsverordnungen zur Anwendung gebracht wurden, wie das für moderne Gesellschaften notwendig ist. Auch die Justiz urteilte nach den definierten »Normen«. Im »Maßnahmenstaat« wirkten Polizei und Parteigliederungen gemeinsam in der Umsetzung politisch-weltanschaulicher Ziele, die durch keinerlei andere Logik begrenzt werden sollten. Während der »Normenstaat« in der NS-Herrschaft weiter existierte, griffen die Aktivitäten des neu eingerichteten »Maßnahmenstaates« nicht nur in den Bereich des »Normenstaates« ein, sie widersprachen ihnen auch. Die Doppelstruktur wurde existent einerseits durch klare gesetzliche Regelungen (»Normenstaat«) und zugleich durch politische Zielsetzungen der Nationalsozialisten, die (im »Maßnahmenstaat«) zur Willkür führten. Zu den Zielsetzungen zählten vor allem die antisemitische und rassistische Programmatik, die Vorrang vor der Rechtssetzung des »Normenstaates« hatte. Die Bildung des RSHA im September 1939 machte zumindest äußerlich die Doppelstruktur von Sipo und SD als zusammenwirkender Institution sichtbar. Die weltanschauliche Führung einer nationalsozialistischen Polizei, die letztlich für das Wohlergehen der »Volksgemeinschaft« verantwortlich zeichnete, war damit gesichert, denn sie war für die Aussonderung der potenziellen politischen Gegner ebenso zuständig wie für die antisemitische und rassistische Verfolgungs- und Vernichtungspraxis.

Hitlers schärfste Waffe

Bedeutung des »Schutzhaftbefehls«

Die Geschichte der Gestapo, das wurde bereits deutlich, begann schon in den ersten Monaten der NS-Herrschaft. Um dem Handeln der Polizei, das sich bis dato noch an den Rechtsvorstellungen der Weimarer Republik orientierte, eine neue Grundlage zu geben, wurden Verordnungen beschlossen, die die demokratischen Grundrechte zunehmend außer Kraft setzten.

Zur Absicherung ihrer Herrschaft ließen die Nationalsozialisten bereits am 4. Februar 1933, also kurz nach dem Machtantritt, durch Reichspräsident Hindenburg die »Notverordnung zum Schutz des Deutschen Volkes« verkünden. Damit wurde erstmals die Möglichkeit genutzt, den Ausnahmezustand zu schaffen: Zunächst wurden politische Versammlungen und Aufmärsche unter freiem Himmel verboten, wenn der Verdacht bestand, dass sie veranstaltet wurden, um Kritik am nationalsozialistischen Staat und leitenden Beamten zu üben. Zudem berechtigte die Notverordnung die staatlichen Behörden zu Beschlagnahmung und Verbot von Druckschriften, deren Inhalt in ihren Augen die öffentliche Sicherheit und Ordnung gefährdete. Spendenaktionen zugunsten der Opposition waren fortan verboten, und die Polizei erhielt die Befugnis, Personen, bei denen der Verdacht auf eine Straftat bestand, bis zu drei Monaten ohne richterlichen Haftbefehl zu inhaftieren – der erste Schritt zur Ausschaltung der Opposition und Außerkraftsetzung der Verfassung war damit getan. Die Polizei Preußens wurde von Göring im Februar 1933 dazu aufgefordert, gegen die Gegner des Staates mit aller Härte vorzugehen; die Beamten waren ausdrücklich dazu angehalten, dabei von der Schusswaffe Gebrauch zu machen. Teile von SA, SS und »Stahlhelm« wurden, es klang bereits an, als »Hilfspolizei« der preußischen Polizei angegliedert und mit den entsprechenden Befugnissen ausgestattet. Doch schon zu diesem Zeitpunkt ließen sich zahlreiche NS-Schlägertrupps nicht davon abhalten, ihre Gegner, die sie in erster Linie in der Arbeiterbewegung sahen, ohne jegliche juristische Grundlage zu terrorisieren, zu misshandeln und zu ermorden.

Als der Reichstag in Berlin am Abend des 27. Februar 1933 in Flammen auf-

Am Abend des 27. Februar 1933 brannte in Berlin der Reichstag; das bot der NSDAP den Anlass, mit unbändiger Härte vor allem gegen Kommunisten vorzugehen. Zehntausende Oppositionelle wurden daraufhin in »Schutzhaft« genommen und in improvisierte Konzentrationslager verschleppt.

Nachdem zahlreiche SS- und SA-Angehörige am 22. Februar 1933 zu »Hilfspolizisten« erklärt worden waren, wurden sie offiziell mit Pistolen ausgestattet. Kurz zuvor hatte Göring die Polizei aufgefordert, bei der Verfolgung politischer Gegner hemmungslos die Schusswaffe einzusetzen.

ging, war dies ein willkommener Anlass für die NS-Führung, vor allem gegen die KPD vorzugehen. Unverzüglich wurde der aus den Niederlanden stammende ehemalige Rätekommunist Marinus van der Lubbe als Brandstifter identifiziert und an Ort und Stelle verhaftet. Die Nationalsozialisten machten die Öffentlichkeit glauben, van der Lubbe habe im Auftrag der KPD gehandelt, Goebbels und Göring ließen verbreiten, dass der Brand das Startzeichen der Kommunisten für den Beginn eines Aufstands gewesen sei. Noch in derselben Nacht wurden in Preußen alle KPD-Abgeordneten sowie zahlreiche Funktionäre verhaftet, es folgte die Schließung der Parteibüros und das Verbot der Parteizeitungen. Bereits am 28. Februar unterzeichnete Hindenburg die Verordnung »zum Schutz von Volk und Staat«, die den wichtigsten Schritt zur Übernahme der Polizeigewalt durch die Nationalsozialisten darstellte und zugleich den Ausnahmezustand permanent etablierte – nach der erwähnten Verordnung vom 4. Februar ein weiterer Schachzug zur Verfestigung antidemokratischer Strukturen. Durch diese »Reichstagsbrandverordnung«, die zunächst vier Jahre gelten sollte, wurden zahlreiche Verfassungsartikel außer Kraft gesetzt, die bis dahin die Grundrechte schützten; über die angegebene Intention der »Abwehr kommunistischer staatsgefährdender Gewaltakte« ging sie mithin weit

Verhaftete Antifaschisten Ende März 1933 in einem improvisierten Konzentrationslager der SA.

hinaus. Eingeschränkt wurden damit persönliche Freiheitsrechte, das Versammlungs- und Vereinsrecht, das Briefgeheimnis, die freie Meinungsäußerung, die Unverletzlichkeit der Wohnung sowie des Eigentums. Der »Schutzhaft« – der Festnahme und Inhaftierung politischer Gegner ohne Anklage und Beweise – waren im weiteren Verlauf praktisch keine zeitlichen Grenzen mehr gesetzt, außerdem wurde die Möglichkeit abgeschafft, Haftbeschwerde bei einem Gericht einzulegen. Mithin stellte sich die Frage, wer denn berechtigt war, die »Gegner« überhaupt zu definieren und sie inhaftieren zu lassen – zumal wenig später die am 23. März 1933 erlassene Verordnung »zur Abwehr heimtückischer Angriffe gegen die Regierung der nationalen Erhebung« die Bestrafung auch mündlicher Kritik an NSDAP und NS-Staat vorsah.

Von der Möglichkeit, Gegner in »Schutzhaft« zu nehmen, machte die Politische Polizei zunächst in Preußen, dann im ganzen Reich ausgiebig Gebrauch: Anfang März 1933 wurden Tausende Kommunisten und auch einige Sozialdemokraten inhaftiert und zunächst in regulären Polizei- und Justizgefängnissen festgesetzt. Für die rasant wachsende Zahl der Häftlinge reichten diese Kapazitäten allerdings sehr schnell nicht mehr aus. Verschiedene NS-Organisationen richteten deshalb in den folgenden Monaten überall im Deutschen Reich unterschiedlich aufgebaute Lager und andere Haft- und Folterstätten ein; dies wird im Rahmen der Entstehung des KZ-Systems noch näher

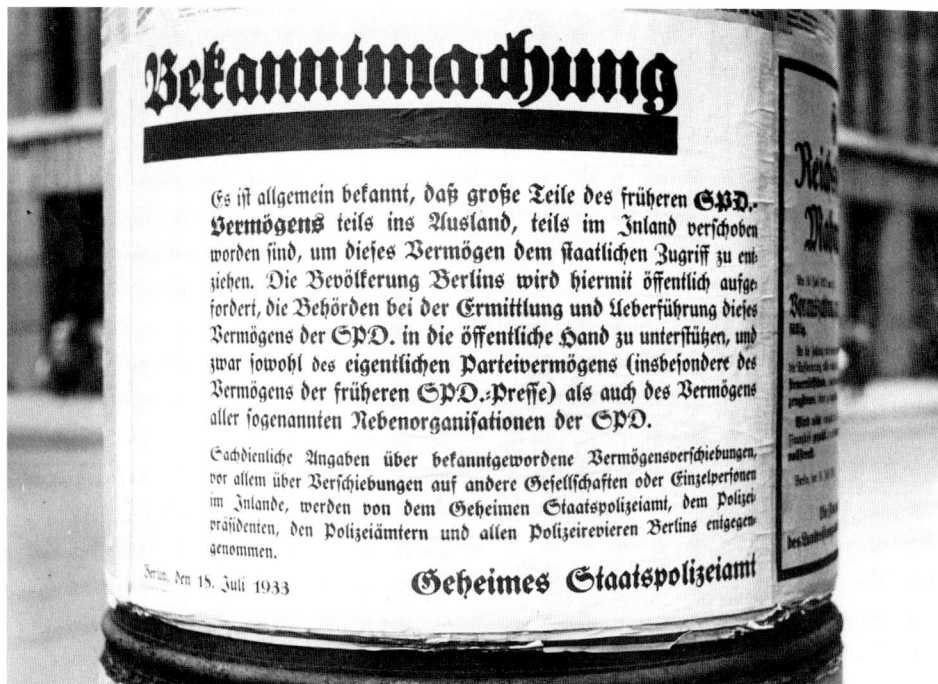

Bekanntmachung

Es ist allgemein bekannt, daß große Teile des früheren SPD.-Vermögens teils ins Ausland, teils im Inland verschoben worden sind, um dieses Vermögen dem staatlichen Zugriff zu entziehen. Die Bevölkerung Berlins wird hiermit öffentlich aufgefordert, die Behörden bei der Ermittlung und Ueberführung dieses Vermögens der SPD. in die öffentliche Hand zu unterstützen, und zwar sowohl des eigentlichen Parteivermögens (insbesondere des Vermögens der früheren SPD.-Presse) als auch des Vermögens aller sogenannten Nebenorganisationen der SPD.

Sachdienliche Angaben über bekanntgewordene Vermögensverschiebungen, vor allem über Verschiebungen auf andere Gesellschaften oder Einzelpersonen im Inlande, werden von dem Geheimen Staatspolizeiamt, dem Polizeipräsidenten, den Polizeiämtern und allen Polizeirevieren Berlins entgegengenommen.

Berlin, den 18. Juli 1933   **Geheimes Staatspolizeiamt**

Die Bevölkerung wurde vom Geheimen Staatspolizeiamt aufgefordert, sich an der Auffindung noch nicht beschlagnahmter Vermögenswerte der am 22. Juni 1933 verbotenen Sozialdemokratischen Partei Deutschlands (SPD) zu beteiligen.

zu erläutern sein. Die SA tat sich hier besonders hervor; sie richtete eigene Haftstätten ein, deren Insassen willkürlich gequält und gefoltert wurden – da die Parteieinheiten nicht dem Polizeirecht unterstanden, konnten sie hier außerhalb jeder juristischen Kontrolle agieren. Bis zum Sommer 1933 wurden diese Folterkeller fast sämtlich geschlossen.

Die Verhängung der »Schutzhaft« war keine Erfindung der Nationalsozialisten. Schon während des Ersten Weltkriegs bezeichnete der Begriff einerseits den Schutz einer Person vor Angriffen einer aufgebrachten Volksmenge, andererseits wurde sie zum Schutz der öffentlichen Sicherheit und Ordnung verhängt – dies allerdings mit strikter zeitlicher Begrenzung. Während der NS-Herrschaft wurde niemals spezifiziert, welche der beiden Bedeutungen gemeint sei, die Praxis zeigte jedoch eindeutig, dass es sich um eine Maßnahme gegen unliebsame und politisch zu bekämpfende Personen handelte. Anfangs waren verschiedene Institutionen berechtigt, Personen in »Schutzhaft« zu nehmen, später war allein die Gestapo für ihre Anordnung zuständig.

Zweck der »Schutzhaft« war in den ersten Jahren nach dem Machtantritt der Nationalsozialisten die Zerschlagung der politischen Opposition. Ihre seit

Der erste Leiter des Geheimen Staatspolizeiamtes, Rudolf Diels, bei einer Ansprache vor Häftlingen des Konzentrationslagers Oranienburg im Vorfeld ihrer Entlassung, Dezember 1933. Vor seiner Versetzung auf diesen Posten war Diels im preußischen Innenministerium für die Bekämpfung kommunistischer Bewegungen zuständig.

1933 in die Illegalität gedrängte Arbeit sollte bekämpft, ihre Organisationen aufgelöst, Verbindungen gekappt sowie ein Neuaufbau verhindert werden. Dazu setzte die Ende April 1933 per Gesetz aus der preußischen Politischen Polizei neu formierte, später aus regulären Polizeistrukturen herausgelöste Gestapo auf umfassende Überwachung und Abschreckung ehemaliger und noch tätiger Mitglieder von KPD und SPD, aber auch von bürgerlichen Parteien.

Als Leiter der Gestapo ordnete Heydrich Ende Mai 1934 an, dass das Geheime Staatspolizeiamt (Gestapa) und die ihm untergeordneten Dienststellen der preußischen Gestapo befugt seien, »Schutzhäftlinge« festnehmen zu lassen. Des Weiteren sollten endgültige »Schutzhaftbefehle«, das heißt eine über zunächst sieben, später zehn Tage hinausreichende Inhaftierung, nur mit seiner Unterschrift anerkannt werden. Heydrich wollte auf diese Weise sichergehen, dass er über sämtliche Vorgänge Kenntnis erhielt. Als für das »Schutzhaft«-Referat Zuständiger zeichnete Heinrich Müller in der von ihm geleiteten Hauptabteilung II 1 zunächst alle Haftbefehle gegen, was aufgrund ihrer rasant steigenden Zahl allerdings bald nicht mehr realisierbar war, weshalb Untergebene mit Unterschriftenstempeln ausgestattet wurden. Ab Oktober 1939 waren die

Stapo-Stellen und -Leitstellen berechtigt, selbständig »Schutzhaft« bis zu 21 Tagen zu verhängen. »Schutzhaft*befehle*« wurden erst ab Mai 1940 dezentral in den Stapo-Leitstellen und Stapo-Stellen ausgefertigt. Da die Gestapo allein darüber entschied, wer aus der Haft im Konzentrationslager zu entlassen war und wer nicht, gab es für eine Inhaftierung letztlich keinerlei zeitliche Beschränkung.

Die regionalen Gestapo-Dienststellen, auch Stapo-Stellen und Stapo-Leitstellen genannt, meldeten ihre »Schutzhaftvorgänge« an das Gestapa in Berlin auf postalischem Wege, später per Fernschreiben. Zunächst wurden die Anträge von Heydrich und Müller selbst bearbeitet und mit Bemerkungen wie »Kein KL erst zum Gericht« oder aber »KL bis auf weiteres« versehen.[1] Als nächstes wurden sie an die Sachreferate weitergereicht. Zumeist wurde den Anträgen der Stapo-Stellen zugestimmt, die aus allen Sachreferaten im »Schutzhaft«-Referat zusammenliefen und dort abschließend bearbeitet wurden. Dort stellte man die entsprechenden Haftbefehle mit Haftnummern aus und legte so genannte »Schutzhaft«-Akten an. Das Referat erhielt von der 1934 eingerichteten »Inspektion der Konzentrationslager« regelmäßig Informationen darüber, wie viele Plätze in welchem Konzentrationslager jeweils verfügbar waren; der einweisenden Gestapo-Dienststelle wurde daraufhin das entsprechende KZ benannt. Nachdem die in Haft genommene Person dorthin überführt worden war, musste das »Schutzhaft«-Referat der Gestapo innerhalb von drei Monaten über Entlassung oder Haftfortsetzung entscheiden. Dies wiederum geschah anhand eines – in der Regel negativ ausfallenden – Führungsberichts aus dem KZ, den ein Gestapo-Mitarbeiter als Leiter der dortigen »Politischen Abteilung« – auch das wird noch zu erläutern sein – auf Basis der Personenakte des Inhaftierten erstellt hatte. Bei der Entscheidung wurden zudem Kurzführungsberichte der einweisenden Gestapo-Dienststelle herangezogen, die sich ebenfalls auf die Informationen aus dem KZ stützten. Das Gestapa verlängerte daraufhin in der Regel die Haftzeit um weitere drei Monate. Entlassungen waren die Ausnahme; sie wurden vornehmlich durch direkte Intervention von NS-Führungskräften ermöglicht.

Nach dem Reichstagsbrand Ende Februar 1933 wurden bis ins Jahr 1934 mehrere zehntausend Personen in »Schutzhaft« genommen. Danach wurden es weniger, seit 1938 und verstärkt seit Kriegsbeginn stieg ihre Zahl jedoch wieder erheblich – die Nationalsozialisten fanden immer neue Gründe, Menschen in Haft zu nehmen.

Die Rechtsgrundlage, auf die sich die Repressalien der Gestapo stützten, war und blieb die »Reichstagsbrandverordnung«. Die hieraus abgeleitete Praxis barg allerdings auch Konfliktstoff: Ein Teil der NS-Führungskräfte war zum einen dagegen, die »Schutzhaft« auf Dauer zu nutzen, ohne dass für die Betroffenen Möglichkeiten bestanden, rechtlich dagegen vorzugehen. Zum anderen gab es

Einwände gegen die Tendenz, die »Schutzhaft« einer regulären Verurteilung und Inhaftierung in »normalen« Gefängnissen zur Bestrafung vorzuziehen.

Entstehung des KZ-Systems

Ein entscheidendes Mittel im Unterdrückungssystem der Nationalsozialisten, mit dem potenzielle Opponenten gefügig gemacht werden sollten, waren die Konzentrationslager. Zum besseren Verständnis der Tatsache, wie ausgeklügelt und perfide dieses System funktionierte, sollen hier zunächst Entstehung und Aufbau der Lager skizziert werden, bevor im weiteren Verlauf dieser Darstellung ihre besondere Nutzung durch die Gestapo thematisiert werden kann.

In den ersten Monaten der NS-Herrschaft gab es zuhauf die erwähnten Folterstätten unbekannter Anzahl, die sich in Kellern, Kasernen und SA-Sturmlokalen befanden. Bis Ende 1933 wurden sie weitestgehend wieder geschlossen. Überdies richteten die Nationalsozialisten zahlreiche so genannte »frühe« Lager[2] ein, die zunächst wesentlicher Bestandteil des Terrors waren. Zwischen 1933 und 1934 wurden über 70 Lager für politische Gegner genutzt. Daneben existierten in rund 30 Strafanstalten Abteilungen, die für »Schutzhäftlinge« vorgesehen waren, sowie 60 Haftstätten der Gestapo, SA oder SS.[3] Zunächst wurde die Errichtung von Lagern durch die neue Reichsregierung nicht zentral gesteuert, die Initiative ging vielmehr von lokalen und regionalen NS-Führungen aus, die entsprechend den Bedingungen in den jeweiligen Ländern des Reiches verschiedene Konzepte und Maßnahmen umsetzten. Bei den »frühen« Lagern, die zum Teil schon als Konzentrationslager bezeichnet wurden, lassen sich vier verschiedene Formen identifizieren[4]:

Zum einen gab es auf Länderebene von den staatlichen Oberbehörden (Polizei, Politische Polizei und Innenministerien) betriebene Lager, deren Verwaltung einem zivilen »Lagerdirektor« unterstand, wohingegen die Bewachung durch SA und SS als »Hilfspolizei« erfolgte, die wiederum einem eigenen »Lagerkommandanten« aus ihren Reihen unterstellt waren. Die Haftzeiten dieser Lager übertrafen diejenigen der anderen Typen. Zu dieser Lagerform zählten in Preußen Sonnenburg, Lichtenburg, Brandenburg, Esterwegen I und II, Börgermoor und Neusutrum, außerdem das Lager Sachsenburg in Sachsen.

Zum anderen gab es statt von höheren staatlichen Stellen die von regionalen oder lokalen Behörden eingerichteten Lager. Sie wurden zwar ebenfalls von der SA bewacht, standen aber unter Aufsicht der Polizei. Hier hielt man die Häftlinge zumeist nur einige Wochen fest. In Preußen war das in Brauweiler, Benninghausen, Moringen, Glückstadt, im Land Baden im Lager Kislau der Fall.

Ein dritter Lagertyp wurde jenseits jeder staatlichen Aufsicht von regionalen NS-Führern geschaffen mit dem Ziel, persönliche Machtinteressen durchzu-

Reichsführer SS Heinrich Himmler bei einer Visite des Konzentrationslagers Dachau, 1935.

setzen; typisch waren hier die vollkommen willkürlichen Haftzeiten und ein reges Erpressungswesen. Auf Initiative von Polizei- oder Regierungspräsidenten wurden in Breslau, Kemna, Stettin und Eutin entsprechende Strukturen geschaffen.

Zum vierten Typus schließlich waren von SA und SS, also Parteigliederungen, eigenständig errichtete Lager zu rechnen, in denen diese auch die Wachmannschaften stellten und mit lokalen und regionalen Polizeien kooperierten. Hier wurden die Häftlinge zwischen einigen Tagen und mehreren Wochen festgehalten. Anfangs zählte das KZ Oranienburg zu diesem Typus, wurde dann aber unter staatliche Kontrolle gebracht.

Die meisten dieser »frühen« Lager wurden bis zum März 1934 wieder geschlossen – Rudolf Diels, der erste Gestapo-Chef, hatte Göring davon überzeugt, dass vor allem solche nicht zentral kontrollierten Lager dem Ansehen des Staates schaden könnten. Sie finden hier dennoch so ausführlich Erwähnung, weil ein großer Teil der politischen Opposition unmittelbar nach Hitlers Machtantritt per »Schutzhaftbefehl« dort festgesetzt wurde – bevor die regulären, staatlich kontrollierten Lager ab 1934 reorganisiert wurden. Auf Dauer sah man allerdings eine zentrale Organisation als besser geeignet an, mit dem will-

Häftlinge im Konzentrationslager Dachau müssen Zwangsarbeit an einer Straßenwalze verrichten, 1933. Zunächst zur Ausschaltung der politischen Opposition errichtet, dienten die KZs während des Krieges als Arbeitskräftereservoir für die Rüstungsindustrie. Viele Häftlinge fielen dabei dem Programm »Vernichtung durch Arbeit« zum Opfer.

kommenen Nebeneffekt, dass so auch die Machtposition der SA geschwächt werden konnte, schienen deren undisziplinierte Schläger doch die Stabilisierung der NS-Herrschaft zunehmend in Frage zu stellen.

Die Mittel mochten verschieden sein, das Ziel war und blieb das eine: die Zerschlagung der Opposition. Dies sollte durch direkte und indirekte Repressalien ermöglicht werden. In den Lagern selbst richtete sich der Terror direkt gegen die politischen Gegner; physischer und psychischer Druck, Freiheitsentzug und Herauslösung aus dem bisherigen persönlichen und politischen Umfeld, ständige Misshandlungen und erniedrigende Lebensumstände zielten auf die Zerstörung von Persönlichkeit und Individualität. Die indirekte Form des Terrors bestand in der bloßen Androhung der Lagerhaft; die Angst vor dem Lager wurde bewusst geschürt. Da bei der Repression gegen die organisierte Arbeiterbewegung in weiten Teilen der Bevölkerung mit Zustimmung zu rechnen war, wurde die Errichtung von Konzentrationslagern schon früh in der Presse thematisiert – im »Völkischen Beobachter« erschien bereits am 21. März 1933 ein entsprechender Bericht über das KZ Dachau.[5] Das hatte den Nebeneffekt, dass es möglich war, mit KZ-Haft offen zu drohen. Angesichts solcher Konse-

SS-Wachmannschaften und weibliches Büropersonal bei einer Weihnachtsfeier im Hamburger Konzentrationslager Neuengamme, 1943.

quenzen würde, so das Kalkül, kaum jemand wagen, politische Oppositionsarbeit zu leisten oder diese auch nur zu unterstützen. Das Wissen um die Lager sollte in der gesamten Bevölkerung die Anpassung an das von den neuen Machthabern erwünschte Verhalten in jeder Hinsicht befördern.

Bei der Entwicklung kristallisierten sich zwei Hauptrichtungen heraus: das preußische und das bayerische Modell.[6] Da in Preußen im März 1933 die bestehenden Kapazitäten der Haftanstalten für die große Welle Neuverhafteter nicht mehr auszureichen schienen, plante das preußische Innenministerium, vor allem im Emsland »Schutzhaftlager« einzurichten. Dies geschah in Zusammenarbeit mit der Politischen Polizei, so dass sich eine Arbeitsteilung herausbildete: Das Innenministerium war für die Organisation und Verwaltung der Lager zuständig, die Kreispolizeibehörden und das Gestapa für Einweisung und Entlassung der Häftlinge. Innerhalb des Lagers gab es zwar einen zivilen, für die Verwaltung zuständigen Lagerdirektor, aber die SS-Wachmannschaften unterstanden einem Kommandanten der SS. Dieser setzte sich häufig über die Anordnungen des (ihm eigentlich vorgesetzten) zivilen Direktors hinweg. Im Laufe des Jahres 1933 scheiterte das Konzept, in Preußen zentralisierte Konzentrationslager einzurichten, an unklaren Kompetenzverteilungen, mangeln-

So genanntes »Strafstehen« im Konzentrationslager Dachau, 1938. Drakonische Strafen, Demütigungen und miserable Lebensbedingungen gehörten in den KZs zum Alltag der Inhaftierten.

der Unterstützung durch die SS und personell zum einen am preußischen Polizeichef Kurt Daluege, der den Einsatz von SS-Wacheinheiten beförderte und so die Position der Lagerdirektoren praktisch wirkungslos werden ließ, zum anderen am Unwillen des Gestapa in Gestalt seines Leiters Rudolf Diels, das Konzept umzusetzen und die Konzentrationslager effektiv zu kontrollieren.

Das bayerische Modell, das sich künftig durchsetzen sollte, nahm in jenem Ort bei München seinen Anfang, dessen Name seither untrennbar mit dem nationalsozialistischen Repressionsapparat verbunden ist: Dachau. Das dortige KZ, bereits am 20. März 1933 auf Befehl Himmlers, damals Münchener Polizeipräsident, eingerichtet, wurde zunächst von einer Hundertschaft der Schutzpolizei München betrieben, die jedoch nach Himmlers Ernennung zum Kommandeur der Politischen Polizei schon am 2. April schrittweise durch Einheiten der SS in ihrer Funktion als »Hilfspolizei« abgelöst wurden. Formal waren diese Wachmannschaften »Hilfspolizisten«, die Himmler in seiner staatlichen Position unterstanden, weitaus bedeutsamer war jedoch die Tatsache, dass sie ihm in seiner Funktion als Reichsführer SS unterstellt waren. Zu Zeiten des ersten SS-Kommandanten kam es zur Ermordung mehrerer Häftlinge, was öffentlich bekannt wurde. Die aufgenommenen Ermittlungen ließ Himmler mit Unterstützung von SA-Stabschef Röhm verschleppen, behindern und

Tafel mit so genannten »Winkeln« für KZ-Häftlinge, Stand 1940/41. Gemäß den unterschiedlichen Kategorien waren die Häftlinge durch diese verschiedenfarbigen Dreiecke an ihrer Kleidung gekennzeichnet. Dadurch entstand eine Hierarchie unter den Häftlingsgruppen, welche die Lagergemeinschaft spaltete und somit leichter beherrschbar machte.

unter der Drohung, Hitler einzuschalten, letztlich einstellen. Röhm, als SA-Führer damals noch sein Vorgesetzter und zugleich Reichsminister ohne Geschäftsbereich, trug mit dem Gewicht dieser Positionen nach Kräften dazu bei. Auch er war der Meinung, »Schutzhäftlinge« seien Angelegenheit der Politischen Polizei und nicht juristischer Stellen, die deshalb keinerlei Kompetenzen bei der Behandlung politischer Gegner haben sollten. Himmler setzte einen neuen Kommandanten, den SS-Brigadeführer Theodor Eicke, ein, der seine Aufgabe ganz im Sinne des Reichsführers SS versah, indem er die bereits existierenden »Sonderbestimmungen« zu einer »Disziplinar- und Strafordnung für das Gefangenenlager« erweiterte und zugleich genaue Dienstvorschriften für das Wachpersonal erließ: Bei Verstoß drohten drakonische Strafen. Eicke ging es um eine Systematisierung des Terrors, die Wachsoldaten wurden besonders geschult und stets dazu angehalten, gegenüber den Inhaftierten mit ganzer Härte vorzugehen. Und dazu hatten sie ausgiebig Gelegenheit, denn wann ein Verstoß gegen die Vorschriften vorlag, war Ermessenssache. Den Häftlingen spielte diese Lagerordnung eine Norm vor, die sie scheinbar vor ungerechtfertigter Bestrafung zu schützen vermochte. In Wirklichkeit ließ dieses »Regelsystem« der Willkür freie Bahn. Bereits zu diesem Zeitpunkt wurde die Perfidie eines Systems sichtbar, das später in Hunderten von Lagern sadistisch zur Perfektion getrieben wurde, wovon unzählige Berichte Überlebender immer wieder ein erschütterndes Zeugnis geben.

Der organisatorische Aufbau des Lagers Dachau – sozusagen der Prototyp eines KZs – war in drei Bereiche gegliedert: erstens die Kommandantur, zweitens die Wachtruppe als »Hilfspolizei« und drittens die so genannte »Politische Abteilung«. In der Kommandantur war Eicke, als SS-Mitglied dem Reichsführer SS Himmler unterstellt, zuständig für Organisation, Verwaltung und ärztliche Versorgung. Den Bereich der Häftlingsbewachung leitete ebenfalls Eicke, in dieser Eigenschaft Himmler als Kommandeur der »Hilfspolizei« untergeordnet. Die »Politische Abteilung« schließlich wurde von Heydrich als Leiter der Bayerischen Politischen Polizei übernommen und war verantwortlich für Verhöre, Exekutionen, Einweisung und Entlassung der Häftlinge. Entscheidend ist hier die Doppelung der Struktur: In dieser Funktion war Heydrich Himmler nicht als Reichsführer SS, sondern als Politischem Referenten im Innenministerium und Kommandeur der Politischen Polizei in Bayern unterstellt.

Auf diese Weise stand Himmler bei der Realisierung seiner Vorstellungen von »innerer Sicherheit« ein verlässliches Mittel zur Verfügung. Spätestens mit der Herauslösung der Politischen Polizei aus der inneren Verwaltung wurden deren Rechte, die Vorgänge in den Konzentrationslagern zu kontrollieren, praktisch aufgehoben. Die Möglichkeit zur Verhängung der »Schutzhaft« wurde fortan weidlich genutzt, gab es doch, es klang bereits an, für die Betroffenen kaum eine Handhabe, dagegen vorzugehen – nun weniger denn je: Die Politische

Polizei, dann die Gestapo, war niemandem Rechenschaft schuldig, warum, ob, wann und wie lange eine Person per »Schutzhaftbefehl« im KZ inhaftiert wurde, um so mehr, als sie in Gestalt der »Politischen Abteilung« auch wichtiger Bestandteil der Binnenstruktur des Lagers war. Ein geregelter Rechtsweg für Einsprüche und Haftüberprüfungen war ausgeschlossen.

Die Herauslösung der Konzentrationslager aus den bestehenden Verwaltungsstrukturen machte es möglich, gegen alle realen und potenziellen Gegner des Nationalsozialismus rücksichtslos vorzugehen. Doch handelte es sich hier nicht einfach um eine »Entstaatlichung«, die auch aufgrund der sonst fehlenden Finanzierung nicht gangbar gewesen wäre, sondern um ein wachsendes Geflecht des »Maßnahmenstaates«. Himmlers Machtdreieck aus SS, Konzentrationslagern und Gestapo begann seine Wirkung von Bayern aus zu entfalten. Ab 1934 wurden etliche Lager nach dem Muster Dachaus neu errichtet.

Erfassung des politischen Gegners: Karteikartensystem

Um die realen oder potenziellen Gegner inhaftieren zu können, musste die Gestapo Informationen beschaffen und in einer Form dokumentieren, die sie ständig nutzbar werden ließ. Schon die Politische Polizei der Weimarer Republik nutzte Karteikarten zur Dokumentation von Daten beobachteter oder politisch verdächtigter Personen. Die Vorteile lagen auf der Hand – mithilfe eines jederzeit einsetzbaren Informationsmediums konnte so die Ordnung und Erschließung normiert werden. Für die Gestapo war dies von besonderem Interesse: Die Datenmengen, die im Zuge der weitgehenden Erfassung und Bespitzelung der deutschen Bevölkerung immer umfangreicher wurden und zudem ständiger Aktualisierung bedurften, hatten schnell abrufbar zu sein. Zunächst übernahm man die Karteien der Politischen Polizeien der Länder, später wurden eigene Systeme entwickelt, die man fortlaufend ergänzte.

Das Kernstück des Systems war die Personenkartei: In entsprechenden Vordrucken wurde hier neben den Personalien die politische Einstellung dokumentiert und Hinweise zu vorliegenden Polizeiakten eingetragen. Bemerkungen zum Sachverhalt, die die Ergebnisse bisheriger Ermittlungen zusammenfassten, waren auf den Karten mit Datum und Aktenzeichen versehen, um einen schnellen Zugriff auf die jeweiligen Akten zu gestatten. Bald wurde die Personenkartei durch eine »Schutzhaft«-Kartei ergänzt, die wesentliche Daten über »Schutzhäftlinge« enthielt, hinzu kamen außerdem die so genannten »A-Karteien« für »im Kriegsfalle in Schutzhaft zu nehmende Staatsfeinde«. Darüber hinaus entstanden Beamtenkarteien, Judenkarteien, Firmenkarteien sowie Werkkarteien über Personen, die aus politischen oder sonstigen polizeilichen Gründen aus Rüstungsbetrieben entlassen worden waren. Jeweils eigens erfasst wurden überdies beispielsweise arbeitseinsatzpflichtige Juden, ausländische Zivilarbeiter, V-Leute, Mitglieder der Presse und das beschlagnahmte jüdische Vermögen. Hinzu traten schließlich noch diverse Sonderkarteien wie etwa für kirchliche Organisationen, Sekten, konfessionelle Vereinigungen, Freimaurer, Emigranten und politische Agitationsschriften. Die Liste lässt sich beliebig fortsetzen – das Spektrum der Karteien variierte je nach Ort.

Alle unmittelbar die Person betreffenden Informationen, die in solchen Sachkarteien registriert waren, mussten auch in den zentralen Personenkarteien erfasst werden, die auf diese Weise eine ständige Aktualisierung erfuhren. In einem Runderlass vom März 1934 ordnete das Gestapa an, dass die Personenkarteien ein »lückenloses Bild über das politische Vorleben der in allgemein politischer Hinsicht in Erscheinung tretenden Personen gewährleisten« müsse, um eine als zeitraubend angesehene Durchsicht der Akten zu vermeiden.[7] Geführt wurden diese Karteien von den regionalen Politischen Polizeien; entsprechend forderte das Gestapa und nachfolgend das RSHA die Stapo-Leitstellen und Stapo-Stellen auf, zumindest Durchschläge ihrer erstrangigen Personenkartei nach Berlin zu versenden, wo sämtliche Daten und Vorgänge reichsweit zentral einsehbar sein sollten.

Die Hauptkartei der Gestapo hatte Anfang 1939 einen Umfang von schätzungsweise zwei Millionen Personalkarten und zusätzlich über 600 000 Personalakten erreicht. Für eine derart ausgedehnte – und immer noch zunehmende – Datenerfassung wurden Hunderte Mitarbeiter benötigt.

Bis zum Kriegsbeginn gab es mehrere Anläufe, die politischen Gegner aus KPD und SPD, unabhängig davon, ob sie noch im Untergrund aktiv waren oder sich aus der politischen Arbeit zurückgezogen hatten, in Karteien zu erfassen, um sie im Kriegsfall in »Schutzhaft« nehmen zu können. Am 5. Februar 1936 ordnete Heydrich an, dass die preußischen Staatspolizeistellen und die Politischen Polizeien der Länder bis Anfang Mai desselben Jahres eine Kartei aller Staatsfeinde zu erstellen hatten, die »im Kriegsfalle unbedingt in Schutzhaft genommen werden müssen«[8] – gemeint war die erwähnte A-Kartei. Die Definition, wer als Staatsfeind anzusehen sei, blieb allerdings undeutlich: Heydrich fasste darunter alle Personen, »von denen ohne weiteres zu vermuten steht, dass sie sich gemäß ihrer früheren politischen Einstellung und Tätigkeit oder auf Grund ihrer jetzigen Einstellung als Hetzer oder Aufwiegler, als Saboteure oder Nachrichtenagenten oder in ähnlicher, die öffentliche Sicherheit und Ordnung gefährdende Weise betätigen«[9]. Im Klartext: Er überließ die Frage, wer in die Kartei aufzunehmen sei, seinen regionalen Beamten. Das Ergebnis ließ auf

Karteikarte von Josef Urla. Nachdem die Gestapo im August 1933 »Schutzhaft« wegen »staatsfeindlicher Gesinnung« angeordnet hatte, war Urla in das Konzentrationslager Brandenburg eingeliefert worden.

sich warten – statt zum geforderten Zeitpunkt wurde die Kartei erst Anfang 1937 fertig gestellt. Angesichts der eingehenden Meldungen zeigte sich Heydrich wenig erbaut: Die verschiedenen regionalen Dienststellen legten den Begriff »Staatsfeind« so unterschiedlich aus, dass in den außerpreußischen Ländern eine viel zu hohe Zahl an potenziellen »Schutzhäftlingen« erfasst wurde. Reichsweit sollten über 46 000 Personen festgenommen werden – und das hätte selbst die Gestapo überfordert; zudem reichte die Kapazität der Konzentrationslager dafür bei weitem nicht aus.

Dennoch versuchte man weiterhin, eine das ganze Reich umfassende »A-Kartei« aufzubauen. Heydrich veranlasste im Sommer 1938, die bis dahin erhobenen Daten nach neuen Kriterien in drei Kategorien zu unterteilen mit dem Ziel, die Anzahl der bei Kriegsbeginn zu Verhaftenden zu verringern. In Gruppe A1 sollten »Staatsfeinde« erfasst werden, »die ob ihrer besonderen Bedeutung und Gefährlichkeit schon bei der Einleitung der getarnten Vorausmaßnahmen für die allgemeine Mobilmachung festgenommen werden müssen«[10]. Deren Verhaftung sollte jedoch möglichst nicht in der breiten Öffentlichkeit bekannt werden, um die Kriegsvorbereitungen nicht zu gefährden. Dies könne, so Heydrich, allerdings nur gelingen, wenn diese Gruppe einen nicht zu großen Personenkreis umfassen würde. Die in der zweiten Gruppe (A2) Erfassten sollten zeitgleich mit der öffentlichen Mobilmachung festgenommen werden – auch ihre Zahl war aufgrund der zu erwartenden Belastung der Polizei überschaubar zu halten. Mit dem Kürzel A3 schließlich waren solche Personen bezeichnet, »die zwar nicht in der Gegenwart oder in den Tagen einer Mobilmachung die Sicherheit des Reiches unmittelbar gefährden«[11] würden, die jedoch als längerfristiges Gefahrenpotenzial angesehen wurden, so dass sie besonders überwacht oder inhaftiert werden sollten.

Nach diesen Vorgaben erarbeiteten die regionalen Gestapo-Stellen 1938 eine neue Kartei; wie im Falle der Personenkarteien wurden Kopien der A1- und A2-Karten auch hier an das Gestapa gesandt, um eine reichseinheitliche Kartei aufzubauen. Umzüge der beobachteten Personen waren von der zuständigen Stapo-Stelle an diejenige des neuen Wohnortes zu melden. Die Anzahl der potenziellen Häftlinge mochte sich damit verringert haben, die logistische Frage des Abtransports und der Unterbringung in den Konzentrationslagern blieb weiterhin bestehen. Doch auch dafür hatten die nationalsozialistischen Planer alsbald eine Lösung parat: Nach Anordnung von Werner Best, dem stellvertretenden Leiter des Gestapa, sollten die in Süd- und Südwestdeutschland Verhafteten ins KZ Buchenwald eingewiesen, diejenigen aus Nord-, West- und Mitteldeutschland nach Sachsenhausen geschickt werden. In Ostpreußen war bei Bedarf ein weiteres Konzentrationslager einzurichten. Den Transport hatten die Inspekteure der Sicherheitspolizei in den einzelnen Wehrkreisen zu organisieren.

Als politische Gegner wurden von den Nationalsozialisten in erster Linie Menschen aus der Arbeiterbewegung und ihre Organisationen sowie erklärte Antifaschisten angesehen – der Hauptfeind des Systems war und blieb die politische Linke; schon die Reichstagsbrandverordnung hatte dies zur Genüge gezeigt.

Vorgehen gegen Kommunisten, Sozialdemokraten und Antifaschisten

Die bereits mit Hitlers Regierungsantritt beginnende Verfolgung der Kommunisten stieß in weiten Teilen der Bevölkerung durchaus auf Zustimmung, verknüpfte man damit doch die Erwartung, dass die Ausschaltung der KPD zur nationalen Befriedung beitragen würde. Die Reaktionen von KPD und SPD konnten unterschiedlicher kaum sein: Die KPD setzte auf Massenproteste, Agitation und allgemeine Organisation von Widerstand. Auch bewaffnete Auseinandersetzungen mit NS-Gruppierungen waren zu verzeichnen. Die SPD hingegen bewegte sich mit wenigen Ausnahmen im Rahmen der Legalität, um ihre

Opposition gegen Hitler und die NSDAP zu manifestieren. Entgegen den oppositionellen Aktivitäten an der Basis der sozialdemokratisch orientierten Gewerkschaften versuchten sich deren Führungskräfte sogar mit den neuen Kräften zu arrangieren – ein Versuch, der allerdings ebenso erfolglos blieb wie die Aktionen von KPD und SPD.

Der Hass auf die politische Linke kennzeichnete die Nationalsozialisten in ähnlich starkem Maße wie ihr antisemitischer Fanatismus. Vor allem die Kommunisten standen in ihren Zielen und Vorstellungen der nationalsozialistischen Gesellschaftsidee entgegen. Nicht das Gemeinschaftsgefühl als »Nation« oder »Rasse«, nicht die Betonung mythischer Traditionen waren für sie entscheidend, sondern die länder- und nationenübergreifenden Interessen der Arbeiterschaft. Ihre Lage sollte nicht nur verbessert, sie sollte international die politisch bestimmende soziale Gruppe werden. So war es nicht verwunderlich, dass sich der stärkste Angriff der Nationalsozialisten mit allen zur Verfügung stehenden Mitteln gegen die militantesten Gegner der letzten Weimarer Jahre richtete: die Kommunisten. Prägte in den ersten Wochen nach der Ernennung Hitlers zum Reichskanzler der Straßenterror den Kampf gegen die Anhänger der KPD, brach direkt nach dem Reichstagsbrand 1933 eine Welle von Verhaftungen los. Noch in der Nacht des 27. Februar wurden bis zu 2 000 kommunistische Funktionäre festgenommen, gefoltert, misshandelt und danach in die erwähnten, zum Teil eigens dafür eingerichteten »frühen« Lager[12] eingeliefert. Nach der Verkündung der »Reichstagsbrandverordnung« am nächsten Tag erhöhte sich die Zahl der »Schutzhäftlinge« noch weiter um mehrere tausend. Bei der Reichstagswahl vom 5. März 1933 erhielt das Bündnis von NSDAP und Deutschnationalen etwas über fünfzig Prozent der Stimmen; SPD und KPD waren zwar zu den Wahlen zugelassen, wurden aber massiv behindert. Kraft der Reichstagsbrandverordnung waren die Büros der KPD bereits geschlossen, die Parteipresse verboten und zahlreiche Funktionäre verhaftet worden. Nach den Wahlen kam es zu einer neuen Verhaftungswelle, die sich nun in zunehmendem Maße auch gegen Mitglieder der SPD richtete. Bis 1934 wurden rund 60 000 Kommunisten und Sozialdemokraten in »Schutzhaft« genommen; sie waren Terror und Misshandlungen in den Folterstätten, frühen Lagern und Konzentrationslagern ausgeliefert, bis zum Jahr darauf waren etwa 2 000 Kommunisten ermordet worden. Nach der Ausschaltung der organisierten Arbeiterbewegung nahm die absolute Anzahl der aus ihr stammenden »Schutzhäftlinge« durch Tod oder Freilassung ab, ebenso ihr relativer Anteil an der gesamten Häftlingsanzahl; es gab zunehmend mehr »Schutzhäftlinge« anderer Opfergruppen. Auch aus den Akten der Politischen Polizei geht die Kommunistenhatz deutlich hervor: Bis zu 80 Prozent der dokumentierten Vorgänge richteten sich gegen die KPD und ihre Anhänger. Erst später wurde Personal nach und nach aus den für die Überwachung der Arbeiterorganisationen KPD, SPD,

Gewerkschaften und kleinere linke Gruppen zuständigen Abteilungen zur Kontrolle anderer missliebiger Bevölkerungsgruppen abgezogen.

Die Aktivitäten von Politischer Polizei respektive Gestapo sollen hier anhand der Erinnerungen von damals Verfolgten nachgezeichnet werden, die verschiedenen Gruppen und Strömungen der organisierten Arbeiterbewegung angehörten.

Der 1921 in Oberwaltersdorf bei Wien geborene Sozialist **Hans Landauer** stammte aus einem ländlichen Milieu: Die Großväter, beide Kleinbauern, waren Sozialdemokraten und hatten in benachbarten Gemeinden das Bürgermeisteramt inne. Von Kind auf entsprechend geprägt, hatte sich Landauer schon früh in der linken Jugendbewegung engagiert. Als 1934 dann auch in Österreich eine (klerikal)faschistische Regierung ans Ruder kam und die demokratischen Bewegungen verboten wurden, war dem Dreizehnjährigen schlagartig bewusst, welch gewaltige Zäsur dies bedeutete. Im Juni 1937 ging er, gerade erst sechzehn Jahre alt, nach Spanien, um mit den Internationalen Brigaden gegen Francos Falangisten für die Republik zu kämpfen. »Uns hat der spanische Bürgerkrieg enorm interessiert, selbstverständlich. Die gesamte Linke war daran interessiert, die Demokratie zu verteidigen, aus ganz Europa kamen Freiwillige.« Vom »Anschluss« Österreichs im März 1938 erfuhr er aus einer spanischen Zeitung; die republikanischen Loyalisten hatten kurz zuvor schwere Verluste erlitten. »Demoralisiert« seien sie damals gewesen, »nach der militärischen Niederlage nun die politische zu Hause« erleben zu müssen, doch mit zeitlichem Abstand sei ihm klar: »Der große Haifisch hat den kleinen gefressen, denn die Zeit zwischen 1934 und 1938 war in Österreich ja auch keine demokratische Zeit. Das war eine gemilderte Form des Faschismus.« Nach dem Ende des Krieges landete er in Frankreich. Um die Flüchtlingswellen aus Spanien kanalisieren zu können, waren dort so genannte Auffanglager eingerichtet worden, deren Insassen unter teils katastrophalen Bedingungen dahinvegetieren mussten. Nach dem Einmarsch der Deutschen wurden viele von ihnen Opfer von Deportation und Zwangsarbeit. Landauer gelang es zu entkommen, wurde aber bald darauf zunächst in Toulon, dann in Paris inhaftiert, wo er – als Spanienkämpfer a priori suspekt – mehrmals von der Gestapo verhört wurde. Geschlagen wurde er damals nicht, aber, so sagt er heute, da er in einer politisierten Familie aufgewachsen sei, habe er doch sehr genau gewusst, mit wem er es da zu tun hatte. »Bei der Gestapo wurde die Gewalt potenziert, dort wurde es auch bewilligt, verschärfte Verhörmethoden anzuwenden.«[13] Nach drei Monaten wurde er mit einem Gefangenentransport nach Wien gebracht, wo man ihn im Polizeigefangenenhaus an der Elisabethpromenade festhielt, zusammen mit anderen Spanienkämpfern, die zum Teil schwer misshandelt wurden und zeitweise im Hausgefängnis der Gestapo verbleiben mussten. Er selbst musste die Aussagen, die er bereits in Paris zu Protokoll gegeben hatte, noch einmal bestätigen. Am 5. Juni 1941 wurde er ins KZ Dachau deportiert. Bei der Aufnahme musste er – wohl als reine Schikane – durch die von der Gestapo geführte Politische Abteilung dieselbe »erkennungsdienstliche Behandlung« über sich ergehen lassen wie schon im Wiener Gefängnis: Man nahm seine Fingerabdrücke, und er wurde von drei Seiten fotografiert. Dachau, das war für ihn »die Hölle« – schon mit dreizehn Jahren hatte er über das »Mörderlager« gelesen. »Wenn man etwas gemacht hat, das in der Lagerordnung verboten war, oder wenn man beim Arbeitsdienst auffiel, wurde man abgestraft: Stockhiebe, Baumhängen oder ähnliches.« Das galt auch für Häftlinge, deren Vernehmung durch die Politische Abteilung nicht zum gewünschten Ergebnis führte, insbesondere für die 150 österreichischen Kämpfer des spanischen Bürgerkriegs, die direkt aus Frankreich dorthin verschleppt worden waren. »Jeder Beamte hatte da seine eigene Methode.« Nach Jahren der Zwangsarbeit erlebte Landauer am 29. April 1945 die Befreiung des völlig überfüllten Lagers durch US-amerikanische Soldaten; noch drei Tage zuvor waren über 60 000 Häftlinge registriert worden, und noch am 28. April hatten SS-Männer willkürliche Erschießungen vorgenommen – bevor die meisten von ihnen das Weite suchten. »Es herrschten furchtbare Verhältnisse [...]. Zum Schluss wurden keine Leichen, sondern nur noch Akten verbrannt. Es lagen Unmengen von Leichen im Krematorium und auf dem Appellplatz herum. [...] Ich war in den letzten Tagen im Revierblock versteckt«, berichtet er. »Um die Mittagszeit [des 29. April] hörte man schon Infanteriefeuer [...] und auf einmal hörte ich einen Schrei. Ich bin nach draußen und habe geschaut, was los ist, und habe eine Gruppe amerikanischer Soldaten ins Lager kommen sehen. [...] Kurze Zeit später kam schon ein Jeep hereingefahren. Das war die Frau von Hemingway [die amerikanische Journalistin Martha Gellhorn]. Alle stürzten sich auf diesen Jeep, manche Häftlinge küssten ihr die Füße. Ich habe also gesehen, was sich hier tut. [...] Ich habe mich umgedreht, bin wieder auf den Revierblock gegangen, habe mich auf den Strohsack hingeworfen und habe eine Stunde lang geheult. Ich hatte einen richtigen Nervenzusammenbruch, denn ich wusste, jetzt lebe ich.«[14]

Nach dem Ende der NS-Herrschaft war Landauer in der Sicherheitsdirektion des Bundeslands Niederösterreich tätig, 1948 wechselte er in die Wiener Polizeidirektion. Etliche Gestapo-Beamte, so sagt er, seien bei der Polizei nach dem Krieg problemlos wieder eingestellt worden.

»Jeden Morgen, wenn ich vor dem Spiegel stehe und mich rasiere«, so **Fritz Bringmann**, »dann werde ich an die Folgen der Vernehmung durch die Gestapo erinnert. Das heißt, ich werde tagtäglich daran erinnert, was sie mir angetan haben.«[15] Als Sohn einer Arbeiterfamilie 1918 in Lübeck geboren, hatte Bringmann, der zu jener Zeit eine Ausbildung als Klempner und Installateur absolvierte, seine antifaschistische Jugendarbeit nach dem Reichstagsbrand gemeinsam mit seinem Bruder Karl begonnen. Sie versuchten, Jungen und Mädchen davon abzuhalten, in die Hitlerjugend (HJ) oder den Bund Deutscher Mädel (BDM) einzutreten, verteilten Flugblätter und brachten Anti-Hitler-Parolen an Hauswänden an. Im Jahre 1935 wurden sie nach einer solchen Aktion beide in der elterlichen Wohnung von der Gestapo festgenommen und im Untersuchungsgefängnis festgesetzt. Erste Vernehmungen liefen noch recht zurückhaltend ohne Schläge ab, da die Beamten zwar einen Verdacht, aber keine präziseren Kenntnisse über ihre Untergrundarbeit hatten. Trotzdem wurde er inhaftiert und erst nach fünf Monaten wieder entlassen – nicht ohne eine Erklärung zu unterzeichnen, in der er bestätigte, nicht misshandelt worden zu sein, und versicherte, künftig in keiner Weise staatsfeindlich tätig zu werden. Ohne diese Unterschrift hätte man ihn nicht auf freien Fuß gesetzt – und auch das war, wie alsbald deutlich wurde, nur von kurzer Dauer. Als eine Freundin ihm bald darauf zutrug, dass die Verhaftung weiterer Mitglieder ihrer Widerstandsgruppe drohte, deren Namen sie und ihre Mutter bei einer Gestapo-Vernehmung unter Druck hatten preisgeben müssen, wollte Bringmann einige der Mitstreiter warnen. Dabei wurde er wieder verhaftet, sogleich in Isolierhaft gesetzt und drei Wochen lang fast täglich verhört. Um seinen Bruder, der sich noch in Freiheit befand, zu schützen, verwickelte er sich bei den Verhören in Widersprüche und gab auch solche Aktivitäten zu, die eigentlich Karl zu verantworten hatte. Das fiel natürlich auch den Beamten auf: »Ich bin dann an einem Abend«, erinnert sich Fritz Bringmann, »dreimal bewusstlos geschlagen worden, und damit ich schneller wieder zu Bewusstsein kam, haben sie einen Eimer Wasser in das Vernehmungszimmer gestellt, mich an den Füßen gepackt und mit dem Kopf in das Wasser hineingehalten.« Ein Auge wurde im Laufe der sadistischen Quälerei derart schwer verletzt, dass es später entfernt werden musste – einem Arzt wurde er die ganze Zeit über nicht vorgeführt. Außerdem konfrontierten ihn seine Peiniger mit anderen Misshandlungsopfern, um, so Bringmann, »mich gefügig zu machen und zu dokumentieren, dass sie mich auch so fertig machen könnten«. Sein Bruder Karl hatte sich der Festnahme entziehen können und war inzwischen nach Dänemark geflohen, Fritz Bringmann hingegen wurde mit fünf weiteren Antifaschisten der Prozess gemacht. Während der Gerichtsverhandlung prangerten sie die Verhörmethoden der Geheimen Staatspolizei an, so dass der beschuldigte Gestapo-Beamte die Gewaltanwendung schließlich zugeben musste. Den Angeklagten geriet diese Enthüllung umgehend zum Verhängnis: Zu zwei Jahren Zuchthaus verurteilt, wurde Bringmann, bevor er die Haft antreten konnte, mit einem »Schutzhaftbefehl« in ein, wie man ihm erklärte, »Umschulungslager« verbracht – de facto ins KZ Sachsenhausen. Ab November 1936 war er dort inhaftiert und musste unter anderem im Klinkerwerk Zwangsarbeit verrichten, bis er Ende September 1940 nach Neuengamme verlegt wurde; hier wurde er in der Strafkompanie, wo Häftlinge zu schwersten Lagerarbeiten unter ständigem Prügeleinsatz verdammt waren, eingesetzt. »Im Gegensatz zu Sachsenhausen war es in Neuengamme schon damals, also 1940, an der Tagesordnung, dass Vorarbeiter und Kapos mit Stöcken herumliefen, die Mithäftlinge misshandelten und zur Arbeit antrieben.« Er floh im April 1944 in Bremen von einem der zahlreichen Außenkommandos des Lagers – in diesen Kommandos waren Häftlinge als Zwangarbeitskräfte für Rüstungs- und Bauunternehmen eingesetzt. Als er nach sieben Wochen wieder aufgegriffen wurde, gab er, um wenigstens regulären Haftbedingungen unterworfen zu sein und einer erneuten Verschleppung ins Konzentrationslager zu entgehen, einen Diebstahl zu. Die Rechnung ging auf: Er wurde im Zuchthaus Oslebshausen in Bremen festgesetzt. »Ich muss sagen, das war für mich eine große Erholung gegenüber dem KZ.« 1945 wurde er von britischen Soldaten befreit. Jahre später trat Bringmann als Zeuge in einem Prozess gegen die Gestapo-Beamten auf, die ihn damals in Lübeck verhört und insgesamt, so sagt er, bis zu vierzig Hinrichtungen zu verantworten hatten. Die schwerste Strafe, die dabei verhängt wurde, belief sich auf vier Jahre Haft.

Die Geschichte von **Anna Pröll** ist charakteristisch für die Art und Weise, wie gegen die Arbeiterbewegung im Ganzen vorgegangen wurde; kein Mitglied ihrer Familie entging der nationalsozialistischen Verfolgung. Der Vater, seit jeher Mitglied der KPD, wurde noch zu Zeiten der Weimarer Republik zu einer Haftstrafe verurteilt, die er im Februar 1933 antrat. Nach Ablauf der Haftzeit wurde er ins KZ Dachau verschleppt. Es wurde quasi zum Regelfall, dass politisch Verfolgte nach dem Absitzen ihrer Gefängnisstrafe von Gestapo-Beamten abgefangen und in »Schutzhaft« genommen wurden. Zuweilen stellte die Gestapo Verhaftungsquoten auf, nach denen halbwegs zu ihren Kriterien passende Personen ins KZ verbracht wurden. Die Mutter gehörte zwar nicht der kommunistischen Partei an, aber das war auch gar nicht nötig, um sie a priori verdächtig zu machen – keine zwei Monate nach Hitlers Machtantritt geriet sie durch Denunziation in die Fänge der Gestapo: »Sie hat als Frau eines Kommunisten gegolten und wurde deshalb einfach verhaftet«[16], erinnert sich Anna Pröll. Sie wurde erst in Augsburg, dann, wie bald darauf auch ihre Tochter, im Gefängnis Aichach inhaftiert. Anna Pröll, 1916 in Augsburg geboren, geriet ebenfalls 1933 in den Blick der Gestapo, als sie sich kommunistischen Jugendgruppen anschloss, die hauptsächlich in einem Arbeiterviertel aktiv waren. Geprägt von den antifaschistischen Anschauungen ihrer Familie, zeichnete sie mitverantwortlich für die Abfassung und Verteilung von Flugblättern. Dort, so sagt sie heute, »haben uns die Leute praktisch zugejubelt«[17]. Nach der Ermordung eines Kommunisten – er wurde in Dachau erschossen – wurde ihr sehr schnell klar, dass die Gestapo die Protagonisten der linken Bewegung möglichst ausradieren wollte. »Bei der Gestapo«, sagt sie, »waren diejenigen Leute, die praktisch die Arbeiter oder überhaupt die Menschen, die gegen Hitler waren, gefangen nahmen.« Die nationalsozialistische Geheime Staatspolizei hatte die Arbeit der Untergrundgruppen bekanntlich zwar bald ins Visier genommen, kannte aber zunächst keinerlei Einzelheiten. Deshalb setzte sie im Sommer 1933 einen Spitzel auf die kommunistische Jugend in Augsburg an; man hatte dem Jungen versprochen, seinen Vater aus dem KZ Dachau zu entlassen, wenn er Namen beibringen könne. Es kam, wie es kommen musste: Nach der für die Gestapo erfolgreich nutzbaren Aussage kam der Vater keineswegs frei. Alle Mitglieder der Jugendgruppe, der der Zuträger angehörte, wurden daraufhin am 1. September verhaftet, als sie bei einem Genossen untergestellte Fahrräder abholen wollten – so auch Anna Pröll. Man bezichtigte sie der »Vorbereitung zum Hochverrat«. In den nun folgenden Verhören, mit denen die Festgenommenen dazu gebracht werden sollten, Informationen über die Verbindungen der Gruppe im Untergrund und ihre Aktivitäten, vor allem im Hinblick auf die Herstellung von Flugblättern, preiszugeben, blieben Anna Pröll Misshandlungen zwar zunächst erspart. Andere Mitglieder der Gruppe erhielten aber derart heftige Schläge, dass sie schließlich aussagten – und auch sie schwer belasteten. Nach ihrer Verurteilung zu einem Jahr und neun Monaten Haft saß sie zunächst in München-Stadelheim, später in Aichach, dreißig Kilometer von Augsburg entfernt, im Gefängnis. Von hier aus wurde sie schließlich ins Frauenlager Moringen bei Göttingen verschleppt, wo viele Frauen wie sie – wohlgemerkt, über ihre reguläre Haftzeit hinaus – ohne weiteren Prozess oft, jahrelang Jahre in »Schutzhaft« gehalten wurden. Sie blieb ein Jahr lang dort.

Eines Tages legte der Lagerkommandant, »kein echter Nazi«, wie sie sagt, ihr nahe, bei einem Besuch Himmlers persönlich um ihre Freilassung zu bitten. Und das Unglaubliche geschah: Auf schriftliche Anweisung des Reichsführers SS kam sie im Juni 1937 tatsächlich frei, hatte sich aber zweimal wöchentlich bei der Gestapo zu melden. Bald darauf heiratete sie – eine Eheschließung, die die Gestapo (erwartungsgemäß) mit Argwohn betrachtete, denn auch ihr Mann war Kommunist und in Dachau in Haft gewesen. »Sie wollten nicht, dass wir als Politische zusammen kommen«, so Anna Pröll. »Der Mann wird sowieso wieder geholt«, sagte man ihr gleich nach der Trauung. Einige Zeit verging, doch am Tag des deutschen Überfalls auf Polen, dem 1. September 1939, wurde er ohne Angabe näherer Gründe an seinem Arbeitsplatz verhaftet und nach Buchenwald verbracht, wo er bis Mai 1945 blieb. Anna Pröll selbst stand bis zum Ende des Krieges konstant unter Beobachtung der Gestapo.

Die gelernte Schneiderin **Margarete Jakob**, Jahrgang 1907, geriet nicht allein durch ihre Verbindungen zur Arbeiterbewegung, sondern darüber hinaus

durch ihre Ehe mit einem jüdischen Kommunisten von vornherein ins
Visier der Gestapo. Ebenfalls Spross einer Arbeiterfamilie – mehrere Angehörige waren Mitglieder von SPD und KPD –, engagierte sie sich schon früh in linken Jugendorganisationen, wo sie auch ihren Mann kennen lernte; sie heirateten im Jahre 1926. Dieser, kaufmännischer Angestellter von Beruf und drei
Jahre älter als sie, kam aus einer mittelständischen jüdischen Familie. Als
Kommunist und als Jude war er gleich zweifach gefährdet. Bereits im Februar
1933 tauchte er, durch Hinweise von Nachbarn gewarnt, bei Freunden unter,
um sich der drohenden Verhaftung zu entziehen. Keine übereilte Entscheidung, wie sich bald zeigen sollte: Am 3. März 1933 fand in der Wohnung des
Ehepaares eine Hausdurchsuchung statt, bei der Bücher und Zeitschriften
beschlagnahmt wurden. Zu diesem Zeitpunkt befand er sich allerdings bereits
in der Tschechoslowakei und versuchte, von dort aus politische Untergrundarbeit zu leisten. Sein Bruder hielt über Umwege den Kontakt zu ihm aufrecht.
Nach Ostern 1933 wurde Margarete Jakob festgenommen und zunächst im
Untersuchungsgefängnis festgehalten. Gegen sie wurde »Schutzhaft« verhängt
mit der Begründung, dass sie, so erläutert ihre Tochter, Eva Rössner, heute,
»in den Monaten vorher unangemeldet kommunistische Funktionäre beher-
bergt« habe.[18] Aus dem Untersuchungsgefängnis wurde sie in die Strafvollzugs-
anstalt Aichach verlegt, eine Zeit, in der sie nicht arbeiten musste und, wie sie
später selbst sagte, von den Wachmannschaften, die schon während der Weimarer Republik ihren Dienst verrichtet hatten, insgesamt noch recht zivil behandelt wurde. »Die wussten gar nicht recht, was sie mit diesen ›politischen
Häftlingen‹ machen sollten«, vermutet Eva Rössner. Nach gut einem Jahr –
davon an die neun Monate in Einzelhaft – verbrachte man die Mutter dann ins
Landshuter Gefängnis. Bei einer Scheidung, so teilte man ihr mit, werde sie aus
der Haft entlassen, eine Information, die auch zu ihrem Mann durchdrang, der
daraufhin von der Tschechoslowakei aus alles Nötige in die Wege leitete. Bald
darauf tatsächlich entlassen, konnte Margarete Jakob sich wieder um ihre Kinder kümmern, die in der Zwischenzeit mal bei Freunden, mal bei den Großeltern untergebracht worden waren. Doch hatte sie sich über längere Zeit zweimal, später dann einmal wöchentlich bei der Polizei zu melden, und ihr Vater
wurde verpflichtet, dafür zu bürgen, dass sie keinerlei Verbindung zu ihren politischen Freunden mehr aufnahm oder anderweitig gegen den Staat agitierte.
Immer wieder lud die Gestapo sie vor, um den Aufenthaltsort ihres geschie-
denen Ehemannes in Erfahrung zu bringen, immer wieder gab sie (wahrheits-
gemäß) zu Protokoll, dass sie diesen nicht kenne. Als die Befragungen auch
nach der deutschen Besetzung der Tschechoslowakei im Jahre 1939 andauer-
ten, wusste sie zumindest, dass ihr Mann sich noch auf freiem Fuß befand.

Noch während sie in Haft saß, hatte die Gestapo die gesamte Wohnungs-
einrichtung der Familie beschlagnahmt, auf Antrag wurden erst nach und nach

einzelne Gegenstände und Kleidungsstücke freigegeben. »Man war ja denen gegenüber vogelfrei«, meint Eva Rössner, »vollkommen der Willkür dieser Leute ausgesetzt. Ohne Recht und Gesetz.« Die Geheime Staatspolizei »war eine Einrichtung, die auf nichts Rücksicht genommen hat«. Zu den existentiellen und rücksichtslosen Eingriffen in die Privatsphäre und den zermürbenden Verhören kam noch eine weitere Schikane: 1936 wurde die ganze Familie ausgebürgert und somit staatenlos, was zur Folge hatte, dass Margarete Jakob in regelmäßigen Abständen eine Arbeitserlaubnis beantragen musste. Ende 1937 erhielt sie die deutsche Staatsangehörigkeit zurück, da erst zu diesem Zeitpunkt die Ehe mit ihrem jüdischen Mann offiziell als ungültig galt, auch wurde die Beschlagnahmung des Familienbesitzes aufgehoben. Die jüdischen Schwiegereltern, zu denen der Kontakt niemals abbrach, mussten unter noch weit schlimmeren Bedingungen leben. »Ich weiß heute nicht, wie sie sich damals über Wasser gehalten haben, denn von uns konnten sie nicht allzu viel finanzielle Unterstützung erwarten. Wir lebten ja selbst am Existenzminimum«, sagt Enkelin Eva Rössner heute. Während des Novemberpogroms 1938 wurde ein Großteil ihres Besitzes zerstört und die Wohnung völlig verwüstet. Die Großeltern wurden genötigt, in ein so genanntes »Judenhaus« umzuziehen. »[Sie] sind dann zu Verwandten, die eine große Wohnung hatten. Dort haben sie ein Zimmer bekommen.«[19] Der Leidensweg war damit noch nicht zu Ende: Im März 1942 nach Izbica bei Lublin in Polen deportiert, wurden sie dort ermordet.

Auch die »arischen« Eltern Margarete Jakobs wurden über Jahre hinweg beobachtet, Nachbarn wurden befragt, es war eine Zeit der Angst. 1944 sollten sie sich bei der Gestapo melden – man hatte einen Brief abgefangen, aus dem hervorging, dass sie regelmäßig britische Nachrichten hörten. Die Mutter blieb auf freiem Fuß, der Vater wurde im Oktober desselben Jahres vom Volksgerichtshof zu zweieinhalb Jahren Zuchthaus verurteilt; bereits im Dezember starb er in der Haft an Erschöpfung. Vom Verbleib ihres Mannes erfuhr Margarete Jakob erst nach 1945: Er war 1942, nur achtunddreißigjährig, in Großbritannien verstorben.

Johann Schwert schließlich, auch er im Jahr 1907 in Nürnberg geboren, wurde 1936 als kommunistischer Aktivist von der Gestapo verhaftet und festgesetzt. Die Erinnerungen an die damalige Ungewissheit über sein weiteres Schicksal quälen ihn bis heute. »Es war eine grausame Sache«, erzählt er, »wenn Sie nicht wissen, wann Sie aus der Zelle geholt werden. Was gibt es jetzt, was ist, was wird jetzt wieder gemacht?«[20] Aufgewachsen bei seinen Großeltern in der Nähe von Coburg, war er 1927 nach Frankfurt am Main gezogen, um dort in seinem Beruf als Maurer zu arbeiten. In jener Zeit begann auch seine politische Arbeit in der KPD. In der Arbeitersiedlung, wo er wohnte, fanden zwar bereits

1933 Hausdurchsuchungen statt, aber offenbar ging es dabei nicht ganz so brutal zu wie später: Die hierfür abgestellten Beamten waren, so schildert Schwert es heute, den neuen Machthabern gegenüber wohl noch nicht bedingungslos loyal: »Räumen Sie vorher ein bisschen auf«, hatten sie ihm geraten, »wir wollen bei Ihnen nichts finden.« In den nächsten drei Jahren organisierte er kommunistische Untergrundarbeit in Frankfurt und Umgebung. Er verfasste, druckte und verteilte selbst Flugblätter gegen den NS-Staat, hatte aber auch Kontakte nach Frankreich und in die Schweiz. Über ihn gelangten Schriften wie das von der kommunistischen Exilorganisation verfasste so genannte »Braunbuch«[21] über den Reichstagsbrand nach Deutschland, in dem die These aufgestellt wurde, dass die Nationalsozialisten selbst für den Brand verantwortlich zu machen waren. Außerdem dokumentierte die Veröffentlichung den Terror gegen Juden und die politische Opposition.

Ein jüngerer Mitstreiter, der vor ihm mit anderen Angehörigen der Widerstandsgruppe verhaftet worden war, verriet ihn schließlich – unter Folter. »Die wussten schon so viel von mir«, berichtet Schwert, »denn sie hatten ja schon Leute vernommen und mein Name war eben auch schon bekannt geworden.« Nachdem er von der Verhaftung der Freunde erfahren hatte, versuchte er noch, aus seiner Wohnung belastendes Material verschwinden zu lassen – ein zweckloses Unterfangen: Sie wurde bereits von der Gestapo überwacht. Seine Verhaftung ließ nicht lange auf sich warten, am 18. August 1936 stürmten Gestapo-Beamte buchstäblich seine Bleibe. »Kaum in der Wohnung drin, waren da schon zwei vor der Tür mit der Pistole. Ich kam [...] direkt ins Gefängnis.« Ein Beamter namens Bauer führte die Vernehmung durch, »kein junger, aber ein ganz brutaler Mann, und was er nicht geschafft hat, das hat er schaffen lassen durch SS-Leute, die um ihn herum waren. Schon in der ersten Stunde wurde ich von denen brutal zusammengeschlagen«, so Schwert. Doch über Untergrundaktivitäten der KPD schwieg er hartnäckig. »Wenn ich einen Namen preisgegeben hätte, ich hätte mich geschämt, nicht nur politisch vor meiner Organisation, sondern auch vor meiner Frau.« Die Folter und Verhöre zogen sich monatelang hin, immer wieder wurde er aus dem Polizeigefängnis in der Frankfurter Hammelsgasse zur Vernehmung abgeholt, sei es tagsüber oder auch mitten in der Nacht. »Heute denke ich manchmal, wie habe ich das überhaupt nervlich durchgestanden?« Um seine Mitstreiter zu Geständnissen zu bewegen, sagte man ihnen, er habe bereits ausgesagt, eine Taktik, die ihre Wirkung zeigte – und die Handhabe der Gestapo gegen Schwert erheblich vergrößerte. Dreimal wurde er zum Sondergericht nach Kassel verbracht, dreimal wurde er angeklagt und schließlich, nach einem Jahr in Gestapo-Haft, am 28. August 1937 zu fünf Jahren Einzelhaft verurteilt. Bis zu seiner Befreiung Anfang Mai 1945 durch US-amerikanische Truppen in Ulm saß er in sage und schreibe vierzehn verschiedenen Gefängnissen und Zuchthäusern ein.

Alle geschilderten Schicksale haben eines gemein: Die Protagonisten, meist selbst aus Arbeiterfamilien stammend und mit einem antifaschistischen Hintergrund, schlossen sich linken Organisationen an, um – teils im Untergrund – gegen das NS-Regime zu agieren. Dass bei ähnlicher Anfangsprägung auch das Gegenteil der Fall sein konnte, zeigt das Beispiel des Frankfurter Gestapo-Mannes, mit dem ein hier zu Wort gekommenes Opfer, Johann Schwert, Bekanntschaft machen musste.

»Wenn ich komme, sind wieder ein paar Leichen fällig!«[22] Das waren, nach Aussage des Gerichtszeugen August Adelsberger, die Worte des Gestapo-Beamten Heinrich Baab, als er ein Massenquartier für Juden in seiner Heimatstadt Frankfurt am Main aufsuchte. Baab, geboren am 27. Juli 1908, wuchs mit seinen drei jüngeren Brüdern in bescheidenen Verhältnissen auf. Sein Vater, ein Schneider, war in der SPD aktiv, und Baab selbst gehörte verschiedenen Arbeiterjugendorganisationen und von 1924 bis 1926 der sozialdemokratischen Schutzformation »Reichsbanner Schwarz-Rot-Gold« an. Nach der Volksschule lernte er Maschinenschlosser in Frankfurt, bestand seine Gesellenprüfung 1927 mit »gut« und war dann, nach einigen Wochen der Arbeitslosigkeit, als Flugzeugpropellerbauer beschäftigt. Seit Oktober 1928 bei der Schutzpolizei, kam Baab im April 1930 als Polizeiwachtmeister nach Stettin, nachdem er die Polizeischule in Treptow/Roga absolviert hatte. Doch schon im Juli desselben Jahres ließ er sich nach Frankfurt am Main versetzen, wo man ihn alsbald für besonders tapferes Verhalten bei einer Festnahme belobigte.

In den dreißiger Jahren änderte sich seine politische Haltung: Nur die NSDAP, so gab er später zu Protokoll, habe seiner Ansicht nach der Arbeiterschaft und Deutschland insgesamt eine Zukunft geben können.[23] Bereits am 1. Oktober 1932 trat er in die Partei ein, am 1. Dezember 1932 in den SA-Sturm 19/81 in Frankfurt/Main, wo er als Schieß- und Waffenlehrer tätig war und es bis zum Scharführer brachte. Zwischen 1930 und 1933 besuchte er darüber hinaus die Polizeiberufsschule, die er mit mustergültigen Noten abschloss. Er heiratete im Oktober 1934 seine langjährige Freundin, eine Schneiderin, auch sie aus eher ärmlichen Verhältnissen; aus der Ehe gingen zwei Kinder hervor. Die Beförderung zum Oberwachtmeister der Landespolizei erfolgte im Jahre 1935 – in jener Zeit leistete er vornehmlich Bürodienst, trat aus der SA aus und übernahm in der NSDAP Leitungsfunktionen der unteren Ebene. Zur Gestapo meldete er sich 1937 freiwillig, und am 13. Juli wurde er als Anwärter auf den Posten eines Kriminalassistenten eingestellt. Nach drei Monaten in der Kartei- und Aktenverwaltung wechselte er in den Bereich »Kirchen und Sekten«: Neben der Überwachung von Predigten und der Vernehmung von Geistlichen war er zuständig für die Gruppe der Bibelforscher, der Zeugen Jehovas also, die dem Regime bekanntlich besonders suspekt erschienen. Kein Jahr später wurde er,

Heinrich Baab, geboren 1908 in Frankfurt/Main. Als Gestapo-Beamter verkörperte er bei der Verfolgung von Juden den Typus des niederträchtigen und gemeinen Sadisten, der an Misshandlungen großes Gefallen fand.

inzwischen zum Kriminalassistenten befördert, erneut versetzt, diesmal in die Abteilung zur Überwachung der KPD. Im August 1939 unterbrach Baab seine Tätigkeit bei der Gestapo; er wurde nach Wien beordert, um sich einem der so genannten »Einsatzkommandos« anzuschließen[24], das sich unverzüglich an die polnische Grenze begab, um bei Kriegsbeginn am 1. September zum Überfall

Innenansicht der ehemaligen Gestapozentrale in der Frankfurter Lindenstraße 27, 2004. Im dritten Stock dieses Gebäudes betrieb Heinrich Baab sein Schreckenshandwerk.

auf Polen rechtzeitig zur Stelle zu sein. Er nahm an verschiedenen Kämpfen teil und führte seinen eigenen Angaben zufolge »staatspolizeiliche Aufgaben hinter der Front« durch; was sich im Allgemeinen hinter solchen Floskeln verbarg, wird noch zu erörtern sein. Mitte Oktober wurde seine Einheit beim Grenzwachkommando in Nisko/San an der deutsch-sowjetischen Demarkationslinie eingesetzt. Es steht zu vermuten, dass er bei der massiven Verschleppung von Juden gen Osten eine Rolle spielte; konkret zu beweisen war dies allerdings bislang nicht. Später wurde er aufgrund eines Nierenleidens ins Lazarett eingewiesen, bald darauf aus der Wehrmacht ausgemustert. 1940 kehrte er auf seinen Posten nach Frankfurt am Main zurück und wurde noch im selben Jahr nicht nur als Kriminaloberassistent verbeamtet, sondern auch als SS-Oberscharführer in den SD aufgenommen. In der Folge wechselte er beinahe jährlich die Abteilung und leistete, wie Zeitzeugen noch heute mit Schaudern berichten, in den Augen seiner Parteigenossen und Vorgesetzten sicherlich ganze Arbeit. Parallel wurde er erneut mehrmals befördert, zuletzt am 20. Januar 1945 zum SS-Untersturmführer. »Hart und rücksichtslos«, so der Frankfurter Richter in seiner Urteilsbegründung 1950, habe Baab »zunächst gegen ›Saboteure‹, Kommunisten und gegen die Kirchen gearbeitet und im

Nachrichtendienst der Gestapo 20 bis 25 Spitzel betreut.«[25] Was der Vorgesetzte von ihm, so hieß es weiter, »im Judenreferat verlangte, hat Baab in einer zehnmonatigen Tätigkeit mit einem wahren Jagdeifer erfüllt und sich wie ein Sadist am Leide der Juden geweidet«.[26] Bei Kriegsende floh er durch Süddeutschland nach Tirol, wo er zeitweise in französische Kriegsgefangenschaft geriet, aus der er wegen seines schlechten Gesundheitszustands bald wieder entlassen wurde. 1947 wurde er in Frankfurt am Main verhaftet, drei Jahre später von einem dortigen Schwurgericht lebenslänglich hinter Gitter geschickt, verbunden mit dem Entzug der bürgerlichen Ehrenrechte.[27] Viele seiner Vorgesetzten blieben straffrei.

Einige seiner Taten sind gerichtsamtlich dokumentiert. Er galt als dienstbeflissener, eifriger und williger Beamter, der die Befehle seiner Vorgesetzten bedenkenlos ausführte und noch weit über die gesteckten Ziele hinausging. Immer wieder suchte er sich neue Opfer: Neben seinen Aufgaben bei Judendeportationen, die er mitorganisierte und auch begleitete, versuchte er durch zusätzliche Verhaftungen die Zahl der Deportierten zu steigern. Eine ausgeprägte nationalsozialistische Überzeugung und kompromissloser Antisemitismus bestimmten sein Handeln, er war der Prototyp des willfährigen Handlangers, der sich den Idealen des Führerstaats unbedingt verpflichtet sah. Die Verwirklichung der »Judenpolitik« durch »Ausmerzung« alles Jüdischen hielt er ganz folgerichtig für absolut notwendig. Ihm war vollkommen bewusst, dass die Deportationen mit dem Tod der Betroffenen endeten, was er auch wiederholt zynisch zum Ausdruck brachte. Baab behandelte seine Opfer und deren Angehörige mit ungeheurer Härte und Mitleidlosigkeit, er demütigte, er beschimpfte, er misshandelte und schreckte dabei vor nichts zurück. Er traktierte seine Opfer mit Schlägen und Tritten, Holzknüppeln und Eisenstangen, Peitschen und Gummiröhren – mit allem, was gerade greifbar war. Baab, sagt die Tochter eines seiner Opfer heute, »hat keine menschlichen Gefühle gehabt«.[28] Ihre Mutter wurde von der Gestapo verhaftet, weil der für Jüdinnen vorgeschriebene Zweitvorname »Sara« nicht auf ihrer Lebensmittelkarte vermerkt war. Anna Dorothea Greding, Anfang der zwanziger Jahre geboren, war in Kronberg bei Frankfurt aufgewachsen. Als sie sich gemeinsam mit ihrer Schwester nach dem Verbleib der Mutter erkundigen wollten, gerieten sie bei der Gestapo an Baab. Der teilte ihnen mit, in welchem Gefängnis ihre Mutter festgehalten wurde; ein normaler Umgangston schien bei ihm grundsätzlich nicht möglich: »Der hat nur geschrien. Der hat nie mit einem gesprochen.«

Heinrich Baab spielte Verhaftete gegeneinander aus und nutzte zur Erpressung von Aussagen alle Arten von Lügen, Drohungen, Hohnreden und direkter Gewalt. »Er war zynisch und verachtend«, erzählt Bertha Mechthild Greding. Der Jugendlichen Hilde Kümmel, deren jüdische Mutter von Baab verhaftet und später in Auschwitz ermordet wurde, sagte er: »Du erscheinst noch in der wei-

ßen Bluse, wo deine Mutter schon längst durch den Schornstein gegangen ist?«
»Baab war kein Mensch«, so Anna Dorothea Greding, »das war eine Bestie.« Er
beantragte für zahlreiche Verdächtige grundlos einen »Schutzhaftbefehl«. Als
verfolgter Kommunist erfuhr auch Johann Schwert am eigenen Leibe, was es
hieß, von Baab verhört zu werden. Immer, erinnert sich Schwert, habe Baab
Verständnis für die Taten geheuchelt, wollte sehr wohl aber ganz genau wissen, was, wo und wann vorgefallen war und wer die Beteiligten waren. Auch
Baab bediente sich der bewährten Finte, den Mitstreitern des Angeklagten mitzuteilen, dieser habe Aussagen über vergangene Aktionen getätigt. Woraufhin
diese Schwert schwer belasteten – der gewünschte Effekt trat ein.

Baab, der seine Opfer mit so offensichtlicher Lust erniedrigte und quälte,
hatte ein starkes Geltungsbedürfnis. Er gehörte zu dem Typus des »kleinen
Gestapo-Beamten«, dem es Freude bereitete, anderen ihre Machtposition zu
zeigen.

Der »Röhm-Putsch« und seine Bedeutung

Schon bald nach dem Machtantritt kam es zu Auseinandersetzungen innerhalb
des neuen Herrschaftssystems, die sich in der ersten Jahreshälfte 1934 zu-
spitzten. Die Konfliktpunkte waren nicht neu: Es ging um grundsätzliche Dif-
ferenzen in der Zielsetzung und Organisationsstruktur der Partei und ihrer
Nebenorganisationen, die Hauptwidersacher waren auf der einen Seite Hitler
und Himmler, auf der anderen Seite Ernst Röhm. Der ehemalige Reichswehr-
hauptmann Röhm, einer der frühesten Weggefährten Hitlers, der schon beim
– kläglich gescheiterten – Putsch 1923 in München mit von der Partie gewesen
war, verfolgte das Ziel, die durch Eingliederung des »Stahlhelm« und anderer
Wehrverbände zu diesem Zeitpunkt rund vier Millionen Mitglieder zählende
Sturmabteilung (SA) mit der Reichswehr zu einem Milizheer unter Führung der
SA zu verschmelzen. Dieses Vorhaben wurde von der Reichswehrführung, die
um ihre Stellung fürchten musste, wie auch von Hitler grundsätzlich abgelehnt, trug er sich doch schon lange vor 1933 mit Kriegsplänen[29], bei denen zwar
die Berufssoldaten der Reichswehr als Kern einer Armee zur Eroberung »neu-
en Lebensraums im Osten« eine tragende Rolle spielten, nicht aber die undis-
ziplinierten Schlägertrupps der SA. Zum einen wollte er der für das Ansehen –
auch im Ausland – schädlichen skrupellosen Brutalität dieser paramilitärischen Einheiten, die schon in der Weimarer Republik für gezielte Terroraktionen gegen politische Gegner eingesetzt worden waren und sich nun, da er an
die Macht gekommen war, als entscheidenden Herrschaftsfaktor betrachteten,
einen Riegel vorschieben. Dies um so mehr, als die SA nun bei der Vergabe von
bezahlten Posten entsprechend ihrer Bedeutung in der »Kampfzeit« der natio-

Die zwei Todfeinde Heinrich Himmler und Ernst Röhm auf dem Reichsparteitag 1933 in Nürnberg. Himmlers SS unterstand noch der Kommandogewalt des SA-Stabschefs Röhm. Dessen Machtstellung basierte auf beinahe 400 000 SA-Angehörigen, während Himmler zu diesem Zeitpunkt gerade einmal auf halb so viele SS-Männer zurückgreifen konnte.

nalsozialistischen Bewegung berücksichtigt werden wollte und überdies, gemäß dem »revolutionären« Konzept der Bewegung, die Teilhabe von deutschen Arbeitern und Kleinbürgern am gesellschaftlichen Reichtum reklamierten, deren Realisierung in ihren Augen allzu lang auf sich warten ließ. Immer häufiger wurde aus ihren Reihen Kritik an der mangelnden Reichweite der bisherigen politischen Maßnahmen laut – die »NSDAP-Bonzen« seien nicht willens, die »revolutionäre« Umwandlung wirklich zu vollziehen (zumal Hitler ja bereits im Juli 1933 den »Abschluss der Revolution« verkündet hatte).[30] Diese Stimmen fanden bei Teilen der Bevölkerung durchaus Gehör, wurde doch zusehends Unmut über die Diskrepanz zwischen den propagandistischen Versprechen und der tatsächlichen Entwicklung seit Hitlers Machtantritt laut; zu langsam verbesserte sich die sozioökonomische Lage, die Arbeitslosenzahl sollte sich erst im Laufe des Jahres 1934 signifikant verringern.[31] Zum anderen musste Hitler befürchten, dass sich die Reichswehr, auf deren Unterstützung er angewiesen war, mit konservativen Kräften um den greisen Reichspräsidenten von Hindenburg zu einer monarchistisch-restaurativen Bewegung gegen das NS-Regime zusammenschließen könnte; eine kritische Rede des Vizekanzlers von Papen vom Juni 1934 in Marburg legte diese Vermutung nur umso näher.[32] Zur Stabilisierung seiner Position und im Hinblick auf seine Zukunftspläne sah Hitler sich genötigt, zu handeln: Die geschilderte Entwicklung und der gewalttätige Habitus Röhms waren nicht mehr vereinbar mit einem politischen Konzept, das nach dem bald zu erwartenden Tod Hindenburgs die Vereinigung der Ämter von Reichskanzler und -präsident in der Person des »Führers und Reichskanzlers« vorsah. In seinem Vorhaben bestärkt wurde Hitler vor allem von Göring und Himmler, beide erbitterte Gegner Röhms und seiner Pläne. Sie stimmten sich 1934 über ihr gemeinsames Vorgehen ab. Zunächst übergab Göring im April 1934 die Position des stellvertretenden Chefs und Inspekteurs der Gestapo in Preußen an Himmler, um einen temporären Verbündeten zu haben, der jederzeit gegen die SA vorzugehen bereit war. Schon Anfang 1934 wurde von der preußischen Politischen Polizei, aber auch von der SD-Zentrale in München begonnen, belastendes Material zu sammeln. Werner Best, Organisationschef des SD und ab April 1934 SD-Führer in Süddeutschland, war bis Juni vordringlich mit Planungen für Aktionen gegen den so genannten »braunen Bolschewismus« beschäftigt. Sicherheitsdienst und Gestapo-Beamte begannen gezielt, Informationen über angebliche Putschvorbereitungen der SA zu streuen, besonders in der Reichswehr – die man gleichzeitig dazu anhielt, bei einer Ausschaltung der Konkurrenzorganisation stillzuhalten und der SS zu diesem Zweck Waffen und Fahrzeuge sowie Kapazitäten in den Kasernen zur Verfügung zu stellen. Reichswehrverbände wurden in Alarmbereitschaft versetzt. Vorsorglich wurden vom Sicherheitsdienst Namenslisten mit SA-Führern und konservativen Oppositionellen vorbereitet, die von Göring,

Himmler und Heydrich bestätigt wurden. Die so erfassten Personen sollten verhaftet, zahlreiche von ihnen liquidiert werden. Um den 25. Juni wurden SS- und SD-Führer nach Berlin beordert, wo Himmler und Heydrich sie mit den notwendigen »Abwehrmaßnahmen« angesichts einer »bevorstehenden Revolte« der SA vertraut machten.

In der Nacht vom 29. auf den 30. Juni fuhr Hitler mit einigen seiner Untergebenen nach Bad Wiessee am Tegernsee und ließ die dort in Urlaub befindlichen höheren SA-Führer in den frühen Morgenstunden verhaften und ins Münchener Gefängnis Stadelheim verbringen – sie hätten, so der Vorwand, einen Umsturz geplant. Hitler hatte es sich dabei nicht nehmen lassen, den schlaftrunkenen Röhm höchstselbst festzunehmen und mit den Vorwürfen zu konfrontieren. Zugleich wurden Teile der SS-Leibstandarte und der bewaffneten Wachmannschaften des KZ Dachau in Marsch gesetzt. Zum 30. Juni 1934 hatte Hitler über Röhm eine SA-Leitungskonferenz anberaumen lassen, um möglichst viele SA-Führer verhaften zu können, die nun, als sie in München eintrafen, ebenfalls abgefangen und inhaftiert wurden – woraufhin Hitler den Befehl ausgab, alle Festgenommenen in Stadelheim und im KZ Dachau zu erschießen. Ernst Röhm wurde am 1. Juli 1934 im Gefängnis München-Stadelheim von Theodor Eicke, dem uns bereits bekannten Kommandanten des KZ Dachau, und zwei weiteren höheren SS-Männern erschossen. Auf ein vorher vereinbartes Stichwort hin setzten sich nun im gesamten Deutschen Reich Beamte der Politischen Polizei sowie Mitglieder der SS in Bewegung, um weitere auf den Listen benannte Personen zu verhaften oder gleich an Ort und Stelle zu ermorden. Insgesamt gab es an die 90 Tote, darunter nicht nur die SA-Führung, sondern auch nationalsozialistische Konkurrenten Hitlers wie Gregor Strasser und Mitglieder der kirchlichen oder konservativen Opposition wie Kurt von Schleicher.

Bereits am 3. Juli, nur zwei Tage nach dieser »Nacht der langen Messer«, wie das Morden im NS-Jargon zynisch hieß, wurde das Vorgehen qua Gesetz als »Staatsnotstand« legitimiert, und die Nachrichten der »Wochenschau« verbreiteten mit drohendem Gestus die propagandistische Meldung von der »Aburteilung der Hochverräter« im ganzen Reich. Wenige Wochen später, am 2. August 1934, starb Hindenburg – Hitler konnte seinen Plan in die Tat umsetzen und ernannte sich selbst zum »Führer und Reichskanzler«.

Die SA war entmachtet; zwar blieb sie als Organisation bestehen, wurde in ihrer Macht aber stark eingeschränkt und in den folgenden Jahren personell erheblich reduziert. Die SS hingegen hatte ihre Treue zu Hitler bewiesen – und ihre Loyalität zahlte sich aus: Hatte sie bislang formal noch der SA unterstanden, so wurde sie nun endgültig (noch im Juli) zur eigenständigen Eliteorganisation, der »Reichsführer SS« Heinrich Himmler war fortan nur noch Hitler persönlich und unmittelbar unterstellt, womit sich die Macht der SS innerhalb

Titelseite des »Extra-Blatts« vom 30. Juni 1934. Die NS-Führung verbreitete die Legende vom bevorstehenden Aufstand der SA, dem »Röhm-Putsch«, und rechtfertigte damit die Beseitigung Röhms und der SA-Führung.

des nationalsozialistischen Herrschaftsgefüges beträchtlich erweitert hatte. Zahlreiche SS-Führer wurden befördert. Auch Heinrich Müller wurde im November 1934 zum Kriminaloberinspektor ernannt und bekleidete zugleich ab Januar 1935 den Rang eines SS-Hauptsturmführers, was zumindest nahe legt, dass er an der Ausschaltung der SA-Führung und anderer Gegner beteiligt war. Der SD blieb einziger Nachrichtendienst der NSDAP, Leibstandarte und Politische Bereitschaften der SS wurden zu bewaffneten Einheiten umgeformt. Die Konzentrationslager im Reich wurden Ende Juni 1934 dem Reichsführer SS Himmler unterstellt. Dieser beauftragte nun Theodor Eicke als »Inspekteur der Konzentrationslager« und Führer der SS-Wachtruppen mit der Reorganisation des KZ-Systems nach bayerischem Vorbild. Zusätzlich beendete Göring im November 1934 nach starkem Druck von Hitler und Himmler dessen formale Unterordnung als stellvertretender Leiter der preußischen Gestapo: Sollte zuvor Göring, dem als Ministerpräsident Preußens die Gestapo unterstand, in wichtigen Fällen konsultiert werden – was zumeist nicht erfolgte –, steuerte Himmler die Gestapo nun allein. Bis Ende 1934 hatte Himmler sein Machtdreieck aus SS, Politischer Polizei und KZ-System innerhalb des Herrschaftssystems etabliert. Alle drei Säulen unterstanden nun seiner alleinigen Kontrolle – was auch, wie bereits dargelegt, für ihn selbst einen enormen Karrieresprung bedeutete. Die Aufgabenteilung von SD und Gestapo hatte er bereits im Juli verfügt: Der SD sollte für die Gegnerermittlung, die Gestapo für die Gegnerbekämpfung zuständig sein. Dass man sich untereinander zuarbeiten würde, verstand sich da von selbst, denn beide Organisationen waren, da von Himmler und Heydrich geleitet, durch Personalunion verwoben.

Das Problem der politischen Gegner schien man nun im Griff zu haben, doch als Feinde des Staates galten keineswegs nur Oppositionelle inner- und außerhalb von NS-Organisationen.

Ausweitung der »Feindgruppen«: Homosexuelle, Sinti und Roma, Bibelforscher, »Arbeitsscheue« und »Swing-Jugend«

Die Tatsache, dass sich der Kreis derer, die ins Visier der Geheimen Staatspolizei gerieten, zusehends erweiterte, ist auch in Zusammenhang damit zu sehen, dass sich – einhergehend mit einer Vergrößerung des Kompetenzrahmens – die Vorstellungen über Funktionen und Befugnisse der Polizei erheblich radikalisiert hatten. Nach der weitgehenden Ausschaltung der politischen Gegner galt es überdies zu überlegen, wie die weitere Existenz der Behörde zu legitimieren war, ohne Finanzkürzungen hinnehmen zu müssen.

In der Tradition und Fortführung der eingangs beschriebenen, bereits im 19. Jahrhundert entstandenen kriminalbiologischen Ansätze, die kriminelles

Verhalten bei bestimmten Gruppen als angeboren ansahen und nicht als Willensakt eines Einzelnen, wurden all jene als a priori »zersetzend« für die »Volksgemeinschaft« betrachtet, die von der durch die nationalsozialistische Ideologie gesetzten Norm abwichen.

Da überdies als abweichend definiertes Verhalten zum Teil als erblich angesehen wurde (wobei die Entscheidung darüber, wer als belastet galt, willkürlich getroffen wurde), zog man den Schluss, dass es nicht ausreichend sei, die jeweilige Gefahr im Einzelfall abzuwehren. Um, wie es hieß, »Schaden von der Volksgemeinschaft« abzuwenden, müsse vielmehr die Quelle des Übels, wie es im zeitgenössischen Sprachgebrauch hieß, »ausgemerzt« werden. Klare Kriterien, nach denen man Verdächtige den entsprechenden Gruppen zuordnete, waren in der Regel nicht vorhanden, folglich wurden sie durch den Polizeiapparat im Grunde gleich behandelt. In zahlreichen Fällen wurde erst gar nicht versucht, wirklich »Beweise« für die Zugehörigkeit zu finden, »Geständnisse« wurden unter Zwang aus den vermeintlichen Delinquenten herausgepresst. Im Dezember 1937 legte ein Erlass über die »Vorbeugende Verbrechensbekämpfung durch die Polizei« die Vorgehensweise fest. Von nun an sollten kriminalbiologische Erkenntnisse in verstärktem Maße genutzt werden, um gegen Menschen aus Familien mit Verbrechensvorgeschichte oder »asozialem« Verhalten härter vorzugehen als gegen solche aus Familien, die man für »unbescholten« befand.

Homosexualität galt den Nationalsozialisten als Straftat, weil damit ihrer Ansicht nach die herrschende Sexualmoral angegriffen wurde. Das wurde als schwerwiegende Bedrohung von Volk und Staat gedeutet und somit polizeilich verfolgt. Die – allgemein bekannte – Tatsache, dass Ernst Röhm homosexuell war, hatte vor 1934 die Ahndung dieses »Deliktes« eingeschränkt; sonst hätte man den Führer der damals äußerst starken SA selbst verhaften müssen. Als Röhm im Sommer 1934 ermordet wurde (die »Entdeckung« seiner als staatsgefährdend angesehenen sexuellen Neigung wurde danach propagandistisch hochgespielt), war der Weg für eine Verschärfung der Maßnahmen frei: Himmler ordnete die uneingeschränkte Verfolgung dieser Staatsgefährdung seitens der Gestapo an.[33] Im Gegensatz zu den aus rassistisch-antisemitischen Überzeugungen heraus verfolgten Juden oder Sinti und Roma war im Falle der Homosexuellen jedoch nicht die Vernichtung das Ziel, sondern ihre »Umerziehung« zu Heterosexuellen. Dies sollte durch Drohungen, Gefängnisstrafen und KZ-Haft herbeigeführt werden. Innerhalb des Gestapa wurde nach dem »Röhm-Putsch« ein Sonderdezernat Homosexualität eingerichtet. Da es bei der Kriminalpolizei auch vorher schon entsprechende Dezernate gab, die nun weiterhin tätig waren, kam es immer wieder zu Kompetenzstreitigkeiten, bis schließlich 1937 allein die Kriminalpolizei für die Verfolgung von Homosexuellen zuständig wurde. Die Verschärfung von Paragraph 175 des Reichsstrafgesetzbuches im Juni 1935 erweiterte den Handlungsspielraum der Polizei erheblich und ermöglichte die Verfolgung jeglichen Verdachts der als »widernatürliche Unzucht« bezeichneten Homosexualität – nun konnten sogar Strafen gegen jene verhängt werden, denen, so der bürokratische Terminus, »Beischlafähnlichkeit der homosexuellen Handlung« nicht nachzuweisen war. Immer wieder kam es zu Razzien, »rückfällige« oder als »chronisch« eingestufte Homosexuelle wurden im KZ inhaftiert. Die Gestapo-Beamten waren aufgrund ihrer geringen Personaldecke darauf angewiesen, dass vermeintliche Homosexuelle denunziert wurden. In der zweiten Hälfte der dreißiger Jahre unternahm die Gestapo Razzien gegen Szenetreffpunkte, zahlreiche dabei verhaftete Strichjungen wurden unter Druck gesetzt, um als Spitzel zu fungieren. Mangels stichhaltiger Beweise ging die Gestapo mit harschen Verhörmethoden gegen die Verdächtigten vor, um Geständnisse und Namensnennungen zu erzwingen. Bis zu 15 000 Homosexuelle wurden während der NS-Herrschaft ins KZ verbracht, etwa 100 000, die man als »verführt« und damit als »umerziehbar« ansah, waren Justizhäftlinge.

Beispielhaft für die Verfolgung von Homosexuellen sind die Erlebnisse von **Robert T. Odemann**, der 1904 in eine Hamburger Arbeiterfamilie hineingeboren wurde und im Stadtteil St. Georg aufwuchs. Musisch begabt, verdingte er sich schon früh als Kabarettist, begleitete – trotz eines bei der Geburt beschädigten zu kurzen Armes – Sängerinnen am Klavier und verfasste satirische Gedichte, die, es nimmt nicht wunder, den nationalsozialistischen Vorstellungen von Literatur und Kunst ganz und gar nicht entsprachen. Seiner Kontakte zu Juden, seiner kabarettistischen Tätigkeit und seiner Homosexualität wegen gleich dreifach gefährdet und verdächtig, wurde er mehrmals von der Gestapo vorgeladen, zunächst allerdings nur verwarnt. Bei Bühnenauftritten stand er ständig unter Beobachtung. Sein späterer Lebensgefährte, Günther Odemann-Nöhring, erzählt über diese Spitzel heute: »Die waren ganz als Publikum verkleidet. Ganz normale Menschen, die im Zuschauerraum saßen [...]. Je nachdem, wenn irgendwas nicht ganz astrein war, notierten sie das und meldeten es ihrer Gestapostelle.«[34] Um Filmmusik- und weitere Kabarettprojekte zu realisieren, kam Odemann 1936 nach Berlin, in den zwanziger Jahren bekannt für das vergleichsweise liberale Klima, das Homosexuelle aus ganz Deutschland anzog. Notwendigerweise organisierten sie ihre Begegnungen außerhalb der Öffentlichkeit: »Es war unmöglich«, berichtet sein Freund, »zusammen auf der Straße zu gehen oder sich in Lokalen zu treffen. Es gab sogar in der Nazizeit noch ein paar Kneipen in Berlin, wo sich die Homosexuellen trafen. Aber sie traten sich nur mit großer Distanz gegenüber, denn es waren immer irgendwelche Spitzel dabei, die herumsaßen und beobachteten. Wenn da einer nur den anderen angefasst hat, war schon die Verhaftung fällig. Deshalb haben sie sich unter allergrößter Vorsicht in Privatwohnungen getroffen. Trotzdem wurden viele entdeckt.« Als einer seiner homosexuellen Bekannten festgenommen wurde, fand man in einem Notizbuch, dass dieser bei sich trug, Odemanns Adresse. Unverzüglich folgte auch seine Verhaftung, er wurde ins Untersuchungsgefängnis gebracht. Bei den anschließenden Verhören sollte er unter Gewaltanwendung dazu gebracht werden, weitere Namen zu nennen. Die Gestapo-Beamten schlugen ihn »auf die beiden Daumen [...]. Er musste sie auf den Tisch legen und dann wurde mit einem Hammer oder mit einem harten Gegenstand draufgeschlagen. Diese Verwundungen sind bis an sein Lebensende nicht richtig verheilt.« Er wurde zu einer Gefängnisstrafe verurteilt. Homosexuelle, »die mit dem rosa Winkel«, berichtet Odemann-Nöring, »die waren die unterste Kategorie in diesem Laden. Die rangierten unter den Raubmördern, noch unter den Zigeunern und Juden, oder in etwa gleich niedrig.« Nach sechs Monaten ließ man ihn auf Fürsprache einer Freundin mit der Auflage frei, seinem Beruf nicht mehr nachzugehen. Einige seiner Bekannten wurden direkt aus der Haft »zur Bewährung« an die gefährlichsten Abschnitte der Front geschickt, andere wurden hingerichtet. Er hielt sich mit Gelegenheitsarbeiten über Wasser und trat trotz des Verbots anonym auf, als er eine befreundete Sängerin auf mehreren Tourneen durch Italien zu Wehrmachtseinheiten begleitete. Unvorsichtig geworden, nahm er kein Blatt vor den Mund – und als zudem ruchbar wurde, dass er eine Affäre mit einem Offizier hatte, wurde er nach seiner Rückkehr in Berlin festgenommen und in Plötzensee inhaftiert. Nach den schweren Luftangriffen 1943 überführte man ihn ins KZ Sachsenhausen. Seine Behinderung rettete ihm wahrscheinlich das Leben, denn die meiste Zeit im Lager wurden ihm leichtere Aufgaben übertragen als den übrigen Inhaftierten. Ende April 1945 gemeinsam mit Tausenden anderen auf einen der so genannten »Todesmärsche« geschickt, bei denen noch kurz vor Kriegsende Abertausende umkamen, gelang es ihm, zusammen mit einem Mithäftling, sich zu retten: In der Hoffnung, von der SS mangels Munition nicht erschossen zu werden, ließen sie sich in einen Straßengraben fallen. Tatsächlich blieb er am Leben und konnte sich bei Schwerin in eine Kirche retten, wo er im Mai 1945 von US-amerikanischen Soldaten befreit wurde.

Die Ausgrenzung und Bekämpfung der Sinti und Roma, landläufig mit dem umstrittenen, auch von den Nationalsozialisten verwendeten Terminus als »Zigeuner« bezeichnet, konnte sich auf weithin bestehende Vorurteile und rassistische Einstellungen stützen. Schon weit vor der NS-Herrschaft wurden Sinti und Roma pauschal als notorische »Diebe«, heimatlose »Landfahrer« und »ziehende Gauner« angesehen und vielfach diskriminiert. Gegen »Zigeuner« wurde mit unterschiedlichen Aktivitäten vorgegangen; das Ziel war ihre endgültige Entfernung aus dem öffentlichen Leben, sie galten als »Untermenschen« und somit als Gefahr für die »Volksgemeinschaft«. Durch Erlass von Reichs-innenminister Frick vom 3. Januar 1936 fielen auch sie unter die im September des Vorjahres verabschiedeten »Nürnberger (Rassen-)Gesetze« (von ihnen wird noch die Rede sein), die zunächst vor allem die Rechte der Juden drastisch ein-schränkten und sie endgültig zu Bürgern zweiter Klasse degradierten. Fortan wurden auch »Zigeuner« als Nicht-Deutsche eingestuft und systematisch aus-gegrenzt, ein Verfahren, das man durch die Gründung einer »Rassenhygie-nischen Forschungsstelle« zu untermauern suchte, in der mittels anthropo-logischer Vermessung und genealogischer Studien pseudowissenschaftliche Ergebnisse über die »minderwertige Rasse« der »Zigeuner« ermittelt wurden. Auch ihre Verfolgung war hauptsächlich Aufgabe der Kriminalpolizei, doch die Gestapo war daran beteiligt; Sinti und Roma (die man zudem als »Asoziale« oder »Arbeitsscheue« inkriminierte) verbrachte man schon in den dreißiger Jahren zwangsweise in besondere »Zigeunerfamilienlager«, in denen sie unter un-würdigen, unhygienischen Verhältnissen dahinvegetieren mussten. Mit Beginn der ersten zentralen Judendeportationen 1941 wurden auch sie ins General-gouvernement Polen deportiert, wo sie Zwangsarbeit leisten mussten und später ermordet wurden; allein in Auschwitz fielen rund 19 000 von ihnen der Massenvernichtung zum Opfer, in ganz Europa waren es schätzungsweise an die 500 000.[35]

Ewald Hanstein wurde 1924 in Oels bei Breslau geboren, sein Vater, Musiker und Gärtner von Beruf, war politisch in der KPD engagiert. Seine Mutter und Großmutter verkauften Hausrat auf Märkten. Mit dem Machtantritt Hitlers begann sich die für die Familie ohnehin schon nicht einfache Situation dra-matisch zuzuspitzen. Der Vater geriet durch seine Beteiligung an Straßen-kämpfen gegen die SA besonders in Gefahr, und die Mutter musste ihre Arbeit aufgeben: Eine Tätigkeit, bei der sie ständig auf fremde Menschen traf, wurde einfach zu riskant; zu leicht hätte sie aufgrund ihres Äußeren – ihrer dunklen Haare und der dunklen Haut, die den rassistisch definierten Merkmalen einer »Zigeunerin« in den Augen vieler Zeitgenossen nur allzu genau entsprachen – verhaftet werden können. Der alltäglichen Diskriminierung waren Tür und Tor geöffnet.

Aufgrund der politischen Verfolgung des Vaters ging die Familie 1936 nach Berlin, wo Verwandte ansässig waren. Der Zeitpunkt war denkbar schlecht: Pünktlich zur Olympiade wollten die Nationalsozialisten ein »juden- und zigeunerfreies« Berlin schaffen, weshalb die Neuankömmlinge unverzüglich in ein eigens für Sinti und Roma eingerichtetes »Zigeunerfamilienlager« nach Berlin-Marzahn eingewiesen wurden, wo insgesamt etwa 200 bis 300 Personen zwangsweise unter strenger Bewachung verwahrt wurden. Tagsüber mussten alle Insassen – auf Anweisung des Arbeitsamtes – arbeiten, nach zehn Uhr abends durfte niemand das Lager verlassen. Bei der Arbeit kam es immer wieder zu polizeilichen Übergriffen und Schlägen: In Erinnerung ist Ewald Hanstein noch heute vor allem ein Wachtmeister namens Bredel, der immer seinen Schäferhund auf die Lagerinsassen hetzte und dann auf sie einprügelte. Hanstein wurde von der Kriminalpolizei aufgefordert, sich zur »Rassenhygienischen Forschungsstelle« zu begeben, wo sein Körper vermessen wurde. Im März 1943 musste er die Deportation seiner Familie erleben, bald darauf auch die eines Onkels, bei dem er danach untergetaucht war. Über eine Freundin fand er Aufnahme in einer Nicht-Sinti-Familie. Nicht weiter aufzufallen war überlebensnotwendig – er ging einer geregelten Tätigkeit nach, und eine kurze Zeitlang schien alles gut zu gehen. Doch schon im April oder Mai 1943 wurde er denunziert und an seiner Arbeitsstelle verhaftetet. Im Gefängnis am Berliner Alexanderplatz sollte er ein Dokument unterschreiben, durch das er sich mit »Schutzhaft« in Auschwitz einverstanden erklärte. Als er sich weigerte dies zu tun, wurde er wiederholt geschlagen und misshandelt. In mehreren Verhören versuchten die Gestapo-Beamten auch, Hinweise über den Verbleib anderer Sinti und Roma zu erhalten. Über Breslau wurde Hanstein schließlich nach Auschwitz deportiert, wo er im Sommer 1944 die Liquidierung des »Zigeunerlagers« überlebte und zur Verrichtung von Zwangsarbeit erneut verschleppt wurde, zunächst nach Buchenwald, im August 1944 dann ins KZ Dora-Mittelbau. Von den Nationalsozialisten vor den herannahenden alliierten Truppen »evakuiert« und auf einen Todesmarsch geschickt, wurde Hanstein am 11. April 1945 von US-amerikanischen Truppen in Eggersdorf an der Saale befreit.

Auch als »arbeitsscheu« klassifizierte Menschen gehörten zu den von der Gestapo verfolgten »Feindgruppen«, ebenso wie die »Asozialen«. »Arbeitsscheu« war ein jeder, der seinen »Dienst« an und in der »Volksgemeinschaft« nicht erfüllte und deshalb in »Schutzhaft« zu nehmen war. Gerade diese Definition war absichtlich so vage gefasst, dass es den örtlichen Stellen ganz und gar selbst überlassen blieb, wen sie jeweils verhafteten. Betroffen waren vor allem Arbeitslose, aber beispielsweise auch diejenigen, die den ihnen zugewiesenen Arbeitsplatz häufig wechselten. Ebenfalls ins Visier der Behörden gerieten die »Arbeitsverweigerer«, womit Personen gemeint waren, die angeblich die verlangte Arbeitsleistung nicht erbrachten. Die Verfolgung von so genannten »Arbeitsscheuen«, für die grundsätzlich die Kriminalpolizei zuständig war, diente dazu, die Bevölkerung zu disziplinieren – für die rüstungswirtschaftliche Vorbereitung des Krieges sollte das gesamte vorhandene Arbeitspotenzial ausgeschöpft werden. In einer auf Initiative Himmlers durchgeführten Aktion »Arbeitsscheu Reich« ging die Gestapo im April 1938 – in Kooperation mit den

Arbeitsämtern und kommunalen Wohlfahrtseinrichtungen, die auf diese Weise hofften, sich teurer Fürsorgeempfänger entledigen zu können – reichsweit gegen Verdächtige vor, die zu Tausenden verhaftet und in Konzentrationslager verschleppt wurden. Eine zweite Aktion, diesmal unter Leitung der Kriminalpolizei, folgte im Juni. Insgesamt wurden 10 000 Personen in gleicher Weise festgesetzt.

Dieselbe Verhaftungswelle erfasste auch »Asoziale«, all jene also, die den Lebens- und Arbeitsnormen des NS-Regimes in irgendeiner Form nicht entsprachen. Dazu wurden Landstreicher und Bettler, Zuhälter und Prostituierte, aber auch einige Fürsorgeempfänger und Alkoholiker gezählt, darüber hinaus sexuell freizügige Frauen, deklassierte Unterschichtfamilien und, wie erwähnt, »Zigeuner«. Als minderwertig eingeschätzt, sollten sie als »Fremdkörper« aus der »Volksgemeinschaft« entfernt und letztlich vernichtet werden. Entsprechende Aktionen wurden vornehmlich von der Kriminalpolizei durchgeführt. Zu Tausenden wurden sie in Zwangsarbeitslagern interniert und ausgebeutet.

Ins Spektrum der als »abweichend« geltenden Verhaltensweisen gehörte für das NS-Regime überdies das Tun der Bibelforscher, auch als Zeugen Jehovas bekannt; die Vereinigung, die in Deutschland nach den USA die meisten Mitglieder zählte, wurde bereits 1933 verboten. Sie waren den Machthabern verhasst, weil sie gegenüber dem System zu keinerlei Kompromissen bereit waren – so verweigerten sie den Hitler-Gruß, entzogen sich der Teilnahme an nationalsozialistischen Veranstaltungen und lehnten aufgrund ihrer pazifistischen Einstellung den Wehrdienst grundsätzlich ab. In ihren Flugblättern und -schriften begnügten sich die Bibelforscher nicht allein damit, die Grausamkeiten der Nationalsozialisten anzuprangern, sondern sie nannten auch konkrete Beispiele und Namen. Das alles musste als Gefahr für die »Volksgemeinschaft« gewertet werden. Ein Erlass des RSHA vom 12. Juni 1940 schrieb die Verhaftung aller aktiven Mitglieder der Glaubensgemeinschaft vor, deren (im Untergrund arbeitende) Druckereien ausgehoben und zerstört werden sollten. Obwohl sie als »Wegbereiter des jüdischen Bolschewismus« mit allen Mitteln bekämpft wurden, galten sie dem Regime als »rassisch wertvoll«, sie sollten durch »Umerziehung« in Konzentrationslagern zur »Volksgemeinschaft« zurückfinden; ähnlich wie im Falle der Homosexuellen waren sie nicht zur Vernichtung vorgesehen, da man ihr Verhalten nicht als vererbt ansah. Die Bibelforscher hielten jedoch zumeist auch im KZ an ihren Überzeugungen fest – jegliche Versuche, sie durch die entwürdigenden Bedingungen des Lagerlebens, Misshandlungen und schwerste körperliche Arbeit zur Abkehr zu bewegen, schlugen bei ihnen fehl, denn sie sahen die Schikanen als Prüfung an, bei der sie ihre Festigkeit im Glauben zu beweisen hatten.

»Wir waren keine Helden«, erinnert sich **Josef Niklasch** 60 Jahre danach. »Wir hatten auch Angst vor diesen Typen von der Gestapo. Aber wir hatten einen Glauben, dass unser Schöpfer nicht alles zulässt.«[36] Niklasch, geboren 1918 in Sternberg im ehemaligen Sudetenland, war der Gemeinschaft bereits 1932 beigetreten, in deren Prager Zentrale er als Maschinensetzer arbeitete. Nach der Besetzung der Stadt durch deutsche Truppen im Jahre 1939 flüchtete er zunächst nach Österreich, später in die Niederlande, wo er beim Aufbau einer Druckerei der Zeugen Jehovas behilflich war. Als die Deutschen auch die Niederlande besetzten, stellte er einen Antrag auf ein Ausreisevisum, das ihm die Behörden jedoch verweigerten und stattdessen seine Ausweisung ins Deutsche Reich beschlossen. Eine Festnahme durch die Gestapo konnte im letzten Moment durch Glaubensbrüder verhindert werden – sie hätte ihn unmittelbar ins KZ geführt. Im Schutze der Dunkelheit brachte man ihn über die deutsche Grenze, von wo aus er sich – ohne gültige Papiere – bis nach Österreich durchschlug. Sofort nach seiner Ankunft in Wien war er erneut im Untergrund tätig; eine Zeitlang war er zuständig für den Druck des »Wachturms«, der Zeitung der Bibelforscher, die noch heute unter selbigem Namen erscheint. Doch im Jahr 1940 wurde er von der Geheimen Staatspolizei frühmorgens zu Hause verhaftet und seine Wohnung durchsucht. Nach der Überstellung in die Gestapo-Zentrale im Hotel Metropol am Morzinplatz wurde er in Dunkelhaft gehalten. Kurz zuvor, so weiß er heute, war ein Glaubensbruder im selben Gebäude die Treppen hinunter gestoßen worden und an den Folgen des Sturzes gestorben. Von Niklas selbst erwartete man offenbar besondere Informationen: Wieder und wieder wurde er zum Verhör geholt, mitten in der Nacht, und von bis zu fünfzehn Beamten befragt, »Henker-Typen«, wie er im Rückblick sagt. Wenn ihnen die Antworten nicht ausreichend erschienen, wurde er schwer misshandelt. »Das waren ja keine Menschen, die haben zugeschlagen, noch und noch.« Besonders frappierend war dabei, dass die bei den Verhören anwesenden Stenotypistinnen sie noch anstachelten. Nach vier Wochen waren die Verhöre beendet – ohne dass er ausgesagt hätte. Ein »höherer Gestapo-Kerl« versuchte nun, ihn als Spitzel oder Agenten anzuwerben: »Herr Niklasch, Sie haben solch eine Fähigkeit, im Untergrund zu arbeiten. Wollen Sie nicht für das Deutsche Reich arbeiten? Sie können sich alles leisten, was Sie wollen. Alles wird Ihnen bezahlt, Sie brauchen bloß für das Deutsche Reich im Ausland tätig zu werden.« Nachdem er dies abgelehnt hatte, kam er mit einigen anderen Zeugen Jehovas vor einen Richter, der bekannt dafür war, jeden Tag drei bis vier Todesurteile zu fällen. Niklasch wurde zu acht Jahren Zuchthaus verurteilt. Nach einer wahren Odyssee in einem Gefangenentransport von Wien über Brünn, Breslau und Berlin bis an die holländische Grenze landete auch er im KZ. Er überlebte – vor allem durch die Hilfe von Mithäftlingen.

Die jungen Leute, die als »Swing-Jugend« in die Geschichte eingehen sollten, die Jazzmusik hörten und sich dem neuen System nicht unterordnen wollten, waren den Nationalsozialisten selbstverständlich ebenfalls ein Dorn im Auge. Etliche weigerten sich, der Hitlerjugend beizutreten, andere nahmen lediglich sporadisch an den Treffen der HJ teil. In bewusster Absetzung von den offiziellen Jugendorganisationen des gleichgeschalteten Staates trugen sie andere Kleidung und weitaus lässigere Frisuren, als das NS-Regime von ihnen als »anständigen« Deutschen erwartete. Sie orientierten sich an Lebensstilen und musikalischen Idolen, die den rassistischen Vorstellungen der neuen Machthaber strikt zuwiderliefen – die Klänge des Jazz beispielsweise waren bei jenen als »Nigger-Musik« verschrien und galten folglich als unvereinbar mit der deutschen Kultur. Einer Anweisung von Himmler zufolge sollten alle »Rädelsführer« ins KZ eingewiesen und dort, so hieß es, »täglich verprügelt und zu schärfster Form des Exerzierens sowie zur Arbeit angehalten werden«.

Emil Mangelsdorf aus Frankfurt am Main, bei Hitlers Machtantritt gerade acht Jahre alt, musste am eigenen Leibe erfahren, was es hieß, als Jugendlicher im neuen Deutschland unangepasst zu sein. »Man konnte immer sehen, dass wir irgendwie nicht dazugehörten, dass wir uns distanzierten.«[37] Ironischerweise bezogen sie ihre Anregungen aus Propagandamaterial der Partei: »Die Nazis haben selbst dazu beigetragen, indem sie in Illustrierten veröffentlichten, dass dort eine lange Schlange stand, in New York, als Benny Goodman spielte. Es gab [...] ein Bild, wo man Hände sah, die eine Klarinette hielten und darunter stand ›Judenhände – Verbrecherhände‹. Das waren die Hände von Benny Goodman, also wurde hier auch mit Hilfe der Musik [...] Rassismus betrieben.« Und da die von ihnen verehrten Musiker samt und sonders den von offizieller Seite inkriminierten Minderheiten angehörten, waren sie, so sagt er, von vornherein »jedem Rassismus abhold«. Was abschreckend wirken sollte, wurde umso interessanter. »Wir haben uns nach diesen Vorbildern [englischer und amerikanischer Jugendlicher] aus den Zeitungen gerichtet [und] versucht, so auszusehen und so herumzulaufen, längere Sakkos zu tragen und die Haare länger wachsen zu lassen. Sein Vater, ehemals Mitglied der freien Gewerkschaften, war Buchbinder. Schon als Auszubildender – er absolvierte eine kaufmännische Lehre – spielte Mangelsdorf abends bei Konzerten Saxophon. Die Swing-Jugend (so bezeichnet im Sprachgebrauch der NS-Führung – die Jugendlichen selbst nannten sich niemals so) in Frankfurt hatte feste Treffpunkte in Lokalen, wo auch Jazz gespielt wurde; die meist englischen Titel der Stücke wurden einfach eingedeutscht, und so hatten anwesende Gestapo-Leute in Zivil keine konkrete Handhabe, um gegen sie vorzugehen. Hin und wieder gab es Ausweiskontrollen und auch Auseinandersetzungen mit der Hitlerjugend, im Großen und Ganzen blieb der Freundeskreis zunächst jedoch unbehelligt. Dann wurde Mangelsdorf von der Gestapo mehrmals vorgeladen und verhört. Die Beamten wollten wissen, ob er einem privaten Jazz-Club angehörte, was er stets bestritt. Er wurde geschlagen, kam zunächst aber mit einer Verwarnung davon. 1943 wurde er schließlich verhaftet, diesmal warf man ihm vor, einem Freund geraten zu haben, nicht in ein so genanntes Wehrertüchtigungslager zu gehen. Dem Achtzehnjährigen war sofort klar: Das war ein ernster Vorwurf, denn damit lastete man ihm ein politisches Vergehen an. Die Nacht verbrachte er eingesperrt im Keller des Gestapo-Gebäudes, danach wurde er im Untersuchungsgefängnis in der Hammelsgasse festgehalten, wo er zwanzig Tage lang einsaß und mehrmals vernommen wurde. »Man hatte das Gefühl, die Gestapo sei omnipräsent«, sagt er, »das war eine Bedrohung. Die eigentliche Zusammenfassung des Naziregimes schlechthin. Man empfand das als die Faust der Nazis.« Eine offizielle Anklage wurde nicht gegen ihn erhoben, geschweige denn ein Gerichtsverfahren in die Wege geleitet. Zum 20. April 1943, dem Geburtstag Hitlers, wurde er amnestiert und entlassen, sein Studentenausweis zerrissen. Kurze Zeit später kam die Einberufung zum Arbeitsdienst und zum Militär. Aus dieser Zeit berichtet er von einem Bekannten, der, bereits unter Beobachtung stehend, seinen Freunden an der Front regelmäßig brieflich über Tendenzen im Jazz berichtete. Die Briefe wurden kontrolliert, und prompt wurde er vorgeladen; die englischen Namen, die er dort erwähnte, hatten ihn verdächtig gemacht. Mangelsdorf selbst geriet für viereinhalb Jahre in sowjetische Kriegsgefangenschaft.

Die »Nürnberger Gesetze« und die Folgen

Antisemitische Aktionen und Gesetze, die etliche deutsche Juden frühzeitig zur Emigration bewogen, gab es seit Beginn der NS-Herrschaft. Signifikant war der am 1. April 1933 mithilfe von SA- und SS-Trupps durchgeführte Boykott gegen jüdische Geschäfte, Ärzte und Rechtsanwälte; überall wurden entsprechende Schilder postiert, und wer sich darüber hinwegsetzte, wurde von den nationalsozialistischen Schergen belästigt und übelst beschimpft. Doch das war erst der Anfang: Nur sechs Tage später wurde das »Gesetz zur Wiederherstellung des Berufsbeamtentums« verkündet, mit dem Juden aus dem öffentlichen Dienst ausgeschlossen werden sollten. Mittels diverser Verordnungen wurden sie bereits im Laufe des Frühjahrs aus den freien Berufen verdrängt: »Nichtarische« Notare, Ärzte und Zahnärzte erhielten Berufsverbot, und auch die Tätigkeit jüdischer Rechtsanwälte wurde stark eingeschränkt. Bereits im September 1933 waren Juden aus dem gesamten Kulturbereich ausgeschlossen, und auch jüdisches Kulturleben war fortan nur in engen Grenzen möglich. Eine ebenso skandalöse wie

Am Rande des »Reichsparteitags der Freiheit« verkündete Hermann Göring am 15. September 1935 als Präsident des einberufenen Reichstages die antisemitischen »Nürnberger Gesetze«.

effiziente Maßnahme zur systematischen Entfernung der Juden aus dem Wirtschaftsleben war die so genannte »Arisierung«, die Enteignung jüdischen Vermögens und Besitzes zugunsten von Nichtjuden, also »Ariern«. Um dies zu bewerkstelligen, wurden die Juden verstärktem Druck ausgesetzt, ihr Eigentum zu verkaufen, und dies zumeist weit unter Wert. Zunächst waren vor allem der Einzelhandel und kleinere bis mittelständische Betriebe betroffen; von den ehemals rund 100 000 jüdischen Unternehmen im Deutschen Reich waren bis 1938 60 Prozent »arisiert«. Da sich 1934 die Lage ein wenig zu beruhigen schien, kehrten einige Juden, die das Land schon verlassen hatten, sogar aus dem Exil zurück. Doch schon im März und April des folgenden Jahres zeigte sich, dass ihr Entschluss übereilt gewesen war – die fortdauernde antisemitische Hetze führte erneut und immer häufiger zu heftigen Übergriffen. Innenminister Frick kündigte eine Neuregelung des Staatsbürgerschaftsrechts an, das die Rechte der Juden erheblich einschränken sollte.[38] Doch das geplante Gesetz ging den fanatischen Antisemiten beileibe nicht weit genug. Sie zielten nicht allein auf den vollständigen Ausschluss der Juden aus dem Wirtschaftsleben und der Öffentlichkeit, sondern eiferten auch gegen die »Rassenschande« (Eheschließungen oder außerehelicher Geschlechtsverkehr zwischen Juden und »arischen« Deutschen), die sie unter Strafe zu stellen verlangten. Geschürt durch Goebbels und zusätzlich angeheizt durch bösartige Propagandakampagnen des antisemitischen Hetzblattes »Der Stürmer«, der in obszönen Gräuelgeschichten gegen die jüdischen »Rassenschänder« polemisierte, kam es im Sommer 1935 im ganzen Reich zu Pogromen, so auch im Juli am Kurfürstendamm in Berlin. Der Terror, den die braunen Schlägertrupps überall verbreiteten, hatte eine derartige Eigendynamik entwickelt, dass die NS-Führung Anfang August den Befehl ausgab, Einzelaktionen einzustellen; Zuwiderhandlungen seien fortan unter Strafandrohung zu verfolgen. Für Propagandaminister Goebbels waren diese Aktionen dennoch ein voller Erfolg, da sie der auf Ausgrenzung zielenden »Judenpolitik« nur förderlich sein konnten. Für wirtschaftliche Belange zuständige Minister und Funktionäre zeigten sich hingegen besorgt über den ökonomischen Schaden, der durch antisemitische Ausschreitungen entstand oder noch entstehen würde. So versuchte Wirtschaftsminister Hjalmar Schacht, aber auch Innenminister Wilhelm Frick, Gesetze vorzuschlagen, die zwar jüdische Aktivitäten im Wirtschaftsleben noch weiter beschränken sollten, aber letzten Endes (noch) nicht die Aberkennung der Staatsbürgerschaft vorsahen; statt durch nicht kontrollierbaren Straßenterror sollte so die »Judenfrage« unauffällig, bürokratisch und auf legalem Weg gelöst werden – auf dass alles seine (scheinbare) Ordnung habe. Als die antisemitische Hetzwelle Ende August abzuebben schien, hielt Frick es vorerst allerdings für nicht besonders dringlich, das angekündigte Gesetz zu vollenden.

Doch schon zwei Wochen später ließ Hitler zum »Reichsparteitag der Freiheit« der NSDAP, der vom 10. bis zum 16. September 1935 in Nürnberg stattfand, dem dorthin einberufenen Reichstag zwei antisemitische Gesetzentwürfe zur Abstimmung vorlegen: das »Reichsbürgergesetz« und das Gesetz »zum Schutz des deutschen Blutes und der deutschen Ehre«, auch »Blutschutzgesetz« genannt. Diese am 15. September 1935 verabschiedeten, so genannten »Nürnberger Gesetze« verbreiterten die juristische Basis der antisemitischen Politik – in den Augen der NS-Führung und Hitlers ein großer Schritt nach vorn. Da Hitler in Äußerungen suggerierte, die antisemitische Politik hätte hiermit ihr Ziel erreicht, hegten die noch in Deutschland lebenden Juden die leise Hoffnung, dass es ihnen nun, wo die ständigen tätlichen Übergriffe langsam zu verebben begannen, möglich sei, bei allen Einschränkungen ein Leben zu führen, dessen Status juristisch klar definiert war – ein Trugschluss, wie sich schnell herausstellen sollte. Zunächst beinhaltete keines der beiden Gesetze wirklich präzise Bestimmungen, ein Manko, das durch zwei am 14. November nachgereichte Durchführungsverordnungen ausgeräumt wurde. Auf Basis des »Reichsbürgergesetzes« wurde nun unterschieden zwischen (jüdischen) »Staatsangehörigen« und (»arischen«) »Reichsbürgern«, wobei Letztere besondere politische Rechte genossen, die Ersteren verwehrt bleiben sollten. Außerdem wurde genau definiert, dass als »Jude« zu gelten habe, wer mindestens drei jüdische Großeltern oder zwei jüdische Großeltern hatte und der jüdischen Glaubengemeinschaft angehörte oder mit einem »Volljuden« verheiratet war.[39] Juden wurden Wahlrecht und das Bekleiden öffentlicher Ämter verwehrt, und bis Ende 1935 sollten die noch verbliebenen jüdischen Beamten entlassen werden. Mit dem »Gesetz zum

Demütigung so genannter »Rassenschänder«, ohne Jahr. Als Folge der »Nürnberger Gesetze« trieb man auf diese Weise in vielen Orten Deutschlands »arisch«-jüdische Paare zur Belustigung der Bevölkerung durch die Straßen. Die dabei entstandenen Fotografien wurden vielfach an das antisemitische Hetzblatt »Der Stürmer« mit der Bitte um Veröffentlichung gesandt.

Schutze des deutschen Blutes« wurden »Mischehen« und außereheliche sexuelle Beziehungen zwischen »Ariern« und Juden unter Strafe gestellt; das Hissen der deutschen Flagge war Juden nun genauso untersagt wie die Anstellung »arischer« Dienstboten unter 45 Jahren.

Mit den »Nürnberger Gesetzen«, die Juden nun ganz offiziell zu Bürgern zweiter Klasse degradierten, schuf die NS-Führung einen justiziablen Rahmen, der den »Radau-Antisemitismus«[40] in die Schranken zu weisen schien. Justiziabel aber war damit auch das Delikt der »Rassenschande«, ein Straftatbestand, der in den folgenden Jahren zu massiver Verfolgung und öffentlicher Ächtung der jeweils Beschuldigten führte, die – von einer aufgebrachten Menge beschimpft, bespuckt und durch die Straßen getrieben – buchstäblich an den Pranger gestellt wurden. Zumeist waren es »arische« Frauen, die in den Verdacht gerieten, mit jüdischen Männern sexuelle Beziehungen zu pflegen. Große Schilder um den Hals, die mit verunglimpfenden Aufschriften jeglichen Zweifel an der Rechtmäßigkeit des Volkszorns ausräumen sollten, wurde ihnen (in kleineren Orten häufig auf dem Marktplatz) in aller Öffentlichkeit zuweilen der Kopf kahl geschoren, bevor die Schergen des Systems sie erneut durch die Straßen jagten oder zusammen mit dem jüdischen Mann an Pfählen festbanden. Zuschauer waren stets in großer Zahl vorhanden. Das »Gesetz zum Schutze des deutschen Blutes und der deutschen Ehre« sah für »Rassenschande« Gefängnis- und Zuchthausstrafen vor. Gegenüber »Ariern« stand der Erziehungscharakter der Bestrafung im Vordergrund; Juden hatten zumeist schwerere Konsequenzen zu tragen, sie wurden zuweilen in Konzentrationslager verbracht.

Derartige Vorfälle gab es beileibe nicht nur in Dörfern und kleineren Städten. Margit Siebner, 1932 in Berlin geboren, erinnert sich an mindestens eine solche Hatz in Hitlers Reichshauptstadt, bei der eine »arische« Frau unter dem Vorwurf der »Rassenschande« durch die Stadt getrieben wurde. »Ich bin das allergrößte Schwein, ich lasse mich mit Juden ein!«[41] war auf dem Schild zu lesen, das ihre Häscher ihr umgehängt hatten.

Denunziation

Das hoch gesteckte Ziel einer Durchsetzung und Verteidigung der »Volksgemeinschaft« gegen jede Art von als staats- und volksfeindlich eingestufter Aktivität stellte die Gestapo vor nicht unerhebliche Probleme: Wie war es angesichts eines Aufgabenspektrums, das sich ständig erweiterte, möglich, dauerhaft an zuverlässige Informationen zu gelangen? Die Geheime Staatspolizei war schon für die Zeitgenossen eine Institution, um die sich Mythen rankten. Einerseits wurde dieses Bild von der Behörde selbst durch öffentliche Berichterstattung über ihre Arbeit befördert, anderseits kursierten immer wieder inoffizielle oder heimlich verbreitete Informationen. Die Gestapo galt gemeinhin als allwissende, allgegenwärtige Organisation, die überall ihre Beamten, Spitzel oder Mikrofone postiert hatte. Doch das entsprach in keiner Weise der Realität: Die Personalstärke wurde ebenso überschätzt wie die Anzahl der bezahlten Informanten und das technische Potenzial. Ihre Möglichkeiten allerdings, unter Umgehung jeder gerichtlichen Einflussnahme mit schärfsten Maßnahmen gegen die »Feindgruppen« vorzugehen, waren mitnichten ein Mythos. Zwar war die Gestapo selbst davon überzeugt, über die besten Fachkräfte zur Gegnerbekämpfung zu verfügen. Um aber die deutsche »Volksgemeinschaft« in ihrer Gesamtheit ausreichend schützen zu können (man denke hier nur an die eingangs zitierte Himmler'sche Formulierung vom »Volksfeind«, gegen den es als »Gegner der rassischen [...] und geistigen Substanz unseres Volkes« vorzugehen gelte), sah sich die Gestapo in Ermangelung von ausreichend Personal genötigt, an die Mitwirkung jedes einzelnen »Volksgenossen« zu appellieren. Heydrich träumte sogar von einem »Volksmeldedienst«, um die Denunziation kontrollieren und in geregelte Bahnen lenken zu können. Ein solcher Plan wurde nicht verwirklicht, fest steht aber, dass die Gestapo jenseits aller ideologischen Verbrämung in hohem Maße auf Denunzianten angewiesen war – und dass Verwandte, Nachbarn, Freunde und Kollegen ihr bereitwillig zuarbeiteten; Akten der Justiz, der NSDAP und der Gestapo belegen dies zur Genüge. Milo Dor, 1923 in Budapest geboren und wegen Widerstandsaktivitäten mehrfach verhaftet, spricht in diesem Zusammenhang von den immensen Schwierigkeiten, die damit verbunden waren, Untergrundaktivitäten überhaupt zu organisieren. Man konnte, so erinnert er sich, »von den Hausmeistern, von den Nachbarn oder den Mitarbeitern in einem Betrieb ganz einfach angezeigt werden [...], vielleicht nicht aus ideologischen Gründen, weil sie selbst Nationalsozialisten waren, sondern aus Angst.«[42] Die Denunzianten richteten sich entweder direkt an die Geheime Staatspolizei oder an die weit verzweigten Untergliederungen der NSDAP, die die Informationen und Anzeigen weiterleiteten. Ausdrücklich mit nationalsozialistischer Weltanschauung begründeten nur wenige ihr Tun; die Furcht, selbst ins Visier des Terrors zu geraten, spielte offenbar eine wichtige Rolle. Auch Ressentiments, sozialer Neid oder Racheakte motivierten eine Denunziation, die somit zum Instrument wurde, um persönliche oder berufliche Animositäten auszutragen oder geschäftlichen Konkurrenten zu schaden. Die Voraussetzungen hierfür waren durch ein gesellschaftliches Klima geschaffen worden, das bisher gültige Werte und Normen außer Kraft gesetzt und durch Ideologie überlagert hatte.[43]

Die Stapo-Stellen klagten über Arbeitsüberlastung aufgrund einer Flut solcher Anzeigen, die auf Vermutungen statt auf Tatsachen fußten, Fälle, bei denen ein »staatsfeindliches« Vergehen also gar nicht vorlag. Nur selten hinderte das die Behörden daran, der Sache nachzugehen. Zwar wurden falsche Anschuldigungen theoretisch unter Strafe gestellt, in der Praxis kam dies jedoch nur äußerst selten vor.[44] Die Anzeigen jedenfalls nahmen eher zu als ab, ja das Denunziantentum nahm mit der Zeit ein solches Ausmaß an, dass sich Gestapo und NSDAP genötigt sahen, in Zeitungen vor überbordendem Eifer zu warnen; dahinter stand auch die Befürchtung, dass notwendige Vertrauensverhältnisse unterminiert, die Wirtschaft gelähmt und letztlich die Staatsautorität untergraben würde.[45] Allerdings standen diesem Ansinnen Äußerungen in Presseberichten entgegen, die die Mithilfe der Bevölkerung für erwünscht erklärten – der »Stellvertreter des Führers« Rudolf Heß etwa forderte in einer Erklärung vom 18. April 1934 ausdrücklich zur Denunziation auf.[46] Beobachtungen durch Gestapobeamte, das wurde bereits deutlich, hatten für die Aufnahme von Ermittlungen weitaus geringere Bedeutung als die Mitwirkung der »Volksgenossen«. Besonders groß war die Zahl der Denunziationen in Österreich nach dem »Anschluss« durch das Deutsche Reich im Jahre 1938.[47]

Gemeldet wurden aber nicht nur vermeintlicher oder wirklicher politischer Widerstand, sondern auch und fast noch häufiger »abweichendes Verhalten«, von der Verweigerung des Hitlergrußes über regimekritische Äußerungen bis hin zum Umgang mit Juden und »Fremdvölkischen«. »Rassenschande« kam derart häufig zur Anzeige, dass in einem internen Bericht vom August 1935[48], also noch vor Erlass der »Nürnberger Gesetze«, sogar von einer »Rassenschandepsychose« die Rede ist, die die Bevölkerung ganz offensichtlich erfasst habe.

Margit Siebner erlebte die Denunziation wegen »Rassenschande« in der eigenen Familie. Ihre Eltern lebten in einer so genannten »Mischehe« und waren aus diesem Grund a priori schon diskreditiert. Die Mutter war als »arisch« eingestuft, der Vater Jude. Dieser war als Buchhändler tätig, bis sein Betrieb »arisiert« wurde und er nur noch unter der Hand vereinzelt Bücher vertrieb. Wegen des Verkaufs eines verbotenen Titels nahm die Gestapo ihn im Juni 1938 in seiner Wohnung fest und verbrachte ihn ins KZ Buchenwald. Tag für Tag ging die Mutter zur Polizei, wo man sie als »Rassenschänderin« beschimpfte, Tag für Tag fragte sie nach dem Verbleib ihres Mannes. Schließlich erfuhr sie, dass er freikommen sollte, wenn sie sich von ihm scheiden ließ und Ausreisepapiere für ihn besorgte. Tatsächlich gelang es ihr, eine Schiffspassage nach Shanghai zu organisieren – für viele nun die letzte Zuflucht, denn etliche Länder nahmen inzwischen schon keine Juden mehr auf. Wie geplant, ließ sich die Mutter scheiden. Der Vater wurde Anfang 1939 aus dem Lager entlassen – mit der strikten Auflage, innerhalb von vier Wochen aus dem Deutschen Reich auszureisen und zudem seine ehemalige Frau keinesfalls mehr zu treffen. Da er aber gerade dieses Risiko einging, bevor er das Land verließ, wurde die Mutter durch den Blockwart, der die Wohnung ständig beobachtet hatte, gleich mehrfach denunziert. »Rassenschande« warf man ihr auch deshalb vor, weil sie ihre (jüdische) Schwiegermutter mit Lebensmitteln versorgt hatte – schon der Umgang mit Juden wurde inkriminiert. Wiederholt wurde sie verhört, jedoch nicht in Haft genommen; der Blockwart war nicht in der Lage, wirklich stichhaltige Aussagen zu tätigen. Besonders verstörend war dann, dass auch die »arischen« Familienmitglieder zusehends auf Abstand gingen: Nach der Verhaftung des Vaters hatte der nichtjüdische Großvater die Mutter kopfschüttelnd gefragt: »Warum hast du auch den Juden geheiratet?«[49] Aus Angst, selbst zum Ziel von Überwachung oder Denunziation zu werden, verzichteten diese Verwandten bei ihren seltener werdenden Briefen darauf, den Absender zu vermerken.

Der 1925 in Breslau geborene Martin Löwenberg, er wird hier später noch ausführlicher zu Wort kommen, wurde wegen illegalen Besitzes von Lebensmittelkarten festgenommen, die er sowjetischen Zwangsarbeitern zukommen lassen wollte. Er wurde verhört und ins KZ Flossenbürg verschleppt. Er berichtet, dass seine sozialdemokratisch eingestellte Mutter mehrfach denunziert wurde. »Einmal gab es Mitteilungen schriftlicher Art oder ein Polizeibeamter ist gekommen und hat gesagt: ›Frau Löwenberg, ich muss Sie vernehmen. Da ist das und das gesagt worden, das sollen Sie geäußert haben. Was sagen Sie dazu?‹ Es ging um Aussagen, die gegen die Partei gerichtet waren. Oder nach Kriegsbeginn dann, von wegen, sie hätte defätistische Äußerungen gemacht, so in der Art: das Dritte

Reich wird nicht ewig dauern und der Krieg geht verloren für Deutschland.«[50] Eine Frau, Mitglied der NSDAP, bezichtigte sie zudem der Verbindung mit früheren »Sozischweinen«, wie sie es ausdrückte, und forderte sie auf: »Schaffen Sie doch Ruhe, Sie kommen in schwierige Situationen. Packen Sie aus!« Später erhielt die Mutter eine Vorladung der Gestapo.

Auch wer versuchte, schon verhafteten Bekannten durch Geldsammlungen zu helfen, konnte, wenn er dabei beobachtet wurde, denunziert werden. Marie Luise Schultze-Jahn, die unter anderem für die Familie des gemeinsam mit weiteren Mitgliedern der Widerstandsgruppe »Weiße Rose« hingerichteten Professors Kurt Huber Geld sammelte und später selbst von der Gestapo verhaftet wurde (auch ihre Geschichte wird hier noch zu erzählen sein), erinnert sich folgendermaßen an das Klima der Angst, in dem die Menschen lebten: »Wenn sich zwei auf der Straße einen politischen Witz erzählten, guckte man erst rechts, dann links und wer hinter einem geht. Wer kann das hören, wer kann mich denunzieren? Das ist traurig genug. Das wurde dann der deutsche Blick.«[51] Selbst Menschen, die nur Witze erzählten, sahen sich Repressionen und somit dem Zwang zur Anpassung und Zurückhaltung unterworfen.

Augen und Ohren der Gestapo waren also ganz gewöhnliche Bürger – erst sie ermöglichten die umfassende Überwachung, die Teil des Mythos wurde und doch ganz real existierte. Das nationalsozialistische Deutschland wurde auf diese Weise »zu einer sich selbst überwachenden Gesellschaft« (Robert Gellately). Die freiwillige Denunziation aus der Bevölkerung war aber nur eine wichtige Informationsquelle der Gestapo.

Gestapo-Spitzel und V-Männer

Zur Informationsgewinnung baute die Gestapo ein (allerdings im Vergleich zu den Denunziationen weniger bedeutendes) System von Spitzeln auf, das drei Kategorien kannte: Unterschieden wurde zwischen V-Leuten (Vertrauens- oder Verbindungsleute), G-Leuten (Gewährsleute) und I-Leuten (Informationsleute, Informanten). Während V-Leute zum Teil bezahlt und von lokalen Gestapo-Stellen gezielt angeworben wurden, nahm man G-Leute nur gelegentlich zur Informationserhebung in Anspruch, I-Leute schließlich gaben Berichte über die öffentliche Stimmung. Die Anzahl der V-Leute, die unter einem Decknamen agierten und registriert waren, übertraf sehr wahrscheinlich nicht die der Gestapo-Beamten, so dass es sich um keinen besonders großen Apparat handelte. Trotzdem verfügte die Geheime Staatspolizei über V-Leute in Parteiorganisationen der KPD und SPD, den Kirchen und mitunter sogar im jüdischen Untergrund. Statt getarnte Spione von außen einzuschleusen, bediente man sich solcher Kollaborateure, die sich in dem entsprechenden Milieu auskannten, dort verwurzelt waren und Vertrauen genossen, was – mit wenigen Ausnahmen – den Nachteil hatte, dass diese in der Regel enttarnt waren, nachdem sie ein oder zwei Verhaftungswellen herbeigeführt hatten. Deshalb wurden immer wieder neue Spitzel benötigt, zumal für die verbotenen Arbeiterorganisationen. Mancher wurde durch Haftandrohung angeworben, mancher während der »Schutzhaft« im KZ, andere zogen von sich aus die Flucht nach vorn dem riskanten Widerstand vor – und wurden zu umso beflisseneren Zuträgern des Systems. Wieder andere waren freiwillig zu Auskunftsdiensten bereit, weil sie sich persönliche oder pekuniäre Vorteile davon versprachen. Darüber hinaus gab es durchaus auch Überzeugungstäter, die sich dem Nationalsozialismus voll und ganz verschrieben hatten.

Ergänzend konnte die Gestapo auch auf das Informantensystem des Sicherheitsdienstes zurückgreifen. Mit seinen rund 3 000 hauptamtlichen Mitarbeitern und etwa 30 000 Informanten wirkte der SD hauptsächlich als Nachrichtendienst ohne polizeiliche Eingriffsmöglichkeiten, der im Sinne einer Meinungsforschung die Stimmungen, Gerüchte und Vorkommnisse in der Bevölkerung erfasste. Doch die Meldungen der Zuträger des SD setzten selten staatspolizeiliche Untersuchungen in Gang. Und schließlich verfügte auch die NSDAP mit ihren Hunderttausenden Block- und Zehntausenden Zellenleitern[52] über ein ebenso feinmaschiges wie weitverzweigtes Netz von Kontrolleuren, die ihre Informationen an höhere Parteiebenen und die Gestapo weitergaben.

Als das Deutsche Reich im Jahre 1938 das bis dahin selbständige Österreich annektierte, weitete sich der territoriale Wirkungsbereich der Gestapo aus.

Der »Anschluss« Österreichs 1938

Unter dem Jubel der dortigen Bevölkerung marschierten deutsche Truppen am 12. März 1938 im benachbarten Österreich ein. Durch das »Gesetz über die Wiedervereinigung Österreichs mit dem Deutschen Reich« vom 13. März 1938 wurde das nun als »Ostmark« bezeichnete Land ein Teil des Deutschen Reiches und diesem in allen Verwaltungsstrukturen angepasst.

Bereits Mitte März erhielt die Wiener Gestapo per Erlass von Heydrich die Kompetenz einer »Leitstelle« für alle Gestapo-Stellen in Österreich, sie war somit weisungsbefugt. Außerdem wurde jeweils ein Inspekteur der Sicherheitspolizei und einer der Ordnungspolizei eingesetzt, entsprechend der Struktur im »Altreich«. Zunächst wurde Heinrich Müller von Himmler zum kommissarischen Inspekteur für die Sicherheitspolizei in Österreich ernannt, sein wichtigster Mitarbeiter war Franz Josef Huber. Als Müller im Sommer 1938 zum Gestapa in Berlin zurückkehrte, war es der »Staatssekretär für Sicherheitswesen in Österreich«, Ernst Kaltenbrunner, der den Aufbau der Gestapo-Organisation stark

Adolf Hitler während seiner Rede nach dem »Anschluss« Österreichs vor 100 000 begeisterten Menschen auf dem Wiener Heldenplatz, 15. März 1938. Bei einer Volksabstimmung im April votierten in Österreich und Deutschland mehr als 99 Prozent für den »Anschluss«.

beeinflusste. Der studierte Chemiker Kaltenbrunner, geboren am 4. Oktober 1903 im österreichischen Ried am Inn, war 1929 in Linz als Anwalt tätig gewesen und 1930 der NSDAP, 1931 dann auch der SS beigetreten, wo ihm eine steile Karriere bevorstand: Zwar war er 1934/35 – die Partei war in Österreich inzwischen verboten worden – wegen Hochverrats inhaftiert, doch 1937 beauftragte Himmler ihn mit der Führung der (illegalen) österreichischen SS. Nach dem deutschen Einmarsch wurde er am 11. September Höherer SS- und Polizeiführer »Donau« in Wien, seit 1941 bekleidete er den Rang eines SS-Gruppenführers und Generalleutnants der Polizei und am 1. Januar 1943 übernahm er nach Heydrichs Tod dessen Position als Chef des Reichssicherheitshauptamts, der Sicherheitspolizei und des SD. Zugleich wurde er zum SS-Obergruppenführer und General der Polizei befördert. Kaltenbrunner, der bis zum Kriegsende unerbittlich Hunderttausende Juden in die Vernichtungslager deportieren ließ, wurde 1945 von US-amerikanischen Soldaten verhaftet. Im Nürnberger Prozess gegen die Hauptkriegsverbrecher zum Tod durch den Strang verurteilt, wurde er am 16. Oktober 1946 hingerichtet.

Von 1938 bis 1945 war das Hotel Metropol am Morzinplatz Amtssitz der Gestapo-Leitstelle Wien. Schon am 12. März 1938 waren Himmler und ein ausgewählter Kreis Gestapo- und SD-Beamter in Wien eingetroffen, um die erste große Verhaftungswelle von politischen Oppositionellen und Juden zu organisieren.

Unter seiner Aufsicht wurden bis Ende 1938 in den sieben ehemaligen österreichischen Landeshauptstädten Stapo-Stellen eingerichtet, deren interner Aufbau durch vom Berliner Gestapa ausgearbeitete Geschäftsverteilungspläne geregelt wurde. Auf regionaler Ebene hatte man den einzelnen Stellen von Anfang an weit gefasste Kompetenzen gegenüber anderen staatlichen Behörden, der Polizei und der NSDAP eingeräumt – entsprechend der im »Altreich« bestehenden Struktur. Die Gestapo-Beamten rekrutierten sich von Oktober 1938 bis April 1942 zu 80 bis 85 Prozent aus dem schon vor dem »Anschluss« im Polizeidienst befindlichen Personal. Lediglich etwa fünf Prozent kamen aus polizeifremden Berufen, ein Anteil, der sich in den Jahren 1942 bis 1945 schätzungsweise auf 15 bis 20 Prozent erhöhte. Bei der Aufnahme von Ermittlungen stützten sich die Beamten noch stärker auf Anzeigen aus der Bevölkerung als ihre Kollegen im »Altreich«, doch auch die Anzahl der V- und G-Leute war in der »Ostmark« größer. Das Denunziationsaufkommen war so groß, dass man mit der Erledigung kaum nachkam. Die Wiener Gestapo sah sich bereits im Herbst 1938

Franz Josef Huber und sein Freund Heinrich Müller 1942 beim gemeinsamen Urlaub in Bozen. Huber leitete die Gestapoleitstelle Wien von 1938 bis 1944. Nachdem Müller zunächst als kommissarischer Inspekteur der Sicherheitspolizei in Österreich eingesetzt war, übernahm Huber diesen Posten 1939, bevor er 1942 zum Inspekteur der Sicherheitspolizei und des Sicherheitsdienstes in den »Reichsgauen Wien, Niederdonau und Oberdonau« ernannt wurde.

genötigt, die massenhaften Denunziationen wegen so genannter »Heimtückevergehen« – der Verbreitung »unwahrer« Behauptungen, die geeignet schienen, dem Ansehen des Reiches zu schaden – zu bremsen, obwohl das entsprechende Gesetz in Österreich noch gar nicht in Kraft getreten war. In der Folge kam es zu einer Einigung mit dem Generalstaatsanwalt, dass künftig nur solche Fälle an Gerichte weiterzuleiten seien, die gefährliche Drohungen und gröbliche Beschimpfungen Hitlers sowie leitender NS-Funktionäre enthielten, alle anderen wurden von der Sicherheitspolizei beispielsweise durch eine Verwarnung erledigt oder aufgrund von Belanglosigkeit gar nicht weiter verfolgt. Schon nach kurzer Zeit konnte die Gestapo die Organisationen der politischen Gegner zerschlagen und alle anderen vermeintlichen Opponenten in bekannter Manier terrorisieren. Auch die »Judenpolitik« trieben die regionalen NS-Führungskräfte in radikalisierter Weise voran. Hier wurden eigene, neue Formen geschaffen, um die Ausreise der Juden massiv zu beschleunigen.

Zentralstelle für jüdische Auswanderung Wien

Im Zentrum des Interesses nationalsozialistischer »Judenpolitik« stand – besonders für Gestapo und SD – in den Jahren nach den »Nürnberger Gesetzen« die jüdische Emigration. Um die Ausreise zu forcieren, wurden zwischen September 1935 und Mitte 1938 buchstäblich Hunderte weitere Gesetze und Rechtsvorschriften erlassen, die die »Arisierung« verstärkt vorantreiben und die Juden endgültig aus dem Wirtschaftsleben verdrängen sollten. Viele Staaten weigerten sich, eine größere Anzahl Juden aufzunehmen.[53] Hinzu kam, dass mit dem »Anschluss« Österreichs rund 200 000 von ihnen zusätzlich ihren Wohnort im Reichsgebiet hatten. Da es an Devisen mangelte, sah man vor allem die Finanzierung der Vertreibung als problematisch an – schließlich war eine Massenausreise vorgesehen, auch der Mittellosen unter den Juden. Um die Reisekosten zu decken, brauchten die Betroffenen entsprechende Geldmittel. Zur Beschleunigung der bürokratischen Abwicklung wurde Adolf Eichmann, seit 1934 beim Sicherheitsdienst in Berlin im »Judenreferat« tätig, nach Österreich entsandt, um beim dortigen SD-Oberabschnitt die Kontrolle der wieder zugelassenen jüdischen Organisationen zu übernehmen. Am 19. März 1906 in Solingen geboren, war Eichmann, der für einige Jahre in Österreich gelebt hatte, 1932 der Österreichischen NSDAP und SS beigetreten. Nach dem Verbot der Partei 1933 übersiedelte er nach München, tat einige Zeit Dienst im Konzentrationslager Dachau, wo er auch eine militärische Ausbildung erhielt, und ging später in Himmlers Gefolge nach Berlin. Derselbe Eichmann ging bei der Vertreibung von Juden 1938 in Wien, 1939 in Prag und im gesamten Deutschen Reich mit Feuereifer ans Werk. 1940 wurde er Leiter des »Judenreferats« der Gestapo im Reichssicherheitshauptamt; als Protokollführer nahm er, inzwischen zum SS-Obersturmbannführer befördert, an der berüchtigten Wannseekonferenz im Januar 1942 teil, in der die so genannte »Endlösung der Judenfrage« koordiniert und die nun einsetzende organisierte Massendeportation und Vernichtung in den Todeslagern des Ostens vorbereitet wurde – deren Organisation er fortan pflichtschuldigst betrieb. Im Auftrag Müllers führte Eichmann mehrfach Dienstreisen zu Konzentrationslagern durch. Er konnte 1946 aus der US-Militärhaft in Deutschland fliehen und untertauchen. Seit 1950 lebte er jahrelang unerkannt im argentinischen Exil, bis Agenten des israelischen Geheimdienstes Mossad ihn schließlich aufspürten und 1960 nach Israel verbrachten. Nach einem Prozess in Jerusalem, der weltweit Beachtung fand und bei dem zahlreiche Überlebende aussagten, wurde er 1961 zum Tode verurteilt und 1962 in der Nähe von Tel Aviv hingerichtet.

Nach dem »Anschluss« Österreichs ließ der Reichskommissar für Österreich, Josef Bürckel, am 26. August 1938 in Wien eine »Zentralstelle für jüdische Auswanderung« einrichten, in der alle für die Formalitäten zuständigen Behörden unter einem Dach versammelt wurden. Die Leitung wurde Eichmann übertra-

Der 1906 geborene Adolf Eichmann vor dem Krieg. Als Leiter der »Zentralstelle für jüdische Auswanderung« in Wien fasste er alle notwendigen bürokratischen Maßnahmen unter einem Dach zusammen, um die von deutscher Seite forcierte »Auswanderung« österreichischer Juden zu beschleunigen.

gen, der aus Berlin bereits zuvor nach Wien abkommandiert wurde. Der Büro-krat leistete ganze Arbeit: Zunächst wurden die österreichischen Juden in der Hauptstadt konzentriert, dann wurden Quoten festgesetzt, für deren Einhaltung die jüdischen Gemeinden selbstverantwortlich Sorge zu tragen hatten. Ausreise-

Fließbandverfahren in der Wiener Zentralstelle zur Vertreibung und Ausplünderung öster-reichischer Juden. Während seines Prozesses in Israel beschrieb Eichmann seine Idee: »Ich stellte mir ein laufendes Band vor, vorne kommen das erste Dokument und die anderen Papiere drauf, und rückwärts müsste dann der Reisepass abfallen. Ich habe vorgeschlagen, dass eine Zentralstelle für jüdische Auswanderung errichtet wird, zu der die behördlichen Instanzen Polizeipräsidium, Finanzministerium, Staatspolizei, Devisenstelle, kurz alle Stellen, ihre Beamten entsenden mussten.«

unterlagen konnten innerhalb weniger Stunden ausgestellt werden. Mit der Aus-händigung eines Reisepasses war die Auflage verbunden, das »Großdeutsche Reich« innerhalb von zwei Wochen zu verlassen, bei Zuwiderhandlungen droh-te das KZ. Auch für das erwähnte Problem der Reisekosten hatte Eichmann eine Lösung parat: Die Geldmittel für die Ausreise Mitteloser stammten aus Fonds, die zum einen entscheidend durch widerrechtlichen Vermögenseinzug bei rei-cheren Juden gespeist wurden, zum anderen durch ausländische Hilfsorganisa-tionen: Vertreter jüdischer Vereinigungen wurden von der Zentralstelle genötigt, entsprechende Verhandlungen zu führen.[54] Innerhalb von nur acht Monaten verließen rund 45 000 Juden das Land. Eichmann hatte sich bewährt: In NS-Krei-sen sah man die Zentralstelle allgemein als so erfolgreich an, dass Göring 1939

Außenansicht des ehemaligen Palais Rothschild in der Wiener Prinz-Eugen-Straße, ohne Jahr. Vor Errichtung der Zentralstelle im August 1938 war das Gebäude von den Nationalsozialisten beschlagnahmt worden.

die Gründung einer vergleichbaren Behörde für »Großdeutschland« anordnete. Zunächst war Heinrich Müller mit der Geschäftsführung dieser »Reichszentrale für jüdische Auswanderung« mit Sitz in Berlin betraut, bevor Eichmann ab Oktober 1939 die Fäden in Händen hielt und diese Struktur mit seiner Tätigkeit im neu geschaffenen Reichssicherheitshauptamt – davon später – vereinigte. Die nach der Besetzung »Böhmens und Mährens« im Juli 1939 geschaffene Zentralstelle in Prag war genau wie ihr organisatorisches Vorbild in Wien fortan der Berliner Zentrale unterstellt.

In Deutschland wie auch und besonders in Österreich kam es im Verlauf des Jahres 1938 immer wieder zu antisemitischen Ausschreitungen. Im Sommer hatte Goebbels zunächst die Übergriffe propagandistisch angefeuert, sich aber später, nach Rücksprache mit Hitler, gegen »Einzelaktionen« ausgesprochen. Nach einer kurzen Atempause flammte der Straßenterror dennoch wieder auf, es folgten groß angelegte Vertreibungsaktionen, die mit regelrechten Menschenjagden durch Mitglieder von NS-Organisationen einhergingen. Gestapo und SD organisierten Ende Oktober die Ausweisung und den zwangsweisen Transport von rund 15 000 polnischen Juden über die polnische Grenze. Da Polen die Einreise verweigerte, mussten sich die Betroffenen unter katastrophalen Bedingungen im Niemandsland aufhalten. Als der in Frankreich lebende Herschel Grynszpan, Sohn eines im Grenzgebiet festgehaltenen jüdischen Ehepaares, von den Deportationen erfuhr, verübte er aus Protest am 7. November in der Deutschen Botschaft in Paris ein Attentat auf den Legationssekretär Ernst vom Rath, der seinen Verletzungen zwei Tage später erlag. Die Führungskräfte der Nationalsozialisten nahmen dies als Vorwand, eine Pogromwelle bisher ungekannten Ausmaßes zu organisieren.

Der Novemberpogrom 1938

Die Nachricht vom Tod des Diplomaten erreichte die NS-Führungsspitze bei den Feierlichkeiten zum Gedenken des Hitlerputsches von 1923. In einer antisemitischen Hetzrede forderte Goebbels die anwesenden Gauleiter und regionalen Parteiführer daraufhin indirekt auf, größere Terroraktionen gegen Juden im ganzen Reich in Gang zu setzen, offiziell (vergeblich) deklariert als spontaner »Ausbruch des Volkszorns«.

Die Anweisungen waren allgemein gehalten und ließen den lokalen oder regionalen Verantwortlichen, die unverzüglich durch die Leiter diverser NS-Organisationen von München aus telefonisch benachrichtigt wurden, großzügigen Spielraum zur eigenen Auslegung – ein Musterbeispiel nationalsozialistischer Befehlstechnik, bei der die unteren Ebenen intuitiv den Kern der Anordnung in Aktionen umsetzen konnten. Die juristische Verantwortung der Befehlsgeber war so zwar ausgeschlossen, es blieb aber das Risiko, dass die Ausführenden den Sinn der Anweisung nicht richtig verstanden und entweder nicht radikal genug oder aber mit Übereifer agierten. Gegebenenfalls würde man, so die taktische Überlegung der Führung, auf (real nicht vorhandene) Meinungsverschiedenheiten innerhalb der NSDAP verweisen – das Gesicht gegenüber dem Ausland könnte somit gewahrt bleiben. Noch in der Nacht des 9. November brach der Terror los, der unvermindert bis weit in den nächsten Tag hinein andauerte. Nach Jahren antisemitischer Übergriffe war genau bekannt, wo sich jüdische Einrichtungen befanden, und überall im Deutschen Reich schlugen Mitglieder von SA, HJ und weiteren NS-Organisationen alles kurz und klein: Heydrich forderte die Polizeikräfte auf, nur dann einzugreifen, wenn Leben oder Eigentum von »arischen« Deutschen in Gefahr sei, sich sonst aber zurückzuhalten. Mehrere tausend Geschäfte und Betriebe, ja sogar Privatwohnungen wurden geplündert und zerstört, Hunderte Synagogen in Brand gesetzt, Juden schwer verletzt und ermordet.

Am Morgen des 10. November 1938 steckten in Baden-Baden Angehörige verschiedener Parteigliederungen die Synagoge in Brand. Über 1 400 Synagogen und jüdische Gebetshäuser wurden im Verlauf des Novemberpogroms reichsweit niedergebrannt oder völlig zerstört.

Viele Zeitzeugen haben noch heute die Bilder des Schreckens vor Augen. Die damals zwanzigjährige Marie Luise Schultze-Jahn erinnert sich: »Ich ging nichts ahnend auf einer belebten Geschäftsstraße und sah plötzlich brennende Häuser. Und sah Feuerwehr, die nichts tat, sondern nur die Gebäude daneben schützte. Dann sah ich, dass Männer aus ihren Häusern gezogen wurden und auf Lastwagen geschleppt wurden. Die Auslagen der Läden lagen auf der Straße. Die Menschen wurden dann einfach fortgefahren und eine schweigende Menschenmenge stand herum.«[55] Martin Löwenberg war dreizehn Jahre alt, als während der Reichspogromnacht in Breslau der antisemitische Mob wütete: »Ich habe gesehen, dass die Synagoge bei uns brannte. Ich habe erleben müssen, dass jüdische Geschäfte zertrümmert, ausgeplündert worden sind, dass unser jüdischer Arzt in seiner Praxis zusammengeschlagen und auf die Straße gejagt worden ist. Ich musste sehen, dass viele Juden [...] gejagt, verprügelt und quasi auf Lastwagen geworfen worden sind.«[56] Eva Rössner hatte »gehört, was los ist, und wir waren dann am anderen Tag bei den Großeltern inmitten einer Trümmerwüste. Die Welt war zusammengebrochen. Schränke ausgeräumt, das Geschirr auf dem Boden zertrümmert. Die Polstermöbel zerschlissen. Die Bilder mit Stahlruten zerschlagen. Die zwei alten Leute inmitten der Trümmer, das, was dann andere später beim Luftangriff erlebt haben, das war für uns in dem Moment die zerstörte Wohnung. Und ich habe nicht nur eine Wohnung gesehen, ich habe zwei oder drei gesehen in dem Zustand. Teilweise noch schlimmer, wo dann

Nachdem etwa 80 Baden-Badener Juden zur Registrierung in die Polizeidirektion verbracht worden waren, verschleppte man sie nach einem demütigenden Marsch durch die Stadt ins KZ Dachau. Von den reichsweit etwa 30000 verhafteten jüdischen Männern kehrten mehrere Hundert nicht mehr zurück; neuere Forschungen gehen davon aus, dass weit mehr als 1000 Juden dem Pogrom zum Opfer fielen.

Während des Pogroms verwüstete jüdische Geschäfte in Berlin. Darüber hinaus waren auch Wohnungen von den Zerstörungsaktionen betroffen.

selbst die Betten zerschlissen worden sind. Die Lebensmittel mit reingeschmissen. Ein fürchterlicher Anblick.«[57]

Als Gestapo-Chef befahl Heinrich Müller den Leitstellen noch in der Nacht die Festnahme von 20 000 bis 30 000 männlichen Juden, die in die Konzentrationslager Buchenwald, Sachsenhausen und Dachau verschleppt, misshandelt, ihres Besitzes beraubt und teilweise unter Folter dazu gezwungen wurden, Erklärungen über die unverzügliche Ausreise zu unterzeichnen. Hunderte starben, andere nahmen sich das Leben. Nach dem Pogrom nahm die Anzahl der Auswanderungen tatsächlich zu, vielen Juden wurde klar, dass ihnen nur die Emigration eine Lebensperspektive zu geben vermochte.

Der Pogrom vom 9. November lässt sich als Kulmination der gewalttätigen Judenverfolgung durch die radikal-antisemitischen Aktivisten der NSDAP beschreiben. Das Ausmaß der Gewalt gegen Juden reichte weit über die verlangten Taten hinaus. Die deutsche Bevölkerung schien großenteils gleichgültig, viele hatten die in aller Öffentlichkeit durchgeführten Plünderungen, Misshandlungen und Morde beobachtet, ohne einzuschreiten. Martin Löwenberg: »Ich musste erleben und verarbeiten, dass viele, zu viele Deutsche zugeschaut haben.« Was ganz im Sinn der NS-Führung war: Jegliche Solidarisierung sollte ausgeschlossen werden, Repressionen richteten sich auch gegen diejenigen, die Juden helfen wollten. Margit Siebner hingegen meint, die Stimmung sei eher ambivalent gewesen: »Da passiert was, das eigentlich nicht in Ordnung ist, aber man möchte nichts damit zu tun haben.«[59] Weite Bevölkerungsteile stimmten der antisemitischen Richtung der NS-Politik – Diskriminierung und Vertreibung der Juden aus dem Deutschen Reich – zwar grundsätzlich zu, lehnten jedoch die Art und Weise dieses »Radau-Antisemitismus« ab. Für die »Judenpolitik« der Nationalsozialisten bedeutete die Pogromnacht einen entscheidenden Schritt in Richtung der späteren »Endlösung«, bezeichnete sie doch den Übergang von Entrechtung und Enteignung zur forcierten Vertreibung ins Ausland, später dann Deportation und Vernichtung. Die im »Großdeutschen Reich« lebenden deutschen Juden waren elementarer Grundrechte beraubt, ihre Existenzgrundlage zerstört worden. Sie sollten aus der öffentlichen Wahrnehmung endgültig verschwinden, Deutschland, so das erklärte Ziel, sollte »judenfrei« werden.

Nur wenige Monate später, im Sommer 1939, sollte die Gestapo als »Hitlers schärfste Waffe« einen Sonderauftrag erhalten und buchstäblich Geschichte »machen« – der Zweite Weltkrieg stand unmittelbar bevor.

Terror ohne Grenzen

»Grenzzwischenfälle« als selbst geschaffener Kriegsanlass

Nach der Konsolidierung der nationalsozialistischen Herrschaft im Innern galt es nun, die außenpolitischen Ziele zu erreichen, wie sie Hitler bereits in »Mein Kampf« überdeutlich zu Papier gebracht hatte: Durch Gewinnung von »Lebensraum im Osten« in Verbindung mit der Unterwerfung der slawischen »Untermenschen« und Vernichtung des jüdischen »Todfeinds« sollte Deutschland dereinst als »Großgermanisches Reich deutscher Nation« zur »Weltmachtstellung« geführt werden – eine aggressive Expansionspolitik, die von Rassismus und Antisemitismus nur so strotzte und nichts anderes bedeuten konnte als Krieg. Das nationalsozialistische Deutschland hatte sich jahrelang darauf vorbereitet. In der zweiten Hälfte der dreißiger Jahre annektierte das Deutsche Reich größere Territorien zum Teil unter Androhung militärischer Gewalt. Im März 1938 erfolgte der geschilderte »Anschluss« Österreichs, bereits im Oktober desselben Jahres die Annexion des Sudetenlandes, im März 1939 dann die Besetzung des verbliebenen Teils der Tschechischen Republik, die damit aufhörte zu existieren und als »Protektorat Böhmen und Mähren« dem Reich angegliedert wurde. Doch die NS-Führung sollte bald zu einem größeren Schlag ausholen, vor allem gegen die östlichen Nachbarstaaten. Um einen, wie er selbst es ausdrückte, »propagandistischen Anlass« für den Überfall auf Polen am 1. September 1939 vorweisen zu können, befahl Hitler, so genannte (fingierte) »Grenzzwischenfälle« herbeizuführen, die den Eindruck vermitteln sollten, dass polnische »Aufständische« und Soldaten die Reichsgrenze übertreten hätten, um Gebäude auf deutschem Territorium anzugreifen. Mit dieser heiklen Aufgabe wurde die Gestapo betraut, der »Führer« sah sie als befähigt an, bei der Scheinlegitimierung des deutschen Einmarsches in Polen die zentrale Rolle zu spielen. Für die Geheime Staatspolizei bedeutete dies zum einen eine Aufwertung ihrer Position innerhalb des nationalsozialistischen Herrschaftssystems, zum anderen und vor allem aber die Ausweitung ihrer bisher auf alle Arten der Gegnerbekämpfung im Deutschen Reich beschränkten Repressionsarbeit über die Grenzen des Reiches hinweg. Die Führung der Gestapo stand zur Erfüllung ihres streng geheimen Auftrages in direktem Kontakt zu Hitler.

Die Idee für das so genannte »Unternehmen Tannenberg«[1] entwickelte Hitler mit Himmler und Heydrich, denen gemeinsam mit Heinrich Müller auch die Verantwortung für die genauere Planung und Realisierung übertragen wurde und die im Folgenden für seine Durchführung geeignete Personen auswählen sollten. Im August 1939 fanden erste vorbereitende Sitzungen in Berlin statt, an denen auch einige SS-Führungskräfte teilnahmen, die für die Leitung der Einzelaktionen vorgesehen waren. Es handele sich, so wurde erklärt, um eine »geheime Reichssache«, die auf direkten Führerbefehl ins Werk zu setzen sei. Damit wurden alle Beteiligten zur Verschwiegenheit verpflichtet und jegliche Kritik oder Bedenken von vornherein für illegitim erklärt. Der Deckname »Tannenberg« bezog sich auf eine siegreiche Schlacht einer deutschen Armee gegen Truppen des zaristischen Russlands, die im August 1914 nahe dem ostpreußischen Ort gleichen Namens stattgefunden hatte. Bewusst irreführend, wurde er auch deshalb gewählt, weil bei einem Verrat nichts auf Aktionen in Schlesien hingewiesen hätte. Dann ging es an die Feinabstimmung: Angriffsorte wurden festgelegt, Tarnnamen für die Kommandoführer und Kodewörter zur Auslösung der Aktionen vergeben. Die »Zwischenfälle« sollten in Form einer inszenierten Besetzung des deutschen Senders Gleiwitz sowie mittels fingierter Angriffe durch (vermeintlich) »polnische« Soldaten auf ein Zollhaus bei Hochlinden und »polnischer Aufständischer« auf ein Forsthaus bei Pitschen erfolgen. Die Gebäude waren sorgfältig ausgewählt worden und so günstig (da einsam) gelegen, dass die Kommandos sie – ohne dabei den Fuß auf polnischen Boden zu setzen – unbemerkt erreichen konnten. Auf diese Weise sollte zudem eine Einmischung sowohl der ortsansässigen deutschen Bevölkerung wie auch von polnischen Soldaten oder Polizeieinheiten weitgehend ausgeschlossen werden. Da Heydrich den Einsatzbefehl persönlich geben wollte, wurden direkte Telefonverbindungen zu den Gestapo-Stellen Oppeln und Gleiwitz hergestellt und ein zusätzlicher Fernschreiber in Oppeln eingerichtet. Dort sollte die Befehlszentrale sein, in Gleiwitz die Leitstelle für die Einsatzkommandos. Zur Weiterleitung der Einsatzbefehle an die bereitstehenden Kommandos waren Kradmelder vorgesehen, da man fürchtete, der Funk könnte abgehört werden. Für die Koordination in Oppeln wurde der SS-Oberführer Herbert Mehlhorn bestimmt, unterstützt vom Leiter der dortigen Gestapo-Stelle, SS-Sturmbannführer Schaefer, der zudem die recht delikate Aufgabe hatte, die ihm unterstellte Grenzpolizei von etwaigen Gegenaktionen abzuhalten. Bei Hochlinden und Pitschen stationierte Wehrmachtseinheiten wurden ebenso wie die Grenzwacht für die Dauer der Aktionen von vornherein abgezogen oder durch Eingeweihte ersetzt. Heinrich Müller richtete seine Operationszentrale bei der Gestapo-Stelle in Oppeln ein. Seine Aufgabe war es, nach Ablauf der Aktionen an den Orten

Sender Gleiwitz, Ende der 1930er Jahre.

der vermeintlichen »Grenzverletzungen« Ermittlungen aufnehmen zu lassen. Darüber hinaus hatte er für einen weiteren Einsatz zu sorgen: Um die Überfälle glaubwürdiger wirken zu lassen, sollten in den Gebäuden Tote zurückgelassen werden. Zu diesem Zweck ließ Müller, dem bekanntlich die Schutzhaft- und KZ-Abteilung der Gestapo unterstand, acht Häftlinge aus dem KZ Sachsenhausen nach Breslau transportieren, wo sie einige Tage in Haft gehalten wurden. Später, so sah sein Plan es vor, würden sie dann, angetan mit polnischen Uniformen, an den Ort des Geschehens verbracht, wo sie, um einen Kampf vorzu-täuschen, zunächst von einem Arzt betäubt und anschließend erschossen werden sollten. Müller, bei dem sich bedingungsloser Gehorsam gegenüber Befehlen von höheren Stellen mit unbedingter Karriereorientierung verband, erwies sich als ideale Besetzung für diesen Teil der Aktion, der in seiner Kalt-blütigkeit für die Zukunft das Schlimmste ahnen ließ. Das Kommando, das die ermordeten Häftlinge, genannt »Konserven«, transportieren sollte, wurde zu absolutem Stillschweigen verpflichtet – von der »Aktion Konservendose« hat-ten selbst die übrigen Einzelkommandos nicht die leiseste Ahnung; nur die Führer wussten Bescheid.

Für den Überfall auf den Sender Gleiwitz war der SS-Sturmbannführer Alfred Helmut Naujocks vom Auslandsnachrichtendienst im SD-Hauptamt als Kommandoführer vorgesehen; Otto Hellwig, SS-Obersturmbannführer und Kommandant der Führerschule der Sipo Berlin-Charlottenburg, sollte den Angriff auf das Zollhaus Hochlinden leiten; der designierte Anführer der Ak-tion gegen das Forsthaus bei Pitschen war Otto Rasch, SS-Oberführer und ehe-maliger Chef der Gestapo in Linz. Die Wehrmacht stellte alle am »Unterneh-men Tannenberg« Beteiligten von der Einberufung frei, um Auffälligkeiten durch Nichterscheinen zum Wehrdienst zu vermeiden. Für die glaubhafte Inszenierung der »Zwischenfälle« wurden Mitglieder der Allgemeinen SS sowie Polizeibedienstete, die zugleich der SS angehörten, als Mannschaften einge-setzt. Alle stammten aus dem schlesischen Grenzgebiet und waren der polnischen Sprache mächtig. Ihre Einberufung, über deren konkreten Hinter-grund man sie zunächst im Unklaren ließ, erhielten sie von Dienststellen der Gestapo, der Kriminalpolizei oder des SD. In der in einem Wald gelegenen SS-Fechtschule Bernau bei Berlin wurden die insgesamt 350 Beteiligten, noch immer nicht eingeweiht, aber zu strengster Geheimhaltung verpflichtet, ab Mitte August für ihre Aufgabe speziell geschult. Da ein Teil des Kommandos in Hochlinden als reguläre polnische Militäreinheit auftreten sollte (ein anderer wurde als deutsche Grenzpolizei ausstaffiert, die einen »Gegenschlag« vortäu-schen sollte), benötigte man auch polnische Uniformen und Ausrüstungs-gegenstände, die über die militärische Abwehr, den Nachrichtendienst im Ober-kommando der Wehrmacht, beschafft wurden. Ende August wurden die in Bernau in Kommandos eingeteilten Männer dann nach Schlesien verlegt: etwa 100 nach Pitschen, rund 250 in die Nähe von Hochlinden. Ausweispapiere und persönliche Unterlagen waren aus Gründen der Tarnung in der Fechtschule zu-rückzulassen. Kurz vor dem Start der Aktionen wurden Waffen ausgegeben. Himmler begutachtete persönlich die Gegebenheiten in Hochlinden. Auch bei der Aktion »Gleiwitzer Sender« sollte es, um diese glaubhaft erscheinen zu las-sen, einen Toten geben, und in diesem Fall wurde propagandatauglich vorge-sorgt: Der in Schlesien lebende Franz Honiok, als »Polenfreund« in der Region

1. September 1939: Deutsche Soldaten beim Niederreißen einer polnischen Grenzbefestigung.

allgemein bekannt, wurde im Vorfeld verhaftet und festgesetzt. Aus Geheimhaltungsgründen wurde seine Festnahme natürlich in keiner Akte vermerkt. Zum gegebenen Zeitpunkt sollte er dann als einer der »polnischen Aufständischen« im Sender erschossen werden.

Der Angriff der deutschen Wehrmacht auf Polen sollte zunächst am 26. August 1939 erfolgen, doch Hitler zog noch am Vortag den Befehl zurück, weil Großbritannien Polen im Kriegsfall militärische Unterstützung zugesichert hatte. Während die Wehrmacht den bereits anrollenden Angriff mit einigem Aufwand stoppen konnte und auch das Kommando in Gleiwitz rechtzeitig zurückgerufen wurde, wäre es bei den fingierten Überfällen beinahe zu einem echten »Grenzzwischenfall« gekommen, weil Hellwig die Kodewörter verwechselt hatte und auf reguläre polnische Einheiten zielte. In letzter Sekunde konnte das noch verhindert werden.

Müller, der vor Ort geblieben war, übernahm die unmittelbare Leitung der nächsten Aktionen von Oppeln aus. Am Abend des 31. August gab Heydrich den erwarteten Einsatzbefehl, und die Kommandos setzten sich in Gang. Als erstes verschaffte sich Naujocks, wie vorgesehen, gegen 20 Uhr mit sechs bewaffneten Männern in Zivil Zutritt zum Gebäude des Rundfunksenders Gleiwitz. Nachdem sie die vier Personen, die sie dort antrafen, überwältigt und gefesselt hatten, wurde das Programm durch eine kurze Ansprache in polnischer Sprache unterbrochen, die einer von Naujocks Männern verlas. Nur Bruchstücke sind überliefert: »Achtung! Achtung! Hier ist Gleiwitz. Der Sender befindet sich in polnischer Hand. [...] Die Stunde der Freiheit ist gekommen!« Nach vier Minuten endete sie mit: »Hoch lebe Polen!«[2] Die Rede war allerdings statt in weiten Teilen des Deutschen Reiches nur im schlesischen Raum zu hören – wodurch der erhoffte Effekt einer Breitenwirkung im Großen und Ganzen verpuffte. Naujocks befahl seinem Kommando, Schüsse abzugeben, um ein Feuergefecht vorzuspiegeln. Honiok, den man schon zuvor betäubt hatte, wurde erschossen, seine Leiche blieb im Gebäude zurück. Damit sollte vorgetäuscht werden, dass beim Angriff auf den Sender der SD Gegenwehr geleistet und einen »Insurgenten«, einen »Aufständischen« also, erschossen hätte. Bevor das Kommando von Naujocks seine Aktion beendete, alarmierte der Sendeleiter die örtliche Polizei. Bei deren Eintreffen hatten die Gestapo-Leute den Tatort bereits abgeriegelt.

Karl Hoffmann, durch den Hellwig nach seinem Fauxpas fünf Tage zuvor ersetzt worden war, griff mit etwa 60 Männern in polnischen Uniformen das Zollhaus Hochlinden an, ohne polnisches Territorium zu betreten. Bei dem fingierten Angriff sangen sie polnische Lieder, skandierten deutschfeindliche Parolen, schossen in die Luft und zielten auch auf das (leere) Haus, dessen Einrichtung sie anschließend vollständig zerstörten. Hier verlief alles nach Plan, einschließlich der perfiden Mär von den »polnischen« Angreifern – den uniformierten, erschossenen Häftlingen, die angeblich bei einem »Gegenangriff« deutscher Grenzpolizeieinheiten ihr Leben gelassen hatten. Dass diese Einheiten ebenso aus Kommandomitgliedern (in Uniformen der Grenzpolizei) bestanden, war Teil des abgekarteten Spiels. Die »überlebenden« Kollegen wurden formal festgenommen und man kehrte gemeinsam zur SS-Fechtschule nach Bernau zurück.

Um »Beweise« für einen polnischen Überfall zu erbringen, setzten auch in Hochlinden Scheinermittlungen von einer – aus Berlin eigens entsandten – Sonderkommission aus Gestapo und Kriminalpolizei ein. Für die Spurensicherung war bezeichnenderweise Heinrich Müller verantwortlich, der als Einsatzleiter an Ort und Stelle geblieben war.

Der vermeintliche Angriff polnischer Zivilisten auf das Forsthaus Pitschen verlief ebenfalls wie geplant; nach Beendigung der Aktion fuhr auch dieses Kommando zurück nach Bernau. Alle Beteiligten hatten selbstredend Stillschweigen zu wahren; die Kommandoführer wurden ausgezeichnet, und für so manche Karriere war das Unternehmen mit Sicherheit förderlich.

Als die deutschen Truppen am Morgen des 1. September – ohne Kriegserklärung – die polnische Grenze überschritten, wurde bald nur zu deutlich, wie sehr die

Gestapo in der nun einsetzenden Kriegs- und Vernichtungsmaschinerie von der Vorarbeit profitierte, die sie durch den stetigen Ausbau ihres Erfassungs- und Spitzelsystems bis dato geleistet hatte. Noch im August hatte Heinrich Müller eine erneute Überprüfung der Adressen aus der so genannten »A-Kartei« verfügt, in der seit langem die »im Kriegsfalle in Schutzhaft zu nehmenden Staatsfeinde« erfasst waren, und Ende des Monats wurden (auf Basis dieser Kartei) Formulare zum Zweck entsprechender Festnahmen an die jeweiligen Stapo-Stellen gesandt. Auf Heydrichs Befehl wurde ab dem 1. September mit den Verhaftungen begonnen. Schon in den ersten Tagen wurden 2 000 bis 4 000 politische Gegner der bereits erwähnten Gruppe A1, die als besonders gefährlich angesehen wurde, verhaftet und in Konzentrationslager verschleppt.

Bei Kriegsbeginn trat die Gestapo erstmals auch außerhalb der Grenzen des Reiches in Aktion: Sie terrorisierte die polnische Bevölkerung.

»Einsatzgruppen« in Polen

Anfang Juli 1939, zwei Monate vor dem Überfall der Wehrmacht auf Polen, bereiteten Sicherheitspolizei und SD unter der Leitung von Heydrich die Aufstellung der so genannten »Einsatzgruppen« vor: Diese sollten als Instrument der »völkischen Flurbereinigung« wirken, wie der NS-Jargon das geplante Morden euphemistisch umschrieb. Sicherheitspolizei und SD hatten bereits Erfahrungen mit »Einsatzgruppen« gesammelt – zunächst im März 1938 beim »Anschluss« Österreichs, danach im Oktober desselben Jahres nach der Annexion des Sudetenlandes. Im März 1939 folgten »Einsatzgruppen« den Verbänden der Wehrmacht bei der Besetzung des Westteils der zuvor noch selbständig gebliebenen Tschechoslowakei, des späteren »Protektorats Böhmen und Mähren«. Diese Gruppen bestanden nur wenige Tagen oder Wochen und dienten der unmittelbaren Bekämpfung politischer Gegner und dem Aufbau eines Polizeiapparats, sollten die Polizeistrukturen in den besetzten Gebieten doch denen des »Altreiches« angepasst werden. Da die »Einsatzgruppen« mit operativen Rechten ausgestattet waren, die sonst zum Aufgabenbereich des Militärs zählten, kam es zu Kompetenzstreitigkeiten, so dass in der Folge die Polizeifunktionen des Heeres und die Kompetenzen des Militärs bei der Zivilverwaltung der besetzten Gebiete eingeschränkt wurden.

Es wurden fünf »Einsatzgruppen der Sicherheitspolizei« gebildet, die nach ihren Sammlungsorten benannt wurden: Wien (I), Oppeln (II), Breslau (III), Dramburg/Pommern (IV) und Allenstein (V). Später kam noch eine sechste hinzu, die in Frankfurt/Oder aufgestellt und im Raum Posen eingesetzt werden sollte. Jede Gruppe war einer der fünf Armeen der Wehrmacht zugeordnet und bestand aus zwei bis vier »Einsatzkommandos«, zu denen jeweils 120 bis 150

Männer gehörten – insgesamt sechzehn Kommandos mit zusammen rund 2700 Mann. Die Mitglieder kamen vornehmlich aus der Umgebung des jeweiligen Sammlungsortes, wurden aber aus anderen Reichsteilen ergänzt, so war der »Einsatzgruppe« Wien (I) ein Kommando aus München zugeordnet. Sie rekrutierten sich aus Dienststellen der SS und setzten sich – in unterschiedlicher Gewichtung – aus Angehörigen der Gestapo, der Kriminal- und der Ordnungspolizei sowie des SD zusammen. Die Führer von »Einsatzgruppen« und »Einsatzkommandos«, vornehmlich nicht hauptamtliche Angehörige des SD, kamen aus verschiedensten Teilen des »Großdeutschen Reiches«, wie es sich seit dem Einmarsch in Österreich nannte; einige von ihnen waren zuvor im Hauptberuf bei der Gestapo beschäftigt, einige beim SD. Das war ganz im Sinne von Himmler und Heydrich: Ihnen galt der SD als geistig und ideologisch über dem Niveau anderer SS-Einheiten stehend, seine Mitglieder als überzeugte Nationalsozialisten. Der SD schien in der Lage, Verwaltungsfunktionen erfolgreich auszuüben und dabei gleichzeitig den NS-Vorstellungen von Polizeiarbeit Genüge zu tun, und so sollte er bei der blutigen Unterwerfung Polens und seiner Bevölkerung eine Sonderrolle übernehmen. Geschaffen wurde zudem eine größtenteils aus Ordnungspolizisten bestehende »Einsatzgruppe z[ur]. b[esonderen]. V[erwendung].« für den östlichen oberschlesischen Industrieraum. Zwar waren nicht alle Männer Mitglieder des Sicherheitsdienstes, doch die Uniformierung der »Einsatzgruppen« bestand einheitlich aus Felduniformen der SS-Verfügungstruppe mit SD-Raute am Ärmel.

Ihre Aufgabe war es, gegen die von der nationalsozialistischen Ideologie als »rassisch minderwertig« eingestuften Polen vorzugehen, da Hitlers Pläne bekanntlich vorsahen, den östlichen Nachbarn als politischen Faktor niederzuschlagen und als »Lebensraum« dem Deutschen Reich einzuverleiben. Vorgesehen war expressis verbis eine »Versklavung« der polnischen Bevölkerung: Höhere Schulen und Universitäten sollten umgehend geschlossen, die Bevölkerung mit Zwangsarbeit belegt und schließlich in weiten Teilen vernichtet werden. Dazu galt es, die gesamte geistige und politische Führungsschicht so schnell als möglich aus dem Weg zu räumen; die Ermordung von Intelligenz, Adel und Geistlichkeit sollte die anderen Bevölkerungsteile Polens einschüchtern und jede Auflehnung von vornherein unterdrücken. Diejenigen, die die Welle der Gewalt überlebten, waren nach Osten umzusiedeln, die bisher polnischen Gebiete zu »germanisieren«. Gleich zu Kriegsbeginn blieb somit kein Zweifel über die so charakteristische Verknüpfung von Ideologie und territorialem Größenwahn, die dem System von Anfang an immanent war. Ziel war die bedingungslose Unterwerfung unter den (deutschen) »Herrenmenschen«: »Für die Polen«, so Martin Bormann, der Chef der Reichskanzlei, über die Kernpunkte von Hitlers Programm, »dürfe es nur einen Herren geben, und das sei der Deutsche; […] daher seien alle Vertreter der polnischen Intelligenz umzubringen. Dies klinge hart, aber es sei nun einmal das Lebensgesetz.«[3]

Nachdem Polen innerhalb nur eines Monats bis zu der im geheimen Zusatzprotokoll des so genannten Nichtangriffspakts vom 23. August 1939 mit der Sowjetunion vereinbarten Demarkationslinie erobert worden war, ging man zu einer »Neuordnung« des Landes über: Der westliche Teil sollte vom Deutschen Reich annektiert werden, dazu war geplant, die 1918 an Polen abgetretenen Gebiete – Danzig-Westpreußen und Wartheland – als Reichsgaue neu zu bilden sowie das ostoberschlesische Industrierevier an Oberschlesien anzugliedern. In diesen Regionen war die »Germanisierung« vorgesehen, was gleichzeitig bedeutete, dass die polnische, vor allem aber die jüdische Bevölkerung durch Deportationen dezimiert werden sollte. Das östliche Polen wurde zum »Generalgouvernement« erklärt, in dem die »rassisch Minderwertigen«, zunächst aus dem Westen des Landes, später auch aus dem »Altreich«, versammelt werden sollten.

Die von Heydrich mit aufgestellten »Richtlinien für den auswärtigen Einsatz der Sicherheitspolizei und des SD« fassten die zu erfüllende Mission mit »Bekämpfung aller reichs- und deutschfeindlichen Elemente in Feindesland rückwärts der fechtenden Truppe« zusammen[4]; die »Einsatzgruppen« folgten also den vorrückenden Einheiten der Wehrmacht. Heydrich legte fest, dass die »Einsatzgruppen« – wie in Österreich und im Sudetenland – »im Wesentlichen die Aufgaben der Staatspolizeistellen im Reich«[5] zu bewältigen hatten. Darüber hinaus sollten die bereits aktenkundigen, in Fahndungslisten aufgenommenen Personen verhaftet werden, die möglicherweise Widerstand leisten könnten – »reichsdeutsche Emigranten«, aber auch Polen. Formal waren die »Einsatzgruppen« im Operationsgebiet dem Heer unterstellt, sie sollten Kontakt zu den Armeeoberkommandos herstellen und überdies in der Ausführung von verwaltungsmäßigen Anordnungen den Chefs der Zivilverwaltung als Hilfsorgan zuarbeiten. Ihre polizeilichen Aufträge waren gemeinsam mit den wehrmachtseigenen Polizeieinheiten zu erledigen, wobei sie der Wehrmachtsgerichtsbarkeit unterstanden. Doch jenseits der Zustimmung des Oberkommandos des Heeres, gegen polnische Bürger, die man als besonders deutschfeindlich ansah, mit vehementen Mitteln vorzugehen, kam es, wie schon im Falle der »Resttschechei«, des jetzigen »Protektorats Böhmen und Mähren«, zu Kompetenzstreitigkeiten. Heydrich hatte kein Interesse daran, dass Wehrmachtsinstanzen oder -gerichte über die Aktionen seiner mobilen Tötungseinheiten zu befinden hatten, deren Führer durch die »Richtlinien« mit einem eigenem Sonderdisziplinarrecht ausgestattet wurden. Die den jeweiligen »Einsatzgruppen« und »Einsatzkommandos« zugeordneten Angehörigen von SD, Polizei und SS wurden einer einheitlichen Führung unterstellt, um die erfolgreiche Zusammenarbeit von Sicherheitspolizei und SD gewährleisten zu können. Über die Aktionen, die sie zwischen dem Kriegsbeginn am 1. September und auch noch nach ihrer offiziellen Auflösung am 20. November 1939 in Polen durchführten, erstellten sie anfangs täglich Berichte, die in einem Sonderreferat des Gestapa zusammengefasst wurden. Wie beim »Anschluss« Österreichs an das Deutsche Reich dienten die »Einsatzgruppen« darüber hinaus der Vorbereitung für den Aufbau von Sicherheitspolizei- und SD-Strukturen im besetzten Polen.

Zu Beginn standen die Übernahme und Erstellung von Dateien und Verhaftungen im Vordergrund, doch bald begann sich diese »staatspolizeiliche« Praxis zu radikalisieren. Ins Visier von Beobachtungen und Festnahmen gerieten zunächst Mitglieder besonders »deutschfeindlicher« polnischer nationalistischer Verbände und Einrichtungen, aber auch als Meinungsführer geltende katholische Geistliche und – wie gehabt – Kommunisten. Sehr bald wurden zahlreiche Zivilisten als Geiseln festgehalten und viele von ihnen getötet. Bereits am 3. September 1939 hatte Himmler den »Einsatzgruppen« befohlen, alle »auf frischer Tat oder mit der Waffe ergriffen[en]« Aufständischen sofort zu erschießen – Personen also, die, so wörtlich, »das Leben von deutschen Besatzungsangehörigen oder Volksdeutschen angriffen oder lebenswichtige Einrichtungen und Güter in den besetzten Gebieten«[6] in Gefahr brachten. Wurde man gleich größerer Gruppen habhaft, so waren weitere Anordnungen abzuwarten. Die Wehrmacht hatte in ihren Kriegsplanungen einkalkuliert, dass sich überrannte reguläre polnische Einheiten im rückwärtigen Frontgebiet neu sammeln und Angriffe starten würden, weshalb die Heeresführung frühzeitig – neben Bürgerwehren und Partisanen – auch solche erneut formierte polnische Einheiten außerhalb der direkten Kampfzone als »Freischärler« definierte. Während sie diese in einem (zumindest den Vorschriften nach regulären) Kriegsgerichtsverfahren verurteilen ließ, gestattete sie die unmittelbare Erschießung von Geiseln in »Notstandssituationen« ohne weiteres. Doch die Anordnungen Himmlers und ihr Auslegungsspielraum waren weitreichender, außerdem gehorchten die »Einsatzgruppen« den Befehlen des Reichsführers SS, weniger den ihnen im polnischen Operationsgebiet überstellten Wehrmachtsoffizieren. Trotz der unterschiedlichen Auslegung des Begriffs und der damit verbundenen Konflikte zwischen Wehrmacht, Sicherheitspolizei und SD sah es in der Praxis in vielen Fällen so aus, dass Heeresverbände, um keine eigene Entscheidung über das weitere Vorgehen treffen zu müssen, verhaftete »Freischärler« an die Kommandos überstellten, die diese in der Folge dann (erwartungsgemäß) liquidierten. Das kam derart häufig vor, dass Heydrich sich an die Wehrmachtsführung wandte und forderte, die Geheime Feldpolizei solle künftig selbst Exekutionen vornehmen. Es ist inzwischen unbestritten, dass »Einsatzkommandos« und Wehrmachtseinheiten als Vergeltungsmaßnahmen für vermeintliche oder reale Anschläge auf deutsche Wehrmachtsangehörige um-

SS-Angehörige führen eine Gruppe polnischer Gefangener mit verbundenen Augen zu einem Erschießungsplatz im nahe Warschau gelegenen Wald von Palmiry, Oktober 1939.

fangreiche Verhaftungen sowie zahlreiche Erschießungen vornahmen.[7] Den von ihr selbst bemängelten Liquidierungen ohne Gerichtsverfahren oder nach Standrecht hatte die Wehrmacht selbst als Vorbild gedient: Sie richtete frühzeitig Schnellgerichte ein, in denen Kontrollinstanzen keine Bedeutung hatten. Die »Einsatzgruppen« gingen jedoch noch darüber hinaus: Sie wurden nicht nur zur Bildung von Standgerichten ermächtigt, sondern Himmler selbst erließ den Befehl, »alle Mitglieder der polnischen Insurgentenverbände zu erschießen«[8] – und zwar *ohne* Standgericht.

Die »Einsatzgruppe z. b. V.« unter Führung von SS-Obergruppenführer Udo von Woyrsch hatte von Himmler den Auftrag, den »aufflackernden Polenaufstand« im ostoberschlesischen Industrierevier »mit allen zur Verfügung stehenden Mitteln« niederzuschlagen.[9] Woyrsch hatte sich schon 1934 durch brutale Unterdrückung von vermeintlichen Röhm-Anhängern in Schlesien hervorgetan. Nun wütete er mit seinen Männern in Westgalizien hinter der Front, setzte Synagogen in Brand und ließ massenhaft Polen wie Juden verhaften und erschießen. Die Wehrmacht meldete ob der Exzesse Bedenken an, so dass die Kommandos nach Ostoberschlesien zurückbeordert wurden. In ihrer ambivalenten Haltung betonten die Militärs zwar die notwendige Unterstützung der grenz- und staatspolizeilichen Aktivitäten der »Einsatzkommandos«, verboten aber zugleich Wehrmachtssoldaten die Teilnahme an Exekutionen. Vor der »volkspolitischen Flurbereinigung« von Sicherheitspolizei und SD in Polen galt es aus ihrer Sicht zunächst die Besetzung zu stabilisieren. Missfallen fand bei den höheren Offizieren vor allem, dass auch besonders nationalsozialistisch orientierte Wehrmachtssoldaten eigenständig rassistische und antisemitische Übergriffe und Liquidierungen vornahmen.

Einen willkommenen Anlass für verschärfte Repressionen boten die Lynchmorde, die von polnischen Milizen, Bürgerwehren und Zivilisten an Tausenden Bromberger »Volksdeutschen« begangen wurden. Diese hatten den Hass der polnischen Bevölkerung auf sich gezogen, weil sich etliche aus ihrer Mitte von der militärischen Abwehr zu illegalen Aktionen hatten einspannen lassen, die der deutschen Eroberung des Landes Vorschub leisteten.[10] Angehörige der »Einsatzgruppe IV« stürmten das durch junge Polen besetzte Bromberger Rathaus, erschossen rund 50 Besetzer und verhafteten Personen aus dem Kreis der Intelligenz der Stadt, um sie in Konzentrationslager zu überführen oder ebenfalls hinzurichten. In mehreren Wellen wurden mehrere tausend Zivilisten als Geiseln genommen und Hunderte öffentlich auf dem Marktplatz von Bromberg liquidiert. Besonders ein als Zentrum des Widerstands angesehener Stadtteil hatte unter der »Einsatzgruppe« zu leiden: Rund 120 Bewohner fielen der Mordlust zum Opfer, über 1 000 wurden festgenommen und in großer Zahl von Sondergerichten zum Tode oder zu längeren Haftstrafen verurteilt.

Die »Bekämpfung reichsfeindlicher Elemente« umfasste aber noch weit mehr. Nicht nur die polnischen Intellektuellen sollten über kurz oder lang aus dem Weg geräumt werden, sondern auch die verhassten Juden, gegen die es auf eine entsprechende Anweisung Heydrichs vom 21. September hin zu massiven Terroraktionen kam. Ziel war ihre Konzentration und anschließende Ghettoisierung, um sie dann – auch unter Anwendung größtmöglicher Brutalität – ins östliche Polen, ebenso in den sowjetisch besetzten Teil, zu deportieren. Für die Umsetzung war eine Vielzahl antisemitischer Repressionsmaßnahmen erforderlich, angefangen mit der Erfassung ortsansässiger Juden und ihres Besitzes über die Kennzeichnung und Enteignung jüdischer Betriebe, die Schließung von Kultur- und Bildungseinrichtungen und Auflösung jüdischer Organisationen bis hin zur Heranziehung zu Zwangsarbeit und Sammlung von »Auswanderungsfonds«. Zur Vorbereitung der Deportation sollten in den größeren Städten der dem »Großdeutschen Reich« einzuverleibenden polnischen Territorien Juden aus der Umgebung in Ghettos zusammengefasst werden. Die Verwaltung wurde jüdischen Ältestenräten übertragen, so genannten »Judenräten«, die den deutschen Dienststellen gegenüber verantwortlich sein sollten. Darüber hinaus war die Aussiedlung der Juden und »Zigeuner« aus dem Deutschen Reich ins besetzte Polen – das »Generalgouvernement« – geplant.

Als die Einwendungen aus dem höheren Offizierskorps gegen Aktionen der »Einsatzgruppen« zunahmen, entband Hitler die Wehrmacht Ende Oktober 1939 endgültig von den Aufgaben der Zivilverwaltung im besetzten Polen. Die »Einsatzgruppen« waren nun definitiv nicht mehr den Kommandeuren der

Ghetto Lodz, 1940. Mit oftmals brutalen Methoden sorgten »Einsatzgruppen« auch für die Konzentrierung polnischer Juden in Ghettos. Zwischen Januar 1942 und Juli 1944 wurden aus dem Ghetto Lodz mehr als 80 000 Juden in das Vernichtungslager Chelmno/Kulmhof deportiert und dort ermordet.

Wehrmachtseinheiten unterstellt. Himmler wurde in das neu geschaffene Amt eines »Reichskommissars für die Festigung deutschen Volkstums« eingesetzt und künftig mit der Ausführung jener Aufgaben betraut, die Hitler immer weniger dem Militär überantworten wollte. »Harter Volkstumskampf gestattet keine gesetzlichen Bindungen«, hatte Hitler gegenüber der Wehrmachtsführung formuliert[11] – und damit nur allzu deutlich gemacht, dass er in diesem Fall ein Agieren außerhalb der Legalität nicht nur begrüßte, sondern für die Durchsetzung der gesteckten Ziele als notwendig ansah. Ende Oktober 1939 wurde die Zivilverwaltung im eroberten Polen der Wehrmacht endgültig entzogen. Hans Frank übernahm die Aufgaben als Generalgouverneur des nichteingegliederten Polen. Nach Ende der Militärverwaltung stattete Hitler große Teile der SS-Organisationen sowie Polizeiverbände »im besonderen Einsatz« mit einer eigenen Sondergerichtsbarkeit aus: In Kriegsgebieten waren sie fortan nicht mehr der Wehrmachtsjustiz unterstellt – nun fiel auch die Aburteilung von »Delinquenten« in ihren Aufgabenbereich.

Waren die »Einsatzgruppen« schon vorher nicht zimperlich vorgegangen, so kam ihre rücksichtslose Brutalität jetzt vollends zum Ausbruch. Zunächst kam die polnische Intelligenz an die Reihe, deren Ermordung mit Unterstützung des »Volksdeutschen Selbstschutzes« – in Polen ansässiger »Volksdeutscher« – erbarmungslos betrieben wurde. Bei der nun ebenfalls forcierten Aussiedlung von Polen und Vertreibung von Juden aus den dem Reich einverleibten Gebieten war die jüdische Bevölkerung verstärkt von Liquidierungen bedroht – Morde, für die die »Einsatzgruppen« die Hilfe von Ordnungspolizei, Wehrmacht und »Volksdeutschem Selbstschutz« in Anspruch nahm.

Als Heydrich am 20. November 1939 die »Einsatzgruppen« durch einen Erlass auflöste, bedeutete dies de facto lediglich eine formale Veränderung. Die Angehörigen der »Einsatzgruppen« V, VI und »z. b. V.« wurden in den annektierten Territorien nicht nur von mobilen Einheiten in stationäre Dienststellen überführt, sondern zugleich auch, wie im Reich üblich, in jeweils eigenständige Gestapo, Kriminalpolizei und SD gegliedert, die gemeinsam einem »Inspekteur der Sicherheitspolizei und des SD« unterstellt waren. Die »Einsatzgruppen« I bis IV hingegen wurden im Generalgouvernement gemeinsamen Dienststellen von Sipo, also von Gestapo und Kriminalpolizei, und SD zugeordnet sowie jeweils einem Kommandeur unterstellt; hier blieb das polizeiliche Standrecht in Kraft.

Bei der Erfüllung ihrer »volkspolitischen« Aufgaben trieb Heydrich die neu geschaffenen staatspolizeilichen Dienststellen zur Eile an; geordnete Verwaltungsstrukturen, so befürchtete er, könnten das bislang noch standrechtlich gestützte Vorgehen gegen Juden und Polen blockieren. So organisierten lokale Dienststellen von Sicherheitspolizei und SD Anfang Dezember 1939 Massendeportationen Zehntausender Juden und Polen aus den angegliederten Gebieten ins Generalgouvernement. Mehrere tausend – Juden und polnische Führungskräfte – wurden ermordet, teilweise in aller Öffentlichkeit. Als aus den Reihen der höheren Militärs Empörung laut zu werden begann, führte man die Erschießungen in Wäldern oder eigens dafür eingerichteten Lagern durch. Auch für diese Mordaktionen hatte der NS-Jargon Euphemismen parat: So wurden im Generalgouvernement im Rahmen einer »außerordentlichen Befriedungsaktion« Tausende vermeintliche Mitglieder polnischer Widerstandsgruppen exekutiert.

In Teilen der Wehrmacht zeigte man sich ob dieser Gräueltaten besorgt – derart brutale Aktionen könnten, so befürchtete man, zur Verrohung der Truppe führen und ihr öffentliches Ansehen im Deutschen Reich verschlechtern. Außerdem würde durch möglicherweise aufflammenden Widerstand die Nutzung des rüstungswirtschaftlichen Potenzials in Polen gefährdet. Die Methoden der »Einsatzgruppen der Sicherheitspolizei« stießen auch deshalb auf Ablehnung, weil sie dazu angetan waren, die Sicherheitslage der »Reichsdeutschen« und Wehrmachtsangehörigen erheblich zu verschlechtern – schließlich forderten sie Widerstandsakte der polnischen Bevölkerung geradezu heraus.

Der Terror, den die »Einsatzgruppen« in jener Zeit verbreiteten, war in Umfang und Brutalität beispiellos; selbst leitende Beamte taten sich dadurch hervor, nicht in ihren Dienststellen im Deutschen Reich als »Schreibtischtäter« zu verweilen, sondern die Mordtaten persönlich vor Ort mit zu organisieren.

Entstehung des Reichssicherheitshauptamtes

Am 27. September 1939 wurde auf einen Erlass Himmlers hin durch Zusammenfügung von Sicherheitspolizei und SD das Reichssicherheitshauptamt (RSHA) geschaffen. Mit der neuen Struktur wurde die Einheit von Partei- und Staatsorganisationen geschaffen und Gestapo wie Kriminalpolizei endgültig aus der traditionellen Verwaltung herausgelöst. Das RSHA sollte den Status einer Ministerialbehörde und zugleich den eines SS-Hauptamtes innehaben. Angestrebt war eine Organisation, die für das gesamte Deutsche Reich agieren konnte; sie sollte, so Werner Best, seit 1939 Heydrichs Stellvertreter, die »funktionelle Einheit des gesamten sicherheitspolizeilichen Apparates«[12] gewährleisten. Die unübersichtliche Struktur des RSHA war durchaus angestrebt, da sich die Organisation neuen Aufgaben anpassen sollte. Die Verschmelzung von Gestapo, Kriminalpolizei und SD zur »Weltanschauungsbehörde« (Gerhard Paul), in der NS-Ideologie und Exekutivrechte kombiniert werden sollten, wurde letztlich indes nicht realisiert. Himmler ließ die Polizei- und Parteiorganisationen im RSHA nebeneinander bestehen. Der bedeutendste Teil wurde das Amt IV (Gegnerbekämpfung), in das die Abteilungen II (Innere Politische Polizei) und III (Abwehrpolizei) des Geheimen Staatspolizeiamtes aufgingen und dessen Chef Heinrich Müller wurde. Werner Best war nicht mehr für die Abwehrpolizei zuständig, sondern leitete das Amt I (Organisation, Verwaltung und Recht). Zahlreiche Führer von »Einsatzgruppen« errangen Leitungspositionen im RSHA. Heinrich Müllers Amt IV hatte nicht nur exekutive polizeiliche Aufgaben, sondern als Ministerialbehörde auch konzeptionelle Arbeit zu erledigen. Das Amt IV war mehrfach unterstellt: dem Reichsinnenminister unterstand es als Ministerialbehörde, und durch Heydrich als Leiter des RSHA war die Behörde einer Parteigliederung zugeordnet: dem Sicherheitsdienst des Reichsführers SS. Der SD hatte nicht nur Kompetenzen, sondern auch Personal an die Gestapo abgegeben, darunter Adolf Eichmann, der das »Judenreferat« übernahm und von Heydrich zum »Sonderreferenten« für die »Räumung der Ostgebiete« bestellt wurde, was seinen Zuständigkeitsbereich erheblich erweiterte. Das RSHA sollte als zentraler Apparat zur Beherrschung der vom Deutschen Reich besetzten Länder agieren. Neben die sachliche Referatsgliederung trat eine territoriale. Himmlers Machtkonglomerat wollte immer weitere Kompetenzbereiche der inneren Verwaltung, der Parteigliederungen, aber auch der

Haupthalle des Gebäudes, um 1935. Trotz der Gründung des RSHA 1939 wurden die bestehenden Ämter wie das Gestapa keinesfalls aufgelöst, lediglich im internen Schriftverkehr verwendete man »Reichssicherheitshauptamt«. Dienststellen des RSHA waren über die ganze Stadt verteilt, Zentrale und Postadresse blieben in der Prinz-Albrecht-Straße 8 in Berlin SW 11.

Wehrmacht an sich binden. Der Verwirklichung solcher Allmachtsphantasien waren zunächst jedoch schlicht technische Grenzen gesetzt: Die Telefon- und Funküberwachung lag in den Händen von Görings »Forschungsamt«, die Postüberwachung tätigte die »Auslandsbriefprüfstelle« der militärischen Abwehr. Das änderte sich erst im Jahre 1944, als die Gestapo die militärische Abwehr und damit die Briefüberwachung von der Wehrmacht übernahm und eigene technische Anlagen zur Telefonüberwachung erhielt. Eine weitere Einschränkung war durch Personalmangel bedingt: Zahlreiche Mitarbeiter regionaler Dienststellen wurden zur Wehrmacht eingezogen oder beteiligten sich an den Mordaktionen der »Einsatzgruppen«. Überdies wurden in den besetzten Ländern immer neue Gestapo-Dienststellen eingerichtet, die ihrerseits Personalbedarf hatten; innerhalb des Reiches wurden viele Stellen zusammengelegt und in ihrer Mitarbeiterzahl reduziert. Zwischen 1937 und 1944 stieg die Zahl der Beschäftigten von insgesamt 15 000 auf über 31 000 an – rund 75 Prozent waren allerdings außerhalb der Reichsgrenzen von 1937 eingesetzt. Selbst in der Berliner Zentrale mussten kriegsbedingte personelle Einschränkungen bewäl-

Ab 1939 war Heinrich Müller Chef des Amtes IV »Gegnerbekämpfung« im RSHA mit Sitz in der Prinz-Albrecht-Straße 8. Im Schriftverkehr mit anderen Dienststellen behielt das Amt IV die alte Bezeichnung »Geheimes Staatspolizeiamt« bei.

tigt und konnten zeitweise nicht alle Planstellen besetzt werden, so stieg die Zahl der Mitarbeiter in Amt IV zwischen 1940 und 1942 von 1560 auf 1660 – geplant waren für 1942 jedoch fast 2 100 Stellen. Angesichts der Tatsache, dass immer größere Personengruppen nach zunehmend ungenaueren Kriterien verfolgt und liquidiert werden sollten, waren die (nur vermeintlich hohen) personellen Kapazitäten der gesamten Gestapo bei weitem nicht ausreichend.

Dem Amt IV waren die regionalen Gestapo-Stellen zugeordnet, die formal zivilen Verwaltungschefs unterstanden, real aber Entscheidungen des Chefs der Sicherheitspolizei und des SD, Heydrich, später Ernst Kaltenbrunner,[13] in die Tat umsetzen. Über die Politischen Abteilungen in den Konzentrationslagern konnte die Gestapo auf die Behandlung der Häftlinge Einfluss nehmen.

Eingangsbereich des Reichssicherheitshauptamtes, 1939.

Das »Judenreferat« im Amt IV schließlich konnte durch die »Judenberater« bei den Befehlshabern der Sipo und des SD in den besetzten Ländern die »Judenpolitik« realisieren.

Das Leitungspersonal der Stapo-Stellen wurde von Heinrich Müller gemeinsam mit dem Chef des Amtes I bestimmt, womit die Platzierung zuverlässiger Nationalsozialisten gewährleistet war. Die Steuerung der Gestapo von der Zentrale aus organisierte Müller durch regelmäßige Besprechungen und Fortbildungen sowie wöchentlich erscheinende »Befehlsblätter«. Die Zentrale hatte zunächst die alleinige Kompetenz zur Genehmigung von »Schutzhaftbefehlen« (diese wurde, wie bereits erwähnt, im Jahre 1940 auch auf die regionalen Dienststellen ausgeweitet) sowie zur Anordnung der »verschärften Vernehmung« in Form von Folter oder »Sonderbehandlung«, im Klartext: Liquidierung. Von Berlin aus wurden auch »fliegende Kommandos« und Sonderkommissionen eingesetzt, die in besonderen Fällen die Arbeit vor Ort aufnahmen. Müller, der die Sicherheitslage im Reich und den besetzten Gebieten selbst einschätzen wollte, nahm in den Zusammenfassungen der Lageberichte für die NS-Führung persönlich entsprechende Bewertungen vor.

Im Amt IV wurde ein Komplex direkter persönlicher Unterstellungen geschaffen, der den herkömmlichen hierarchischen Dienstwegen von Behörden widersprach: Müller versuchte, alle Aktivitäten selbst zu kontrollieren. Das System der NS-»Menschenführung«[14] und mangelhafte Kooperation innerhalb des Amtes führten dazu, dass die Arbeit nur schwerfällig voranging. Hinzu kam noch, dass sich die Zentrale, statt Entscheidungen über grundlegende Fragen zu treffen, vordringlich mit Detailproblemen der regionalen Dienststellen befasste. Aufgrund der territorialen Ausdehnung des Wirkungsbereiches und der Vergrößerung der Aufgaben übergab man schließlich zahlreiche Kompetenzen vom RSHA an die vor Ort eingesetzten Einheiten und Dienststellen.

Für die von Himmler geführten Organisationen bedeutete die Bildung des RSHA, das in der Folge wichtige Aufgaben des Innenministeriums übernahm, einen weiteren Machtzuwachs – auch wenn Himmler erst 1943 zum Reichsinnenminister ernannt wurde. Innerhalb der NS-Herrschaft gab es keinerlei wirksamen Widerpart mehr. Die Voraussetzungen für die grauenerregende »völkische Flurbereinigung« überall im besetzten Europa waren hiermit geschaffen worden, die Struktur einer »kämpfenden Verwaltung«, die Sicherungsaufgaben im Reich sowie Massenmorde in besetzten Ländern durchführen konnte, war nun realisiert.

Das Münchner Bürgerbräuattentat 1939

Ausgelöst durch einen Zeitzünder, explodierte am Abend des 8. November 1939 im Münchner Bürgerbräukeller eine Bombe. Zum Gedenken an den »Hitlerputsch«, der 1923 an diesem Ort seinen Anfang nahm, hatten sich Hunderte Mitglieder von NS-Parteiorganisationen hier versammelt, auch Hitler sollte sprechen. Acht Personen starben, 60 wurden verletzt, die Saaldecke wurde zerstört. Doch der Anschlag verfehlte sein Ziel: Hitler selbst hatte zusammen mit anderen hohen NS-Führern den Saal bereits verlassen – früher als geplant.

Der zerstörte Münchener Bürgerbräukeller nach dem Sprengstoffattentat vom 8. November 1939. Zur Aufklärung und Untersuchung veranlasste Himmler sofort die Einrichtung einer Sonderkommission aus Kriminalpolizei und Gestapo.

An eben jenem 8. November bestieg der Schreiner Georg Elser in München einen Zug, um über Konstanz in die Schweiz zu fliehen. Als er die Grenze passieren wollte, wurde er festgenommen – noch bevor in München die Bombe explodierte. Aufgrund seines Tascheninhalts für verdächtig befunden, wurde er dann durch die Gestapo, als sie Nachricht von dem Anschlag erhielt, zurück nach München gebracht und im Wittelsbacher Palais, dem Sitz der Stapo-Leitstelle, unter Folter verhört.

1903 als ältestes von sechs Kindern in Hermaringen/Württemberg geboren, war Elser, der über großes handwerkliches Geschick verfügte, nach einer Schreinerlehre bis 1932 in Süddeutschland und in der Schweiz auf Wanderschaft gegangen und danach in seinen Heimatort zurückgekehrt, wo er vier Jahre lang weiter in seinem Beruf arbeitete. Dann war er bis 1939 in einer Armaturenfabrik in Heidenheim tätig. Elser, der 1928/29 dem Roten Frontkämpferbund beitrat und bis 1933 die KPD gewählt gewählt hatte, die in seinen Augen die Arbeiterinteressen am besten vertrat, lehnte den Nationalsozialismus von Anbeginn an ab. Der »Hitlergruß« und die propagandistischen Massenveranstaltungen im gleichgeschalteten Staat waren ihm ein Gräuel. Stark beschäftigte ihn die reale Verschlechterung der Lebensbedingungen für Arbeiter nach 1933, die zwar zum Abbau der Arbeitslosigkeit, aber – entgegen

Mitglieder der Sonderkommission am Tatort.

der NS-Propaganda – zur Verringerung der Löhne und Verschärfung der Arbeitsbedingungen geführt hatte.[15] Die zunehmende Beschränkung individueller Grundrechte wie auch das nationalsozialistische Vorgehen gegen die Freiheit der Religion sah der gläubige Christ mit wachsender Sorge. Als er bei seiner Fabrikarbeit im Jahr 1939 von betrieblichen Abteilungen erfuhr, die gesonderte Rüstungsaufträge bearbeiteten, war ihm endgültig klar, dass die Staatsführung gezielt auf einen größeren Krieg hinwirkte – eine Befürchtung, die durch den deutschen Überfall auf Polen am 1. September zur Gewissheit wurde. Der Gedanke, den Machthabern durch ein Attentat Einhalt zu gebieten, trieb ihn schon seit längerem um, nun beschloss er, zur Tat zu schreiten, um eine Ausweitung des Krieges nach Westen und, wie er es ausdrückte, »noch größeres Blutvergießen« nach Möglichkeit zu verhindern.

Mit den Vorbereitungen hatte er schon lange zuvor begonnen. Der – nicht bewachte – Bürgerbräukeller schien bestens geeignet zu sein, war er doch für die Nationalsozialisten ein nachgerade historischer Ort. Den Sprengkörper hatte Elser ebenso wie die Zündvorrichtung und den Zeitzünder selbst konstruiert. Die Tat und die anschließende Flucht in die Schweiz waren genau geplant: Ab August 1939 mietete er sich in München ein Zimmer. 30 Nächte lang ließ er sich im Bürgerbräukeller unbemerkt einschließen, um in der Säule über Hitlers Rednerpult einen Hohlraum zu präparieren. Wenige Tage vor dem geplanten Anschlag installierte er dort seine Bombe, und noch in der

Nacht vom 7. auf den 8. November überprüfte er die beiden Uhren des Zündmechanismus auf ihre Funktionsfähigkeit. Um 21.20 Uhr am folgenden Abend ging der Sprengsatz hoch – genau dreizehn Minuten zu spät.

Der – unverzüglich propagandistisch ausgeschlachtete – Fall Elser wird deshalb als Exempel angeführt, weil die Arbeit der Repressionsmaschinerie hier gut dokumentiert ist. Nach dem Anschlag wurde sofort ein Großalarm ausgelöst, die Grenzkontrollen wurden verschärft. Unverzüglich setzte Himmler im RSHA eine »Sonderkommission Bürgerbräuattentat« ein, die, unterteilt in eine Tatort- und eine Täterkommission, in der Stapo-Leitstelle München im Wittelsbacher Palais tätig wurde. Sie setzte sich zusammen aus Beamten von Kriminalpolizei und Gestapo, die Leitung übernahm der Chef des Reichskriminalpolizeiamtes, Arthur Nebe. Die Tatortkommission der Kriminalpolizei unter Leitung des Regierungs- und Kriminalrates Hans Lobbes untersuchte den Bürgerbräukeller auf Hinweise. Im Gestapa prüfte eine zusätzlich gebildete »Zentralkommission Anschlag München« die Meldungen von Polizei- und Grenzstationen über Verhaftungen im Zusammenhang mit dem Anschlag.[16] Sie konzentrierte sich auf Personen, die als Täter infrage kamen, damit sie von der Täterkommission verhört wurden. Franz Josef Huber, Chef einer der größten Stapo-Leitstellen des »Großdeutschen Reiches« in Wien, leitete die Täterkommission und führte auch die Vernehmungen durch. Am 12. November kam Elser an die Reihe, der seit seiner Festnahme bereits mehrmals verhört, geschlagen und gefoltert worden war. Da Indizien am Tatort darauf hindeuteten, dass der Attentäter die Säule im Bürgerbräukeller kniend bearbeitet hatte und Huber nun entdeckte, dass Elser unter Kniebeschwerden litt, konfrontierte er ihn mit diesem Verdachtszusammenhang. In der Nacht vom 13. auf den 14. November legte Elser ein Geständnis ab. Kurz darauf verbrachte man ihn ins Reichssicherheitshauptamt nach Berlin, wo man ihn zwischen dem 19. und dem 23. November erneut eingehend vernahm. Immer wieder musste er seine Motive darlegen und alle Einzelheiten der Planung und Durchführung des Anschlags akribisch beschreiben. Auch aufgrund detaillierter Skizzen, die er von dem Sprengkörper anfertigte, gelangten Kriminalpolizei und Gestapo schließlich zur Überzeugung, dass Elser das Attentat allein zu verantworten hatte. Die höheren Führungskräfte im RSHA sowie Hitler selbst hingegen hielten dies für unwahr. Auch Gestapo-Chef Heinrich Müller – der Elser höchstpersönlich, wie Himmler übrigens ebenfalls, mehrfach misshandelte – bestand darauf, dass der überführte Täter seine Hintermänner benannte. Selbst Verwandte und zahlreiche Nachbarn aus Elsers letztem Wohnort Königsbronn wurden verhaftet und in der Berliner Prinz-Albrecht-Straße verhört.

Schon in der Nacht des 9. November ließ Propagandaminister Goebbels verbreiten, die Drahtzieher des Attentats seien in London zu suchen – der Anschlag

Vernehmung von Georg Elser im Geheimen Staatspolizeiamt in der Berliner Prinz-Albrecht-Straße, 23. November 1939.

sei mithin initiiert durch den britischen Geheimdienst, als dessen »Werkzeug« Elser fungiert habe. Vermutlich sei außerdem Otto Strasser, ein Gegner Hitlers innerhalb der NSDAP, bei der Durchführung des Planes behilflich gewesen. Im In- und Ausland nahmen nicht wenige an, die Nationalsozialisten hätten den Anschlag selbst verübt. Die NS-Führung maß dem Attentat eine so große politische Bedeutung zu, dass Müller eine neue Kommission einberief, die Elsers Biographie unter die Lupe nehmen sollte. An diesen Ermittlungen waren Nebe und die Kriminalpolizei nun nicht mehr beteiligt. Die Aufklärung der Tat wurde massentauglich verbreitet: In den Zeitungen des Deutschen Reiches wurde das RSHA, insbesondere Himmler und Heydrich, Nebe, Huber und Müller, überschwänglich gelobt.

Die Bedeutung der Gestapo im Machtgefüge des Nationalsozialismus war durch den Fall noch gestiegen; seither übernahm sie Schutzaufgaben bei Veranstaltungen mit führenden NS-Funktionären. Trotzdem konnte nicht darüber hinweggesehen werden, dass die Überwachung durch den Repressionsapparat der Geheimen Staatspolizei das Attentat nicht hatte verhindern können – was gleichzeitig bedeutete, dass das scheinbar allumfassende Überwachungsnetz eben doch so omnipräsent nicht war.

Georg Elser wurde im KZ Sachsenhausen mit dem Status eines »Sonderhäftlings« festgesetzt; nach dem »Endsieg« sollte gegen ihn ein Schauprozess

Beratung hoher Funktionäre des nationalsozialistischen Sicherheitsapparates nach dem Bürgerbräuattentat. Von rechts: Gestapo-Chef Heinrich Müller, Reinhard Heydrich (Chef des RSHA), Heinrich Himmler, Arthur Nebe (Chef der Kriminalpolizei) und Franz Josef Huber (Chef der Gestapo Wien).

stattfinden, deshalb kam er vorerst mit dem Leben davon. Anfang 1945 verlegte man ihn nach Dachau und hielt ihn dort unter schwerer Bewachung in Einzelhaft. Auf Befehl Himmlers wies Heinrich Müller noch am 5. April den Kommandanten des Lagers mit einem Schnellbrief an, wie mit Elser zu verfahren sei: »Auch wegen unseres besonderen Schutzhäftlings ›Eller‹ wurde erneut an höchster Stelle Vortrag gehalten. Folgende Weisung ist ergangen: Bei einem der nächsten Terrorangriffe auf München bezw. auf die Umgebung von Dachau ist angeblich ›Eller‹ tötlich [sic!] verunglückt. Ich bitte, zu diesem Zweck ›Eller‹ in absolut unauffälliger Weise nach Eintritt einer solchen Situation zu liquidieren. Ich bitte besorgt zu sein, dass darüber nur ganz wenige Personen, die ganz besonders zu verpflichten sind, Kenntnis erhalten.«[17] Sogar die Sprachregelung für die Vollzugsmeldung war in dem Schnellbrief enthalten: »Die Vollzugsmeldung hierüber [über die Liquidierung, Anm. d. V.] würde dann etwa an mich lauten: ›Am … anlässlich des Terrorangriffs auf … wurde u. a. der Schutzhäftling ›Eller‹ tötlich [sic!] verletzt.‹« Am 9. April 1945 wurde Georg Elser im Krematorium des KZ Dachau erschossen. Zur gleichen Zeit wurden im KZ Flossenbürg weitere Gegner des Systems wie der Theologe Dietrich Bonhoeffer und der Admiral Wilhelm Canaris gehängt, in Sachsenhausen wurde

Hans von Dohnanyi ermordet – sie alle sollten nach Vorstellung der NS-Führung in einer künftigen Gesellschaft keinen Platz mehr haben.

Schon bald nach der geschäftigen Aufklärungsarbeit des Bürgerbräuanschlages und dem Mordrausch der »Einsatzgruppen« in Polen gab es eine weitere Richtung territorialer Expansion. Mit dem Westfeldzug geriet auch Frankreich an den langen Arm der Gestapo.

Gestapo im besetzten Frankreich

Die erste Phase der am 10. Mai 1940 begonnenen deutschen Westoffensive endete noch im selben Monat mit der Besetzung Belgiens und der Niederlande. Am 5. Juni setzte mit der Schlacht um Frankreich die zweite Phase ein. Militärisch besiegt, unterbreitete der französische Ministerpräsident Henri Philippe Pétain Deutschland ein Waffenstillstandsabkommen, das am 22. Juni nordöstlich von Paris im Wald von Compiègne von beiden Seiten ratifiziert wurde – in eben jenem Eisenbahnwaggon, in dem die deutsche Delegation am 11. November 1918 ihre militärische Niederlage gegenüber Frankreich hatte eingestehen müssen, eine Tatsache, deren Symbolgehalt Hitler nun weidlich auskostete.

Kurz darauf wurde die Verfassung der Dritten Republik mit Zustimmung der Nationalversammlung außer Kraft gesetzt. Die Zweiteilung Frankreichs war damit besiegelt: Die nördliche Hälfte unter Einschluss der Industriegebiete sowie der gesamten französischen Kanal- und Atlantikküste bis hinunter zur spanischen Grenze unterstand fortan einer in Paris residierenden deutschen Militärverwaltung unter General Otto von Stülpnagel. Die nicht besetzte Zone, auch »Freie Zone« genannt, befand sich unter Verwaltung einer – deutschlandfreundlichen – Regierung unter Marschall Pétain mit Sitz im Kurort Vichy im Departement Allier. Das Vichy-Regime kontrollierte in Südfrankreich etwa 40 Prozent des ursprünglichen französischen Staatsgebiets – und verfügte über ein 100 000 Mann starkes Heer.

Pétain strebte die Etablierung eines autoritären Regierungssystems an, das sich nicht mehr an republikanischen Traditionen orientieren sollte, sondern einen französischen Nationalismus in den Vordergrund rückte. An die Stelle der seit der Revolution von 1789 proklamierten Ideale von »Liberté, Égalité, Fraternité« (Freiheit, Gleichheit, Brüderlichkeit) rückte nun die Losung »Travail, Patrie, Famille« (Arbeit, Vaterland, Familie), und mit Parolen wie »Frankreich den Franzosen« wurde an nationalistische Instinkte appelliert. Waren bereits die dreißiger Jahre von zunehmender rassistischer Diskriminierung geprägt, so sollten nun Rechte von Juden und anderen Flüchtlingsgruppen weiter eingeschränkt werden. Protest gegen Pétains Bestrebungen war zunächst nur schwach ausgeprägt, weite Teile der Öffentlichkeit verhielten sich eher abwartend; expliziter Widerstand, so wie ihn Charles de Gaulle aus dem Londoner Exil proklamierte, fand zu diesem Zeitpunkt noch wenig Anhänger.

Auf Initiative von Staatsminister Pierre Laval trafen sich Pétain und Hitler vom 22. bis 24. Oktober 1940 in Montoire, eine Begegnung, die deutlich vor Augen führte, dass die (von vielen Franzosen erhoffte) »nationale Erneuerung« des Vichy-Regimes die Kollaboration mitnichten ausschloss: Unter der Führung des nationalsozialistischen Deutschlands sollte Frankreich ein Teil der »neuen Ordnung« werden.

Mit Beginn der Besatzung bemühte sich Reinhard Heydrich sofort um die Einsetzung sicherheitspolizeilicher Kräfte in Frankreich. Dazu entsandte er eine kleine Gruppe Angehöriger des SD-Ausland unter Führung des SS-Sturmbannführers Helmut Knochen in die besetzte Zone, die in der zweiten Junihälfte 1940 ihre Arbeit in Paris aufnahm. Dieser Gruppe gehörten auch Vertreter der Geheimen Staatspolizei an.

Die Aufgaben waren anfänglich eher allgemeinen Charakters: Gegen das Reich gerichtete Bestrebungen von Juden, Emigranten, Logen und Kirchen sowie Kommunisten sollten erfasst und überwacht werden. Die niedrige Zahl der Beteiligten ließ ausgedehntere Aktivitäten auch kaum zu – zumal sie an Weisungen des Militärbefehlshabers gebunden war und, weitaus gravierender, keine Exekutivgewalt besaß.

Die Hintergründe waren in den geschilderten Ereignissen zu sehen, die sich während und nach dem Überfall auf Polen zugetragen hatten. Hohe Wehrmachtsoffiziere hatten daraufhin die »maßlose Verrohung und sittliche Verkommenheit«[18] der SS-Einheiten beklagt, was ihren Prinzipien der Kriegführung vermeintlich widersprach; sie befürchteten, dass das Militär an Ansehen und Autorität verlor. Aus diesem Grund übertrug man die polizeiliche Exekutivgewalt im Westen dem Militärbefehlshaber. In Frankreich sah dies in der Praxis so aus, dass zur sicherheitspolizeilichen Überwachung des besetzten Gebietes territoriale Gruppen der Geheimen Feldpolizei (GFP) gebildet wurden. Verhaftungen, Haussuchungen und Beschlagnahmungen durfte anfänglich nur die GFP durchführen, die Sicherheitspolizei (Sipo) hingegen konnte nicht eigenständig aktiv werden: Sie musste im Bedarfsfall die GFP um Amtshilfe ersuchen.

Im August 1940 gab das Reichssicherheitshauptamt ganz offiziell die Einrichtung einer Dienststelle des »Beauftragten des Chefs der Sicherheitspolizei und des SD für Frankreich und Belgien« bekannt. Die für Frankreich zuständige Pariser Dienststelle wurde unter Leitung Helmut Knochens gestellt. Bereits Anfang des Monats hatte das Oberkommando des Heeres (OKH) dem Militärbefehlshaber in Frankreich, General von Stülpnagel, mitgeteilt, dass Sicherheitspolizei und SD mit der »Führung des weltanschaulichen Kampfes« in den besetzten Gebieten beauftragt seien. Aus den genannten Gründen war die Pariser Dienststelle aber angewiesen, dem Militärbefehlshaber laufend über ihre gesamte Tätigkeit Bericht zu erstatten, eng mit der Geheimen Feldpolizei zu kooperieren und ihren Aufgabenbereich nur nach Vereinbarung zwischen dem Reichsführer SS und dem Oberbefehlshaber des Heeres zu verändern.

Schon bald zeichnete sich allerdings ab, dass die Sicherheitspolizei, die von Beginn an darauf bedacht war, ihren Einfluss und Status zu stärken, in »dringenden Fällen« eigene Verhaftungen, Haussuchungen und Beschlagnahmungen vornehmen konnte, ohne dies groß rechtfertigen zu müssen; auch wurde ihr eingeräumt, selbständig mit der französischen Polizei zu verhandeln. Zwar sollte die GFP sie über Vorgänge auf dem Laufenden halten, die für sie von Interesse sein könnten, doch über die Schaffung eigener Kommunikations- und Informationswege war die Sicherheitspolizei der GFP oftmals einen Schritt voraus, weshalb die Militärverwaltung – wenn auch zögerlich und widerwillig – Zugeständnisse machen musste.

Drei Monate nach ihrer Eröffnung, im November 1940, erhielt die Pariser Dienststelle der Sicherheitspolizei mit Kurt Lischka Verstärkung von einem besonders beschlagenen Gestapo-Beamten, der noch von sich reden machen sollte. Lischka, der Knochens Stellvertreter wurde, war am 16. August 1909 als Sohn eines Bankprokuristen in Breslau geboren worden und hatte bis zu diesem Zeitpunkt eine geradezu mustergültige Karriere durchlaufen. Nach einem Studium der Rechts- und Staatswissenschaften in Breslau und Berlin, wo er im Oktober 1930 das erste, dann, nach einiger Praxiserfahrung in verschiedenen Rechtsbereichen, im April 1934 das zweite Staatsexamen bestand, wurde Lischka zum Gerichtsassessor ernannt und war bei verschiedenen Amtsgerichten des Oberlandesgerichtsbezirks Breslau tätig.

Der eifrige Beamte, der bereits im Juni 1933 in die SS eingetreten war und es bis Herbst 1938 zum SS-Sturmbannführer bringen sollte, wurde im September 1935 ins Geheime Staatspolizeiamt (Gestapa) nach Berlin berufen, wo er nach einer Probezeit im Juli des folgenden Jahres übernommen wurde und gleichzeitig aus dem Justizdienst ausschied. Nun war er als Referent mit kirchenpolitischen Angelegenheiten befasst.

Zur Schaffung einer SS-eigenen Führungselite innerhalb der Polizei favorisierte die Personalpolitik des Gestapa Mitte der dreißiger Jahre vor allem junge Juristen, die zum einen durch die absolvierte Referendarzeit auf ein solides juristisches Wissen zurückgreifen konnten, zum anderen schon eine politische Sozialisation in rechtsradikalen Kreisen durchlaufen hatten. Wie Kurt Lischka sollte diese geförderte Nachwuchs-Elite, der größtenteils unbedingter Aufstiegswille sowie Einklang mit der elitären Ordensvorstellung der SS zu eigen war, staats- respektive sicherheitspolizeiliche Leitungs- und Referententätigkeiten übernehmen. Werner Best, Hauptverfechter dieser Elite-Züchtung, schrieb 1936 an das Innenministerium: »Als Staatspolizeistellenleiter und in Referentenstellen des Geheimen Staatspolizeiamts [wurde] eine größere Anzahl von Assessoren verwendet, deren Auswahl und Ausbildung allein unter dem Gesichtspunkte, ein zuverlässiges und exaktes Führerkorps zu schaffen, erfolgte.«[19]

Einen Vorgeschmack auf seine spätere Berufung erhielt Lischka 1938, als er, noch keine dreißig Jahre alt, zum Chef des »Judendezernates« der Gestapo in Berlin ernannt wurde, um Ende des Jahres die Leitung der »Reichszentrale für jüdische Auswanderung« zu übernehmen. Seit Anfang 1940 war er, bevor er im November dann nach Frankreich versetzt wurde, Leiter der Stapo-Stelle Köln im dortigen EL-DE-Haus. Schon hier ging Lischka, der ganz offensichtlich kein Unrechtsbewusstsein kannte, mit einer Rigorosität zu Werke, die ihm als Mitglied der »kämpfenden Verwaltung« auch in Paris den Ruf eines erbarmungslosen Vollstreckers einbrachte.

Ausbau der Sicherheitspolizei in Frankreich und Einsetzung eines Höheren SS- und Polizeiführers (HSSPF) Waren die Aktivitäten der Dienststelle aufgrund ihres kleinen Personalbestandes zunächst auf Paris beschränkt, so gelang es Knochen zwischen 1940 und 1942 nicht nur, die Zahl seiner Mitarbeiter von ursprünglich zehn auf 200 aufzustocken, sondern auch Außenstellen in Bordeaux, Rouen und Dijon mit Außenkommandos in weiteren Städten zu installieren. Im Gegensatz zum Militärbefehlshaber konnte die Sicherheitspolizei direkt auf zwei Verbindungsleute in Vichy zurückgreifen und hatte damit oftmals einen zeitlichen und informationellen Vorsprung.

Die Bedeutung der Sicherheitspolizei erhöhte sich beständig, ihr Einflussgebiet weitete sich aus. Bei der Bekämpfung des kommunistischen Widerstands verfügte man von Anfang an über beste Kontakte zur französischen Polizei und besaß dafür in Paris sogar eigene Beauftragte bei der Polizeipräfektur und der französischen Geheimpolizei – womit die deutschen Beamten auch Zugriff auf Ermittlungsergebnisse und Informationen der französischen Polizei erhielten und prompt versuchten, den Militärbefehlshaber, der zu diesem Zeitpunkt noch die polizeiliche Hoheit besaß, durch übertriebene Berichte über kommunistische Aktivitäten als unfähig zu diskreditieren.

Als am 21. August 1941 der erste deutsche Soldat einem Attentat durch kommunistische Widerstandskämpfer zum Opfer fiel – die näheren Umstände werden hier noch erörtert werden –, ordnete Hitler als umfassende Sühnemaßnahme Geiselerschießungen an. Die eindringlichen Warnungen des Mili-

Gruppenfoto der Pariser Gestapo im Innenhof ihres Dienstsitzes in der Rue de Saussaies 11, ohne Jahr.

tärbefehlshabers und seiner Verwaltung vor »polnische[n] Methoden« in Frankreich wurden im Führerhauptquartier als Illoyalität und militärischer Autoritätsverlust gewertet; Hitler sprach ihm darüber hinaus die Kompetenz ab, auf kriminelle Akte wie Attentate adäquat reagieren zu können Dabei lehnte der Militärbefehlshaber Geiselerschießungen als Mittel der Repressionspolitik keineswegs grundsätzlich ab. Ihm war allerdings daran gelegen, sie örtlich auszulagern, um Empörung in der Bevölkerung von vornherein vorzubeugen.

Eine Lösung war schnell gefunden: Da polizeiliche Exekutivaufgaben von der Militärverwaltung offensichtlich unzureichend ausgeführt worden waren, wurde im März 1942 die Einsetzung eines so genannten Höheren SS- und Polizeiführers (HSSPF) beschlossen. Dieser sollte mit einem Weisungsrecht gegenüber der französischen Polizei ausgestattet sein und durch die Überführung der GFP-Gruppen in regionale Einsatzkommandos der Sicherheitspolizei und des SD über beträchtliche eigene Exekutivkräfte verfügen – womit die Befehlsgewalt über die polizeiliche Exekutive außerhalb der Wehrmacht komplett auf ihn überging. Diese Aufgabe wurde SS-Brigadeführer Carl Oberg übertragen, der am 1. Juni 1942 sein Amt antrat.

Die Institution des Höheren SS- und Polizeiführers war von Himmler bereits Ende 1937 geschaffen und in den Wehrkreisen als Teil der Reichsverteidigungsorganisation eingeführt worden. Zunächst im Deutschen Reich, später im gesamten deutschen Herrschaftsgebiet, symbolisierten die HSSPF, die Himmler

Kurt Lischka, geboren 1909 in Breslau. Seine in Deutschland erworbenen bürokratischen Kompetenzen setzte er auch bei der Judenverfolgung im besetzten Frankreich emotionslos ein.

direkt unterstellt waren, die Verschmelzung von SS und Polizei, deren Herauslösung aus der Inneren Verwaltung sie vorantreiben sollten. Mit fortschreitender territorialer Expansion des Deutschen Reiches gewannen sie als wichtige Repräsentanten deutscher Unterdrückungs- und Vernichtungspolitik zunehmend an Bedeutung. Eine ihrer Aufgaben war es, in ihrem jeweiligen Zuständigkeitsbereich gegenüber den Instanzen der Partei, des Staates und der Wehrmacht die politischen Interessen Himmlers respektive der gesamten SS zu vertreten.[20] Weiterhin hatten sie die Tätigkeiten des gesamten SS- und Polizeikomplexes zu überwachen, zu koordinieren und dessen ideologische Geschlossenheit zu gewährleisten. Alle führenden Repräsentanten vor Ort – Sicherheits- und Ordnungspolizei, Waffen-SS, Allgemeine SS und das »Reichskommissariat für die Festigung des deutschen Volkstums« – waren ihnen jeweils unterstellt. Als Führungsfunktionäre waren sie an der Umsetzung der antijüdischen Verfolgungs- und Vernichtungspolitik maßgeblich beteiligt, von der Ghettoräumung bis hin zur Massenvergasung. Die »Einsatzgruppen« etwa, die in der Sowjetunion später Massenerschießungen durchführten, unterstanden den HSSPF und nicht mehr, wie beim Überfall auf Polen, der Wehrmacht. Bei der systematischen Ermordung der europäischen Juden – die »Endlösung der Judenfrage« war neben der Bekämpfung von Partisanen (dies vor allem in Osteuropa) eine ihrer herausragendsten Aufgaben – waren die Höheren SS- und Polizeiführer in allen Phasen präsent. So galten sie offiziell auch und vor allem als »Koordinierungsinstanz«[21]. Wenn die Sicherheitspolizei bei größeren »Aktionen« der Mitarbeit anderer Kräfte bedurfte, so war dies vom HSSPF zu organisieren – da etwa die Bewachung von Ghettos der Ordnungspolizei unterstand, diese aber nicht Teil der Organisationsstruktur des RSHA war, benötigte man bei einer Räumung entsprechende »Amtshilfe«. Wenn Deportationen von Juden aus verbündeten Staaten anstanden, war die Duldung oder Unterstützung von Stellen außerhalb der Polizei und SS ebenfalls vom zuständigen HSSPF zu gewährleisten.

Selbst beim organisierten Massenmord vernachlässigte der Nationalsozialismus mithin keinesfalls die Bürokratie: Weil es im Sinne der Vernichtungspraxis effizienter zu handeln galt, wurde die Institution des HSSPF überall mit den erforderlichen Kompetenzen ausgestattet.

Bei der Einführung Obergs betonte Heydrich, »daß man in Frankreich eine andere Politik betreiben müsse, als im Osten. Insbesondere sei er der Auffassung, daß das System der Geiselerschießungen fehl am Platze sei. Sie sei eine Bankrotterklärung für die Polizei. Es sei daher die vornehmlichste Aufgabe des höheren SS- und Polizeiführers, bei Widerstandshandlungen die Täter zu ermitteln und der Bestrafung zuzuführen. Es müsse ihm gelingen, die Mitwirkung der französischen Polizei zu gewinnen, dann würde sich dieser Erfolg auch erreichen lassen.«[22] Dies unterschied sich nicht wesentlich von der Position des Militärbefehlshabers in Frankreich – was hier wiederum bedeutete, dass ein Machtkampf um die polizeiliche Exekutivgewalt zwischen Wehrmacht und RSHA zugunsten der Sicherheitspolizei entschieden wurde.

Nach Erlass Heydrichs vom 20. Mai 1942 wurden elf »Sicherheitspolizei (SD)-Kommandos« mit Sitz am Ort der Regional-Präfekturen in Dijon, Nancy, Châlons s. M., St. Quentin, Rouen, Rennes, Orléans, Angers, Poitiers und Bordeaux eingerichtet. An der Spitze dieser so genannten »KdS-Dienststellen« stand jeweils ein Kommandeur, die Kommandos waren dem »Befehlshaber der Sicherheitspolizei und des SD« (BdS) in Paris unterstellt.

Auf die alliierte Landung in Nordafrika am 11. November 1942 reagierte das NS-Regime mit dem Einmarsch der Wehrmacht in das bisher unbesetzte, unter französischer Verwaltung stehende Südfrankreich, die Existenz der »freien Zone« war damit beendet. Aufgrund dieser Ausdehnung des deutschen Herrschafts- und Besatzungsgebietes entstanden nach dem Jahreswechsel sechs weitere Kommandos der Sicherheitspolizei.

Mit Wirkung zum 15. Januar 1943 ließ Knochen als Befehlshaber der Sicherheitspolizei auch in Paris ein entsprechendes Kommando aufstellen, dessen Leitung Kurt Lischka übernahm. Dienstsitz war die Rue de Saussaies Nr. 11 unweit der Champs-Élysées; dort befand sich auch die Gestapo-Abteilung, die Lischka ebenfalls unterstellt war.

Als Spezialist für staatspolizeiliche Angelegenheiten war Lischka bereits frühzeitig als »ständiger Vertreter« des »Befehlshabers der Sicherheitspolizei und des SD« in Frankreich eingesetzt. Dort leitete er darüber hinaus die Abteilung II, deren wesentliche Aufgabe in der Aufsicht und Überwachung der französischen Polizei bestand. Kurz: Heydrichs Mann in Paris hatte eine Schlüsselfunktion inne – er koordinierte in polizeilicher Hinsicht die Kollaboration der französischen Regierung in Vichy mit der deutschen Besatzungsmacht.

Eine bedeutungsschwere Aufgabe. Im Dezember 1943 verfügte die Sicherheitspolizei in Frankreich über lediglich etwa 2 200 Mitglieder, von denen nur ein Viertel ausgebildete Kriminalbeamte waren – der Rest bestand aus Notdienstverpflichteten, die einen polizeilichen Schnellkurs absolviert hatten.[23] Mit Anwachsen der Widerstandsbewegung war die Sicherheitspolizei weder quantitativ noch qualitativ in der Lage, ihre Aufgaben angemessen zu erfüllen – schon allein deshalb, weil kaum eines der Sipo-Mitglieder überhaupt Französisch sprach.

In den größeren Städten entsprach der tatsächliche Personalbestand noch am ehesten dem Bedarf: In Paris konnte Kurt Lischka als »Kommandeur der Sicherheitspolizei und des SD« immerhin auf 230 Mitarbeiter[24] zurückgreifen. Der Informationsstand auf dem flachen Land hingegen hinkte häufig der Realität hinterher; ohne Unterstützung der Wehrmacht wäre die Partisanenbekämpfung nur in sehr viel geringerem Maße möglich gewesen. Ihre unzureichende Ausbildung und das Ausbleiben wirklicher Erfolge versuchten die Sipo-Angehörigen hier durch besonders grausames Vorgehen zu kompensieren. Wahllose Massenverhaftungen und Folterungen waren zwar eine wenig dienliche Methode zur Bekämpfung des Widerstands, verbreiteten aber in der Bevölkerung weithin Angst und Schrecken.

Personell waren der deutschen Sicherheitspolizei also deutliche Grenzen gesetzt, weshalb die Kollaboration der französischen Polizei nicht nur er-

wünscht war, sondern für die nationalsozialistischen Besatzer eine unabding-
bare Notwendigkeit darstellte: Sie war der Schlüssel zum Erfolg im »weltanschaulichen Kampf«.

Die Résistance Nach dem deutschen Überfall auf die Sowjetunion im Juni 1941
verstärkten sich die Aktivitäten der sozialistischen und kommunistischen
Widerstandsbewegung in Frankreich; auch erste Proteste gegen das Vichy-
Regime wurden laut. Mitte August kam es zu einer Demonstration der kommunistischen Jugend in Paris, in deren Rahmen es zu tätlichen Auseinandersetzungen zwischen Wehrmachtsangehörigen und Demonstranten kam. Im
Hinblick auf die Verhafteten verabsäumten die Besatzungsbehörden es nicht,
den jüdischen Hintergrund einzelner Aktivisten hervorzuheben: »Es ist be-
merkenswert, daß sich unter den 6 Festgenommenen allein 4 Juden befinden.
Überhaupt hat es den Anschein, daß die Juden es waren, die die Hetze zu diesen Demonstrationen betrieben haben. Nach der Zusammensetzung der Teil-
nehmer dieser Demonstration handelt es sich um eine Kundgebung der kommunistischen Jugend, die wohlvorbereitet worden ist«,[25] so Knochen als
Beauftragter der Sicherheitspolizei und des SD in einem Bericht an den Militärbefehlshaber von Paris und das RSHA in Berlin. Es ließ nichts Gutes ahnen,
als die Deutschen bald darauf ausgiebig Plakate kleben ließen, die die
Hinrichtung von zwei der Verhafteten allseits verkündeten.

Auch im besetzten Frankreich fand die weit verbreite und propagandistisch
regelmäßig erneuerte antisemitische Verschwörungstheorie, der Kommunismus sei eine Erfindung der Juden zur Unterjochung der Welt, ihren Nieder-
schlag – und wurde künftig entsprechend eingesetzt, um gegen diese beiden
Hauptfeinde des Nationalsozialismus, Judentum und Kommunismus, massiv
vorzugehen.

Am 15. August 1941 stellte der Militärbefehlshaber die Betätigung für die
verbotene kommunistische Partei unter Todesstrafe. Höhere deutsche Verwal-
tungsbeamte beschwerten sich am gleichen Tag bei einer Besprechung mit dem
Pariser Polizeipräfekten über das »unbefriedigende Verhalten der Polizei gegenüber den kommunistisch-jüdischen Umtrieben der letzten Zeit« und forderten
eine »Säuberung« innerhalb der französischen Polizei.[26] Kurz darauf stellte der
Kommandant von Groß-Paris klar: »Die Zerstreuung und Beseitigung kommunistischer Umtriebe ist zunächst Sache der Pariser Polizei, die von mir entsprechende Weisungen erhalten hat.«[27]

Auf Befehl Knochens holte die Sicherheitspolizei aus zu einem ersten
großen Schlag: Am 20. August 1941 kam es zu Razzien und Massenverhaftungen von Juden im 11. Pariser Arrondissement. Im Lagebericht des Militärbefehlshabers wurde diese antijüdische Aktion mit der üblichen Nüchternheit

als Maßnahme zur Bekämpfung kommunistischer Umtriebe dargestellt: »In Verfolg einer Demonstration, an der sich Juden führend beteiligten, wurden, um die Gesamtheit der Juden einzuschüchtern [sic!], am 20. 8. 41 schlagartig rund 4 000 männliche Juden zwischen 18 und 50 Jahren ohne Rücksicht auf ihre Staatsangehörigkeit [...] verhaftet und im Lager Drancy interniert. Die Mitarbeit der französischen Polizei (rund 2 500 Beamte) war gut.«[28]

Tags darauf erfolgte das erwähnte Attentat auf einen deutschen Soldaten. Kurz nach 8.00 Uhr erschossen zwei junge Männer aus der linken Bewegung in der Pariser Metro-Station Barbès einen deutschen Marine-Angehörigen und entkamen zunächst unerkannt. Die Besatzungsbehörden veranlassten das Vichy-Regime daraufhin, ein Ausnahmegesetz gegen Kommunisten auszurufen, woraufhin die französische Seite ohne größeres Zögern ein Sondergericht schuf, das im Schnellverfahren Todesurteile gegen »jüdisch-kommunistische Führer« zuließ – und als »Sühnemaßnahme« prompt gleich sechs Todesstrafen verhängte. Gleichzeitig veranlasste auch die deutsche Seite künftige »Vorbeugungs- und Sühnemaßnahmen«: Sämtliche in Haft befindliche Franzosen, auf die deutsche Dienststellen in Frankreich Zugriff hatten, wurden präventiv als Geiseln genommen.[29] Bei jeder weiteren Straftat sollte, gemessen an deren Schwere, eine entsprechende Anzahl von ihnen erschossen werden. Schnell zeigte sich, dass vor allem von der französischen Polizei verhaftete und internierte Franzosen – mehrheitlich Kommunisten – als »Geiseln« hingerichtet wurden.

Die verstärkten deutschen Repressionsmaßnahmen, aber auch die ständigen Konzessionen des Vichy-Regimes an die nationalsozialistischen Machthaber führten im Laufe des Jahres 1942 zu einer Stärkung der Résistance. Um dieser Entwicklung zu begegnen, schloss der Höhere SS- und Polizeiführer Oberg im Juli 1942 ein Abkommen mit dem französischen Polizeichef René Bousquet, das die effektive polizeiliche Zusammenarbeit bei der Bekämpfung des kommunistischen Widerstands vorsah. Nach der Besetzung der »freien Zone« Südfrankreichs im November 1942 (die übrigens mit Einwilligung des Vichy-Regimes geschah, das weiterhin ein hohes Maß an Autorität behielt) und der Einführung eines Zwangsarbeitsdienstes im Januar 1943 (im gesamten Jahr 1943 sollten 700 000 Franzosen nach Deutschland verbracht werden) stieg die Aktivität der Widerstandsbewegung nochmals sprunghaft an. Dabei dürfte auch eine Rolle gespielt haben, dass sich die Hoffnung auf eine Verbesserung der Lebensbedingungen durch die Kollaboration in weiten Landesteilen inzwischen als trügerisch erwiesen hatte.

Das Gegenteil war der Fall: Die Situation verschärfte sich noch, da die Besatzungsmacht Rohstoffe und Lebensmittel ausführte. Die französische Polizei wurde in ihrer Loyalität gegenüber den Deutschen zunehmend unzuverlässig: Die immer zahlreicher werdenden militärischen Niederlagen Deutschlands

Résistance-Angehörige beim Sammeln von Waffen während des Marseiller Aufstands im August 1944. Kurz bevor Frankreich von den alliierten Streitkräften befreit wurde, führten französische Widerstandskämpfer quer durch das besetzte Land bewaffnete Aufstände durch.

und der Zusammenschluss von nationalem und kommunistischem Widerstand führten 1943 in ihren Reihen zu wachsender Passivität.

Auch der 1916 in Aschaffenburg geborene Peter Gingold war Mitglied der französischen Résistance. In einem jüdischen Elternhaus in Frankfurt am Main aufgewachsen, hatte er 1930 eine kaufmännische Lehre begonnen und sich zunächst gewerkschaftlich engagiert, bis er im Jahr darauf in den Kommunistischen Jugendverband Deutschland (KJVD) eingetreten war. Das politische Engagement für Gerechtigkeit und Internationalismus sollte sein weiteres Leben maßgeblich prägen.

Mit dem nationalsozialistischen Machtantritt 1933 geriet die mittlerweile in Frankfurt am Main wohnende Familie Gingold zunehmend unter Druck: »Als meine Eltern die ersten antijüdischen Maßnahmen erlebt haben, waren sie schnell entschlossen, Deutschland zu verlassen. Besonders am 1. April 1933, das war der Boykotttag gegen die jüdische Geschäfte, da war mein Vater so erschrocken, dass er gesagt hat, wir verlassen dieses Land.«[30]

Die Eltern emigrierten mit den Geschwistern nach Frankreich, der siebzehnjährige Peter, damals schon im antifaschistischen Widerstand, blieb in

Frankfurt zurück. Als die SA ihn im Juni 1933 bei einer Razzia verhaftete, schien alles noch recht glimpflich abzugehen: Er wurde verhört, aber zu diesem Zeitpunkt noch nicht misshandelt. Dann aber wurde er, obschon man ihm nichts Konkretes nachweisen konnte, monatelang im Offenbacher Gefängnis festgehalten. Danach legte man ihm dringend nahe, seiner Familie nach Frankreich zu folgen. Auch um seine Mitstreiter nicht zu gefährden, kam Gingold dieser Aufforderung nach.

Umgehend setzte er dort seine politische Tätigkeit fort: Er fand Arbeit bei der deutschsprachigen antifaschistischen Tageszeitung »Pariser Tageblatt« und engagierte sich erneut in einer kleinen Gruppe des KJVD in Paris.

Bis zum deutschen Einmarsch in Frankreich 1940 gründete er mit anderen jungen deutschen Antifaschisten die »Freie Deutsche Jugend« (FDJ) und trat der KPD bei: »Das waren solche, die aus so genannten rassischen Gründen verfolgt waren, aber auch andere, die keine Juden waren, die aus politischen Gründen das Land verlassen mussten, nur, um ihr eigenes Leben zu retten. Und da waren wir organisiert und haben auf diese Weise so den illegalen Widerstand in Deutschland unterstützt und haben Aufklärungsarbeit auch unter den Franzosen geleistet.«

Mit Beginn der deutschen Besatzung ging Gingold in den Untergrund – und geriet schnell ins Visier der Gestapo, die bald gezielt nach ihm fahndete. Nachdem er in Paris nicht mehr sicher war, ging er im April 1941 nach Dijon, um seine Aktivitäten dort fortzusetzen. Er brachte – zum Teil von ihm selbst verfasste – Flugblätter in Umlauf, er sollte Kontakt zu deutschen Wehrmachtssoldaten aufnehmen, Hitler-Gegner in deren Reihen ausfindig machen und sie dann für die Zusammenarbeit mit der Résistance gewinnen.

Doch es kam anders. Der Gestapo gelang es, einen V-Mann einzuschleusen: »Angeblich ein Deserteur, der sich als Elsässer ausgegeben hat. Er gefiel mir von vornherein nicht. Jedes Mal, wenn ich mit ihm ein Treffen hatte, spürte ich eine Beschattung. Und ich merkte, das sind Deutsche. Das wiederholte sich und ich machte dann meine Partisanen darauf aufmerksam, dass wir einen Spitzel unter uns haben.« Kurze Zeit später wurden innerhalb einer Nacht – Peter Gingold befand sich auf dem Weg zur Zentralen Leitung der Résistance in Paris – 40 Partisanen verhaftet; der Zuträger der Gestapo hatte alle Stützpunkte verraten.

Entgegen allen Warnungen kehrte Gingold Anfang Februar 1943 nach Dijon zurück, um wichtiges Arbeitsmaterial zu sichern. Sofort wurde auch er festgenommen und an die Gestapo ausgeliefert. Fälschlicherweise wurde er für einen der Hauptanführer der Widerstandsbewegung in Ostfrankreich gehalten, ein Irrtum, den er sich klug zunutze machte – und der ihm vermutlich das Leben rettete. Über einen längeren Zeitraum wurde er festgehalten, mehrmals verhört und immer wieder gefoltert, doch nicht, wie bei anderen Kämpfern der

Résistance, mit dem Ziel, ihn gleich zu töten; zu wichtig schienen die Informationen, die er vielleicht preisgeben konnte: »Ich musste mich splitternackt ausziehen, mich auf den Boden legen, mich immer wieder drehen und wurde durchgepeitscht. Wochenlang ging das so. [...] Die waren zu allem fähig. [...] Die haben einige zu Tode gefoltert, um aus denen alles herauszupressen, ihre Kontakte, die sie sonst haben.«

Nach dieser Tortur wurde Gingold in ein Pariser Gefängnis überstellt. Zum Verhör holte man ihn in die berüchtigte Rue de Saussaies Nr. 11, den Dienstsitz des Pariser Kommandeurs der Sicherheitspolizei und des SD, SS-Obersturmbannführer Kurt Lischka. »Und während ich so auf meine Vernehmung wartete und schreckliche Angst hatte, ob ich durchhalten werde, [...] da hätte ich auch die Möglichkeit gehabt, Selbstmord zu begehen. Aber damals war ich 26 Jahre alt, da hat man ja sein Leben noch vor sich.«

Statt aufzugeben, entschloss er sich zu einer List. Den Gestapo-Beamten machte er glaubhaft, dass er am Ende seiner Kräfte und nun kooperationsbereit sei. Er werde sie zu seiner Pariser Kontaktperson führen, müsse an der verabredeten Stelle aber ungefesselt erscheinen, um keinen Verdacht zu erregen. Nach anfänglichem Zögern ließ sich die Gestapo darauf ein – nicht ohne ihn erneut unter Druck zu setzen. Wenn er versuche zu fliehen, so gaben die Männer ihm in vulgärer Drohgebärde zu verstehen, würden sie ihm zunächst in die Beine schießen und dann »die Haut in Streifen abziehen«. Was sie nicht wussten: Die Gegend und die Adresse, die er angab, waren Gingold bestens bekannt. »Wir hatten da gegenüber gewohnt [...] deshalb wusste ich, dass dieses Haus einen Durchgang zu einer Parallelstraße hat.« Er schlug den Beamten die Tür vor der Nase zu, gelangte in den Hof und auf der anderen Seite wieder hinaus. Am 23. April 1943 gelang ihm so die Flucht.

Mit neuer Identität und verändertem Äußeren setzte er nach nur wenigen Wochen seine Widerstandsarbeit fort; am Aufstand zur Befreiung von Paris im August 1944 nahm er aktiv teil. Bis heute, so sagt er, jage ihm die bloße Erwähnung der Geheimen Staatspolizei einen »Schauer über den Rücken [...]. Das ist für mich Folter und Tod. Wenn man allein die Adresse nannte, Rue de Saussaies, hatte jeder Franzose Angst.«

Beginn der Deportationen   Im Sommer 1940 lebten in Frankreich etwa 350 000 Juden, von denen mehr als die Hälfte keine französischen Staatsbürger waren. Zehntausende hatten hier Zuflucht gesucht, nachdem sie zunächst wegen anhaltender antisemitischer Verfolgung aus dem Deutschen Reich und dann vor der nationalsozialistischen Expansionspolitik aus anderen Ländern geflohen waren.

Opfer einer Razzia gegen nichtfranzösische Juden bei ihrer Ankunft im Sammellager Drancy in der Nähe von Paris, August 1941. Kontrolliert vom »Judenreferat« der Gestapo, wurde das Lager von der französischen Polizei bewacht und verwaltet. Von dort wurden bis Ende Juli 1944 mehr als 60 000 Juden in deutsche Vernichtungslager, vor allem nach Auschwitz, deportiert.

In den ersten beiden Jahren der deutschen Besatzung war es nicht nur die Okkupationsmacht, sondern auch die Vichy-Regierung, die eigenständige Maßnahmen zur Isolierung der Juden ergriff. So erließ sie gleich im Oktober 1940 das so genannte »Statut des Juifs« (Judengesetz), das, ähnlich wie in Deutschland die »Nürnberger Gesetze«, genaue Kriterien festlegte, wer jüdischer »Rasse« war und Juden von der Teilnahme am öffentlichen Leben ebenfalls weitgehend ausschloss. Mit dem »Commissariat Général aux Questions Juives« (CGQJ) wurde im März 1941 überdies eine Zentralstelle eingerichtet, die für die Koordinierung und Umsetzung der antijüdischen Politik Sorge zu tragen hatte. Jüdischer Besitz wurde in großem Umfang »arisiert«, an die 42 000 Geschäfte, Häuser und andere Vermögenswerte gingen so scheinbar legal an den französischen Staat.

Bis Mitte 1942 hatte sich die Situation für Juden in Frankreich bis auf wenige Ausnahmen in drastischer Weise verschlechtert, was, wie sich bald zeigen sollte, nur der Anfang ihres Leidenswegs war. Ihre Verfolgung war nun nicht nur gesetzlich legitimiert, sie wurden auch polizeilich erfasst und zu Tausenden in Internierungs- und Arbeitslager gezwungen.

Passkontrolle von verhafteten Juden durch die französische Polizei in Paris, August 1941. Betroffen waren zunächst Juden ohne französische Staatsangehörigkeit, die in Frankreich Zuflucht gesucht hatten.

Vor allem Sicherheitspolizei und SD bestärkten die französische Regierung in ihrer Vorgehensweise und ermunterten sie noch, die Aktionen auszuweiten. Der größere Einfluss auf die nationale Politik, den das Regime von Vichy sich im Gegenzug erhoffte, blieb indes dennoch aus.

»Judenreferent« und somit Leiter der Gestapo-Abteilung IV J beim Beauftragten des Chefs der Sicherheitspolizei und des SD in Paris, Knochen, war seit September 1940 Theodor Dannecker. De facto war er Sachwalter der Judenverfolgung in Frankreich und unterstand direkt Eichmanns Referat in Berlin.

Seit Sommer 1941 hatte die Sicherheitspolizei und der SD auch im Hinblick auf die »Judenpolitik« eine zentrale Stellung innerhalb der Besatzungsverwaltung eingenommen. Die Kompetenzen des Militärbefehlshabers waren hierbei immer mehr eingeschränkt worden; in diesen Zeitraum fielen (in Zusammenarbeit mit der französischen Polizei) die ersten großen Verhaftungswellen, die ausschließlich Juden betrafen.

Nach der Wannsee-Konferenz im Januar 1942, verstärkt dann nach konkreten Beschlüssen im Juni, begann man mit den Vorbereitungen umfassender Deportationen von Juden aus Frankreich – unter anderem über das berüchtigte Sammellager Drancy bei Paris sollten Tausende nach Auschwitz verschleppt

Ankunft ungarischer Juden im Vernichtungslager Auschwitz, Sommer 1944. Aufseher und SS-Ärzte »selektierten« an der Rampe arbeitsfähige Juden, die anderen wurden direkt in die Gaskammern geschickt. Insgesamt wurden hier etwa 1,5 Millionen Menschen ermordet.

werden. Auch hierbei kam das Vichy-Regime der Aufforderung, die »Endlösung der Judenfrage« tatkräftig zu unterstützen, gewissenhaft nach: Seit Anfang Juni 1942 mussten Juden in der Öffentlichkeit den gelben Davidstern tragen. Kurz darauf erhielten französische Beamte die Anweisung, den deutschen Besatzern jegliche Hilfe bei der geplanten Verhaftung von Juden zu gewähren.

In Umfang und Brutalität bis dato für Frankreich absolut beispiellos war die Großrazzia, die am 16. und 17. Juli 1942 in Paris stattfand. Ihre Vorbereitung wie ihre Durchführung kann als exemplarisch für eine Vielzahl weiterer Hatzaktionen gegen die Juden des Landes gesehen werden – ebenso für die Kollaboration der französischen Polizei. Die Gestapo in Person Danneckers hatte die organisatorischen Rahmenbedingungen zuvor entworfen und sich mit den französischen Dienststellen über die Durchführung abgestimmt: Die Verhaftungen waren ausschließlich von französischen Beamten vorzunehmen, während das »Judenreferat« im Hintergrund die Steuerung übernahm. Die Zahl der in einer eigens angelegten Kartei erfassten und zu verhaftenden Juden in den 20 Pariser Arrondissements wurde auf über 25 000 beziffert, in den Vorstädten kamen noch mehr als 2 000 hinzu. Die auf Befehl der deutschen Militär-

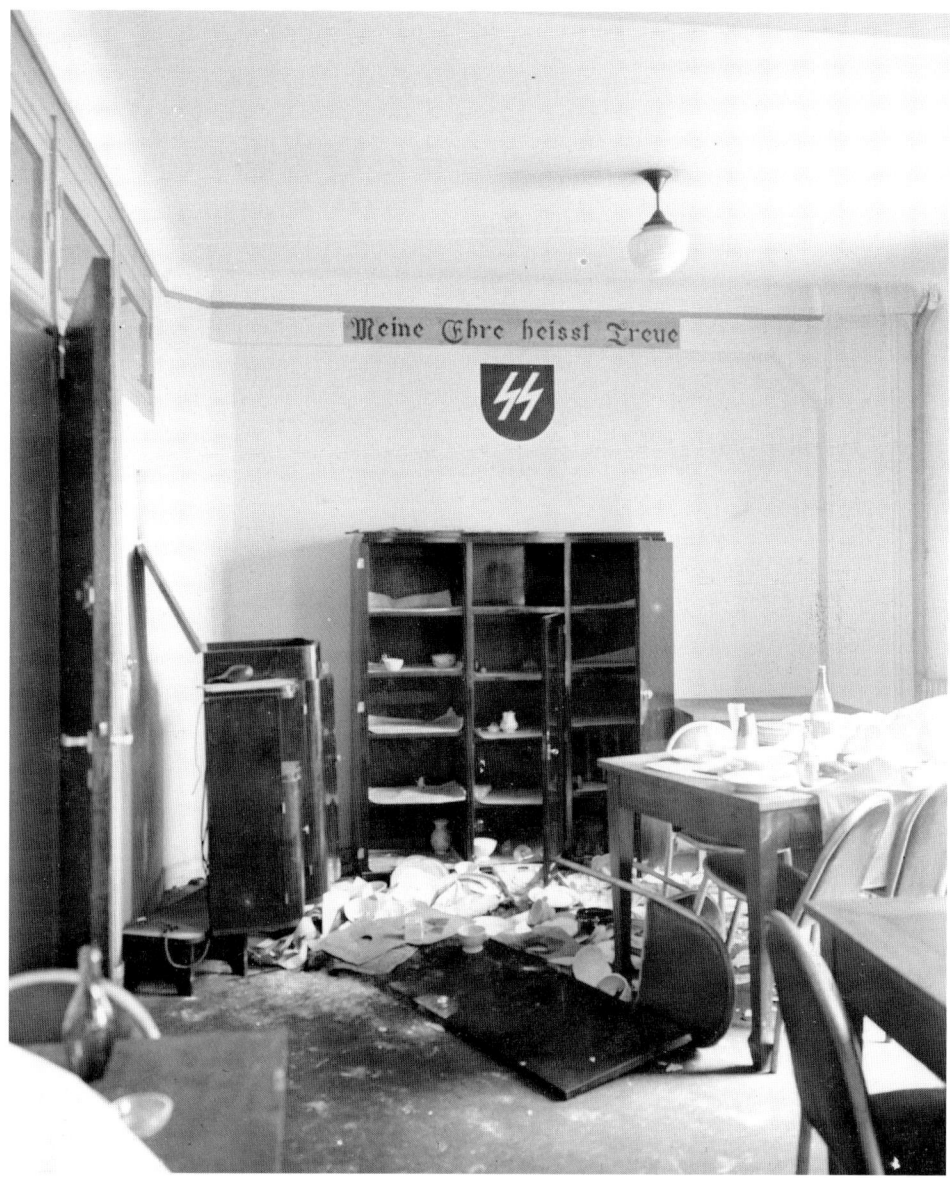

Verwüsteter Büroraum in der Rue de Saussaies 11 nach dem Aufstand der französischen Widerstandsbewegung und der erfolgreichen Befreiung von Paris im August 1944. In diesem Gebäude
befand sich der Amtssitz von Kurt Lischka als Kommandeur des »Sicherheitspolizei (SD)-Kom-
mandos« Paris.

verwaltung erstellte Erhebung war von der französischen Kriminalpolizei ohne Umschweife durchgeführt worden. So umfangreich war das Material, dass
man in der Pariser Polizeipräfektur eine eigene Dienststelle für die »Judenkar-
tei« einrichtete: die nach ihrem Leiter benannte »Dienststelle Tulard«. Insge-

samt sollten während der Razzia etwa 4 500 französische Polizisten zum Einsatz kommen.[31]

Knapp 13 000 »staatenlose« beziehungsweise ausländische Juden, darunter mehr als 4 000 Kinder, wurden schließlich verhaftet, Familien auseinandergerissen, viele in Lager verschleppt und später deportiert. Juden mit französischer Staatsangehörigkeit waren – trotz massiver Diskriminierung durch das Vichy-Regime – vor den anlaufenden Deportationen zunächst noch geschützt: Zu sehr fürchtete die Kollaborationsregierung den zu erwartenden Protest und die damit verbundene Schwächung der eigenen Machtbasis. Zwar war die Gesamtzahl der Festnahmen bei der Razzia deutlich niedriger als von deutscher Seite erhofft – einige hatten untertauchen können, weil im Vorfeld durchsickerte, was die Besatzer planten, auch zeigten sich manche französische Beamte loyal und warnten, wer in Gefahr war –, doch das Vorgehen war derart rücksichtslos, dass diejenigen, die diesmal verschont blieben, Schlimmstes befürchten mussten.

Die nicht mehr geheim zu haltenden antijüdischen Maßnahmen forderten in der Folge zunehmend den Protest einer wachsenden Zahl von Franzosen heraus – auch gegen Pétain und seine Gefolgsleute. Doch die Welle der Deportationen nach Osten war längst angerollt: Schon am 27. März 1942 hatte sich der erste Transport mit 1 112 Juden aus Frankreich in Richtung Auschwitz in Bewegung gesetzt. Das Kalkül der Vichy-Regierung, sich durch Unterstützung der »Judenpolitik« zumindest eine gewisse Entscheidungsfreiheit zu erhalten, war nicht aufgegangen; nachdem man der deutschen Willkür derart Vorschub geleistet hatte, wurde das Regime selbst zum Teil des Vernichtungssystems – galt es doch fortan, die vorgegebenen »Deportationsquoten« zu erfüllen, auch die »freie Zone« betreffend. Auch Juden mit französischem Pass waren somit künftig vor dem Schicksal der Deportation keineswegs mehr gefeit. Bis zum 30. Mai 1944 sollten aus französischen Lagern insgesamt 75 Züge mit mehr als 73 000 Juden in das Vernichtungslager Auschwitz rollen. Fast 50 000 wurden sofort nach ihrer Ankunft vergast. In Frankreich fielen der »Endlösung« insgesamt 80 000 Menschen zum Opfer.

Als Kommandeur des »Sicherheitspolizei (SD)-Kommandos« Paris und ständiger Vertreter Knochens war Kurt Lischka nachweislich über alle Vorgänge und Maßnahmen der Judenverfolgung informiert – der »Judenreferent« der Gestapo-Abteilung legte ihm grundsätzlich alle wichtigen Dokumente zur Kenntnisnahme vor. Alles ging seinen bürokratischen Gang: Lischka kommentierte zuweilen per handschriftlichem Vermerk oder fügte Änderungen ein. Zudem überwachte er die Zusammenarbeit mit der französischen Polizei.

Doch Lischka war weitaus mehr als nur ein stiller Mitwisser der Judenverfolgung in Frankreich. Sein Werdegang innerhalb der Gestapo prädestinierte

ihn geradezu, bei der aktiven Mitgestaltung an der »Endlösung der Judenfrage«
eine exponierte Funktion einzunehmen, eine Vielzahl von ihm gezeichneter
Dokumente belegt dies eindrücklich.[32] Sicherlich hätte er seine Aufgabe in
Paris mit der ihm eigenen Gründlichkeit gerne zu Ende gebracht. Doch er stol-
perte über ein banales Strafverfahren – wegen Verdachts der »einfachen,
passiven Bestechung«. Anfang September 1943 wurde er nach Berlin ins (Ge-
stapo-)Amt IV des RSHA zurückbeordert. Erst Ende Juni 1944 wurde er freigesprochen. Offenbar überstand er diesen Einbruch ohne irgendeinen Vertrau-
ensverlust: Kaum rehabilitiert, bewegte er sich erneut im engsten Führungs-
kreis der Gestapo; so ermittelte er bald darauf emsig gegen die »Verschwörer«
des 20. Juli. Es sollte nicht seine einzige Rückkehr in die »Normalität« sein, als
wäre nichts gewesen – wir werden ihm zu späterer Zeit ein weiteres Mal
begegnen.

Gestapo und die »Endlösung der Judenfrage«

Bis Kriegsbeginn 1939 wollte das NS-Regime im Zusammenspiel von gelenkter
antisemitischer Gewalt und staatlichen Maßnahmen die jüdische »Auswanderung« noch weiter forcieren: Ausgeschlossen aus der »Volksgemeinschaft«,
entrechtet und ihres Besitzes beraubt, gingen diejenigen deutschen Juden,
denen es noch möglich war, in die erzwungene Emigration – was ihnen durch
restriktive Devisenbestimmungen noch erschwert wurde, konnten sie doch nur
minimale Geldbeträge ausführen. Die »Arisierung« war nun weitgehend abge-
schlossen: Zum 1. Januar waren die verbliebenen jüdischen Betriebe stillgelegt
oder zu Spottpreisen an deutsche »Volksgenossen« oder loyale Parteianhänger
buchstäblich verhökert worden, Juden verloren jeden Anspruch auf Versiche-
rungen und Renten und mussten zu Niedrigpreisen verkaufen, was ihnen an
Besitz noch geblieben war, von Wertgegenständen bis hin zum Grundeigen-
tum.

Nach dem militärischen Überfall auf Polen eröffneten sich auch innerhalb
des »Altreichs« radikalere Möglichkeiten für die Judenverfolgung: So forderten
regionale Parteistellen die Schaffung eines »Judenreservates« im Osten, um Juden aus dem Reichsgebiet entfernen und in die neu besetzten Gebiete deportieren zu können. Bereits seit 1939 zeichnete sich in Einzelfällen eine enge Kooperation zwischen regionalen Behörden, der NSDAP und der Gestapo ab – als
Garant für systematisches Vorgehen sollte sie künftig bei der Deportation der
deutschen und europäischen Juden in die Vernichtungslager eine bedeutende
Rolle spielen. Größere Deportationen aus Wien und dem »Protektorat Böhmen
und Mähren« nach Polen begannen bereits im Jahr des Kriegsbeginns, bald sollte sich die Spirale des Terrors schneller und schneller drehen. Im Frühjahr 1941
wurden annähernd 72 000 Juden in das im November 1940 eingerichtete »War-

schauer Ghetto« deportiert – mit einer halben Million Menschen das größte in ganz Europa. Systematische »Evakuierungen« aus dem »Altreich« setzten indes erst zu Beginn des dritten Kriegsjahres ein: So wurden am 14. Oktober 1941 etwa 20 000 Menschen jüdischer Herkunft aus deutschen Großstädten in das ebenfalls seit 1940 bestehende polnische Ghetto Łódź verschleppt. Zuvor war am 15. September 1941 eine Polizeiverordnung in Kraft getreten, die alle Juden ab dem sechsten Lebensjahr zum Tragen des gelben »Judensterns« verpflichtete; derart öffentlich stigmatisiert, waren sie nun endgültig ausgegrenzt. Das Ausreiseverbot vom 23. Oktober 1941 bezeichnete dann den entscheidenden Wechsel in der nationalsozialistischen »Judenpolitik«: »Auswanderung« war nun nicht mehr möglich, sie wurde durch »Evakuierung« ersetzt.

Die zentrale Steuerung der Deportationen oblag der Abteilung IV B 4 des Reichssicherheitshauptamtes, die mit allen notwendigen exekutiven Kompetenzen ausgestattet war. Das so genannte »Judenreferat« mit Sitz in der Berliner Kurfürstenstraße 116 ist untrennbar mit dem Namen Adolf Eichmann verbunden, dem wir schon im Zusammenhang mit der Wiener »Zentralstelle für jüdische Auswanderung« begegnet sind; schon im Dezember 1939 war er von Heydrich zum Sonderreferenten »Durchführung der Räumung im Ostraum« im RSHA, Amt IV (Gestapo), ernannt worden.

Die Pläne, die er erarbeitete, legte Eichmann seinem Amtsleiter Heinrich Müller in der Prinz-Albrecht-Straße vor. Der Gestapochef wurde über alle Vorgänge genau in Kenntnis gesetzt und war durch eigene Erlasse, Weisungen und Befehle an staatspolizeiliche Dienststellen und seine Untergebenen ein maßgeblicher Motor bei der »Endlösung der Judenfrage«, deren Durchführung und Koordination Anfang 1942 bei einem von Heydrich als Chef des RSHA initiierten Treffen in einer Villa am Berliner Wannsee besprochen wurden. Der Übergang zur systematischen Vernichtung der europäischen Juden darf indes nicht darüber hinwegtäuschen, dass der Massenmord längst in vollem Gange war: In den neu eroberten Territorien der Sowjetunion waren zu diesem Zeitpunkt – sieben Monate nach dem deutschen Überfall – bereits etwa eine halbe Million Juden von den »Einsatzgruppen der Sicherheitspolizei und des SD« kaltblütig getötet worden; man denke nur an das Massaker in der Schlucht von Babi Jar, wo Ende September 1941 innerhalb von nur zwei Tagen fast 34 000 Menschen buchstäblich niedergemäht wurden.

Die Koordination der »Endlösung« auf der Wannsee-Konferenz   Für die Einordnung der Besprechung vom 20. Januar 1942, die als »Wannsee-Konferenz« in die Geschichte einging, ist entscheidend, dass hier der zahlreich versammelten Ministerialbürokratie, deren Mitwisserschaft und Beteiligung man für un-

Reinhard Heydrich galt als bedeutsamer Wegbereiter der »Endlösung der Judenfrage«, bis er im Juni 1942 den Folgen eines Attentats tschechischer Widerstandskämpfer erlag. Als Vergeltung wurde kurz darauf das tschechische Dorf Lidice bei Prag dem Erdboden gleichgemacht und alle männlichen Bewohner über fünfzehn Jahre an Ort und Stelle ermordet.

abdingbar hielt, organisatorische Maßnahmen zur »Endlösung der Judenfrage« ganz offiziell mitgeteilt wurden. Unter dem Vorsitz Heydrichs diskutierten die Anwesenden die Abstimmung zwischen den verschiedenen Dienststellen, die sie vertraten. Unumstritten, das war Heydrichs anvisiertes Ziel, sollte danach die Führungsrolle des RSHA bei der Durchführung der »Endlösung« sein, was auch die Bedeutung der Gestapo beträchtlich erhöhte. Entsprechende Vollmachten hatte Heydrich schon am 31. Juli 1941 von Hermann Göring erhalten, der ihn beauftragte, »alle erforderlichen Vorbereitungen in organisatorischer, sachlicher und materieller Hinsicht zu treffen für eine Gesamtlösung der Judenfrage im deutschen Einflussgebiet«.[33]

Fünfzehn hohe Beamte der obersten Reichs- und Parteibehörden wurden so von Heydrich im Beisein Eichmanns und Müllers über die Mordpläne informiert. Einer der Konferenz präsentierten Länderliste zufolge belief sich die Gesamtzahl der zur Deportation und Vernichtung vorgesehenen Juden in ganz Europa auf mehr als elf Millionen. Gut die Hälfte davon entgingen ihrem Schicksal, da die entsprechenden Länder nicht unter deutschen Einfluss gerieten. Doch bis zum Kriegsende wurden sechs Millionen Juden in deutschen Gaskammern ermordet oder fielen ihren Häschern bei Massenerschießungen zum Opfer.

Als Protokollführer hielt Eichmann fest, dass (die Wortwahl spricht für sich) bei »der praktischen Durchführung der Endlösung Europa vom Westen nach Osten durchgekämmt [wird]« und »das Reichsgebiet einschließlich Protektorat Böhmen und Mähren, allein schon aus Gründen der Wohnungsfrage und sonstigen sozial-politischen Notwendigkeiten, [wird] vorweggenommen werden müssen«. Weiter heißt es: »Die evakuierten Juden werden zunächst Zug um Zug in sogenannte Durchgangsghettos verbracht, um von dort aus weiter nach dem Osten transportiert zu werden.«[34]

Hier stand es schwarz auf weiß: »Evakuierung« diente als Chiffre für Deportation. Man glaubte an die Notwendigkeit einer Tarnung gegenüber der »Volksgemeinschaft« – Mitleid oder schlimmstenfalls eine Solidarisierung mit Juden sollte gar nicht erst möglich sein. Zugleich sollte das Ausland über die eigentlichen Vorhaben getäuscht werden – und, um Flucht- und Widerstandshandlungen zu vermeiden, nicht zuletzt auch die Juden selbst. »Weiter nach dem Osten transportiert zu werden« bedeutete nichts anderes als die systematisch und industriell angelegte Massenvernichtung europäischer Juden in deutschen Todeslagern, für die Auschwitz bis heute als Synonym steht.[35] Wie dies im Einzelnen zu bewerkstelligen war, darüber hatten sich Heydrichs Experten bereits im Vorfeld ausgiebig Gedanken gemacht; nachdem sich Massenerschießungen als untauglich erwiesen hatten, weil der Tötungsprozess zu lange dauerte und zudem die Täter vor psychischen Belastungen wie umherspritzendem Blut und Gehirnteilen »geschützt« werden sollten[36], war schon im November des Vorjahres in Belzec mit dem Bau einer Vergasungsanlage begonnen worden. Anfangs, während der Rede Heydrichs, so Eichmann später bei seinem Prozess in Jerusalem, habe absolute Ruhe geherrscht, später, als es um Detailfragen wie die künftige Behandlung von »Mischlingen« ging, habe »alles durcheinandergesprochen«. Kognak wurde gereicht, und »in sehr unverblüm-

Ort der Wannsee-Konferenz vom 20. Januar 1942. Seit 1941 fungierte die Villa als Gästehaus der Sicherheitspolizei und des SD. Gestapo-Chef Heinrich Müller nutzte gegen Kriegsende die Räumlichkeiten zuweilen als Dienstsitz, um beispielsweise mit einem Vertreter der Genfer Zentrale des Roten Kreuzes über die Übergabe der Konzentrationslager Ravensbrück und Sachsenhausen zu verhandeln.

ten Worten« habe man über »Tötungsmethoden, über Liquidierung, über Vernichtung« gesprochen und mit größtem Eifer die Möglichkeiten durchgespielt – was auf ausdrückliche Anweisung Heydrichs im Protokoll ausgespart blieb. Bei keinem der Anwesenden wurde, dies hielt Eichmann allerdings sehr wohl protokollarisch fest, irgendein Widerspruch zu den vorgetragenen Plänen laut. Der Tag fand ein wahrhaft einträchtiges Ende: »Ich weiß noch«, so Eichmann ebenfalls in seinem Prozess, »dass im Anschluss an die Wannsee-Konferenz Heydrich, Müller und meine Wenigkeit am Kamin gemütlich saßen [...], nicht um zu fachsimpeln, sondern uns nach den langen, anstrengenden Stunden der Ruhe hinzugeben.«

Die Kaminseligkeit der Wannsee-Villa sollte zur tödlichen Realität werden. Welche Rolle dabei die lokalen Stapo-Stellen und »ganz normale« deutsche Beamte spielten, soll nun mittels eines der seltenen Beispiele aufgezeigt werden, die gut dokumentiert sind. Es kann jedoch davon ausgegangen werden, dass das hier geschilderte Vorgehen durchaus paradigmatisch war.

Die Würzburger Gestapo und die Deportation der mainfränkischen Juden Die alliierten Luftangriffe auf Würzburg vom März 1945 hatten auch den dortigen Dienstsitz der Gestapo zerstört – und mit ihm einen Teil des Aktenbestands. Einen Großteil, doch bei weitem nicht alles, wie sich herausstellen sollte. Der Rest war, wohl aufgrund der Brisanz seines Inhalts und der sich zuspitzenden militärischen Situation, schon vor Beginn der schweren Bombardements ausgelagert worden, um später vernichtet zu werden.

Isaac Wahler, 1934 aus Mainfranken in die USA emigriert und bei Kriegsende mit der US-Armee nach Deutschland zurückgekehrt, arbeitete für den stellvertretenden Chefankläger bei den Nürnberger Kriegsverbrecherprozessen, Robert M. W. Kempner. Auf einer Dienstreise im August 1947 stieß er in einer Baracke in Oberursel im Taunus auf Leitzordner mit circa 1 200 Aktenblättern sowie ein makabres Fotoalbum, von dem noch die Rede sein wird. Ein spektakulärer Fund, handelte es sich doch um die erhalten gebliebenen Akten der Gestapo Würzburg[37], die deutlich Aufschluss geben über Struktur, Organisierung und Durchführung der Deportationen der mainfränkischen Juden zwischen 1941 und 1943, von denen hier drei exemplarisch geschildert werden sollen.

Die »Geheime Staatspolizei – Staatspolizei Würzburg«, so die offizielle Bezeichnung, unterstand nach der Neuorganisation des Polizeiwesens 1936 direkt dem Geheimen Staatspolizeiamt und seit 1939 mit dessen Gründung dem Reichssicherheitshauptamt in Berlin. Kriegsbedingt kam es im Juli 1941 zu organisatorischen Änderungen: Die Würzburger Stapo-Stelle verlor ihre behördliche Eigenständigkeit und wurde zur Außendienststelle der Stapo-Stelle Nürnberg-Fürth. In ihren Kompetenzbereich fielen jedoch auch danach innenpolitische Angelegenheiten, die in den Sammelreferaten II/1 (Schutzhaft, Heimtücke, Schwarzsender, Sabotage, verbotener Umgang und Hochverrat) und II/2 (ausländische Arbeiter, jüdische und kirchliche Angelegenheiten) zusammengefasst waren. Im März 1937 verfügte die Würzburger Gestapo über 28 Mitarbeiter[38], eine Zahl, die sich während des Krieges durch Reorganisation auf sechzehn bis achtzehn Vollzugsbeamte reduzierte.[39]

Für die Deportationen in Gesamtfranken war (als übergeordnete Instanz der Außendienststelle Würzburg) die Gestapo Nürnberg-Fürth zuständig; die ab 1941 stattfindenden Deportationen der mainfränkischen Juden wurden in Zusammenarbeit mit der Gestapo Würzburg in die Wege geleitet und durchgeführt.[40] Der erste Deportationszug verließ Würzburg am 27. November 1941, der letzte am 17. Juni 1943. Bei den insgesamt sechs Transporten in Lager, Ghettos oder Konzentrationslager im Osten, die bis zum Jahr 1943 stattfanden, wurden 2 063 Juden aus Mainfranken verschleppt, überlebt haben wahrscheinlich nicht mehr als 41.[41]

Den reibungslosen Ablauf gewährleisteten gerade auch rangniedere Gesta-

Oswald Gundelach, geboren 1904 in Poppenlauer im Landkreis Bad Kissingen. Noch in der Weimarer Republik ausgebildet und demokratischen Grundsätzen verpflichtet, betrieb er mit großem Engagement seinen Wechsel von der Schutzpolizei zur Gestapo.

po-Beamte. Nichts war an ihrer Laufbahn besonders ungewöhnlich, doch ohne die Mithilfe von Hunderten, ja Tausenden pflichteifriger Staatsdiener, die sich später stets darauf zurückzogen, nur Befehlsempfänger gewesen zu sein, hätte die Vernichtungsmaschinerie niemals ins Werk gesetzt werden können.

Einer davon war der aus Poppenlauer im Landkreis Kissingen stammende Oswald Gundelach, der nach einer Lehre und vorübergehenden Tätigkeit als Schreibkraft in einer Rechtsanwaltskanzlei am 1. April 1922 in die Bayerische

Landespolizei eintrat, wo er in regelmäßigen Abständen befördert und Anfang Februar 1936 im Rang eines Hauptwachtmeisters der Gendarmerie zum Beamten auf Lebenszeit ernannt wurde – im Grunde eine solide Karriere. Doch wie viele andere witterte er bessere Möglichkeiten bei einer schon zu diesem Zeitpunkt berüchtigten Institution: der Geheimen Staatspolizei. Um sich als loyaler Anhänger des Führerstaates zu zeigen und sicherlich auch, um seine Aufstiegschancen innerhalb des Systems zu verbessern, trat er 1937 der NSDAP bei. »Ein eingereichtes Gesuch,[42] um Übernahme zur Staatspolizeistelle Würzburg, wurde abgelehnt mit der Begründung, daß nur Angehörige aus der Schutzpolizei für eine Übernahme in Frage kommen«, heißt es rückblickend in einem von Gundelach handschriftlich verfassten Lebenslauf aus dem Jahre 1940.[43] Um diesem Ziel näher zu kommen, bat er nach bestandener Fachprüfung um Versetzung in die Schutzpolizei, die ihm im Juli 1938 gewährt wurde. Nachdem er dort zunächst als Kraftfahrer eingesetzt wurde, war es dann, nach Ablegung einer weiteren Prüfung, endlich für ihn soweit: Am 7. September 1939 wurde Gundelach zur Staatspolizeistelle Würzburg versetzt und hatte dort Vollzugsdienst zu verrichten, ein Jahr später, zum 1. September 1940, erhielt er seine Beförderung zum Kriminaloberassistenten, 1942 dann zum Kriminalsekretär. Zugeteilt war er der Abt. II/2, die unter anderem für Juden zuständig war und dem stellvertretenden Leiter der Würzburger Gestapo, Michael Völkl, unterstand, der für die Durchführung der Deportationen in Würzburg maßgeblich verantwortlich war. Anfang 1942 bewarb sich Gundelach um die Mitgliedschaft in der SS – ein Überzeugungstäter.[44]

Erste Deportation aus Mainfranken Für November/Dezember 1941 war im RSHA geplant, etwa 50 000 Juden aus dem Reich nach Riga (Lettland) und Minsk (Weißrussland) zu deportieren. Am 3. November teilte die Gestapo Nürnberg-Fürth ihrer Außendienststelle in Würzburg mit, dass zeitnah 200 Juden[45] in jene Gebiete Litauens, Lettlands und Weißrusslands zu deportieren seien, die nach dem deutschen Überfall auf die Sowjetunion vom Juni 1941 im so genannten »Reichskommissariat Ostland« zusammengefasst worden waren.

In den von den Kollegen in Nürnberg am 8. November 1941 übermittelten »Richtlinien zur technischen Durchführung der Evakuierung der Juden nach dem Ostland«[46] – man beachte auch hier die Wortwahl – erhielt die Gestapo den Auftrag, »neben der Konzentrierung und der personellen Erfassung des zu evakuierenden Personenkreises« den »Abtransport dieser Juden mit Sonderzug der Deutschen Reichsbahn und die Regelung der vermögensrechtlichen Angelegenheiten« sicherzustellen. Diejenigen, die in der deutschen Rüstungsindustrie benötigt wurden, in »deutsch-jüdischen Mischehen« lebten oder über 60 Jahre alt waren, blieben (vorerst) noch verschont.

Am 15. November teilte die Stapo-Stelle Nürnberg-Fürth der Würzburger Außendienststelle in einem dreizehn Punkte umfassenden Schreiben akribisch genau mit, wie die »Vermögensbehandlung« der zu deportierenden Juden im Einzelnen auszusehen habe. Der fünfte Punkt zeigt unmissverständlich, dass es sich dabei um die endgültige Ausplünderung durch die Gestapo handelte: »Den Juden ist zu eröffnen, daß ihr gesamtes Vermögen rückwirkend zum 15.10.1941 staatspolizeilich beschlagnahmt ist.«

Auf die »Richtlinien« folgte am 20. November eine konkrete »Organisationsanweisung zur Durchführung der Judenevakuierung«, in der die Gestapo-Beamten über den genauen Ablaufplan sowie die Aufgabenverteilung in Kenntnis gesetzt wurden. Drei Tage später mussten sich die für die Deportation bestimmten Juden zur »Belehrung« über den Verlauf und die Behandlung ihres Vermögens in der Dienststelle der Würzburger Gestapo, Ludwigstraße 2, einfinden und wurden angewiesen, sich am 26. November zwischen 14 und 16 Uhr im Saal der Stadthalle zu melden. Die ihnen zugeteilte »Evakuierungsnummer« war dabei zusammen mit ihrer Würzburger Anschrift kenntlich am äußeren Kleidungsstück zu tragen. Bei ihrer Ankunft in der Stadthalle am 26. November mussten sie eine penible Leibesvisitation, die zuweilen auch das vollständige Entkleiden und die Untersuchung aller Körperöffnungen einschloss, über sich ergehen lassen; nicht genehmigte (Wert-)Gegenstände wurden, mit Ausnahme von Eheringen, beschlagnahmt.

Auch Metzgermeister Ludwig Mai, Frau Milli und Sohn Herbert aus der Sterngasse 12 waren davon betroffen. Der damals zwölfjährige Herbert Mai – er hatte die »Evakuierungsnummer« 267 – ist der einzige Überlebende der Familie: »Eines Tages ist ein Brief gekommen, dass wir um so und so viel Uhr in der Stadthalle sein sollen. Man kann einen Koffer mitnehmen und ein paar Lebensmittel, oder was auch immer. Und meine Eltern haben das befolgt. [Dass jemand sich geweigert hätte,] das ist überhaupt nicht vorgekommen, wenn so was gesagt worden ist, dann hat man das gemacht, und alle die Juden aus Würzburg sind morgens früh in die Stadthalle gegangen, ohne zu fragen warum und weswegen – das war die Gestapo.«[47] Der Vater war bereits nach dem Novemberpogrom 1938 zeitweise nach Buchenwald verschleppt worden. Nach seiner Rückkehr musste er sein Metzgergeschäft schließen und wurde stattdessen zu schwerster körperlicher Arbeit beim Straßenbau gezwungen. Bereits im August 1941 hatte der amtliche Versteigerer Paul Baumeister von der Gestapo den Auftrag erhalten, die Möbel der Familie Mai im örtlichen Café Alhambra zu verkaufen: Die Familie musste in eines jener so genannten »Judenhäuser« in der Korngasse umziehen, die im ganzen Reich existierten und in denen jüdische Familien zwangsweise zusammengepfercht wurden, bis man sie deportierte.

Am 27. November, frühmorgens um 3.30 Uhr, mussten die insgesamt

202 Juden, bewacht von Gestapo, Kriminalpolizei und SS, zum Fußmarsch durch die Stadt bis zum Aumühlenbahnhof antreten. Reichsbahnoberinspekteur Mayer hatte bereits eine Woche zuvor telefonisch mitgeteilt, dass »am 27.11.1941 4 Personen- und 2 Güterwagen ab 4 Uhr morgens zum Abtransport der Juden auf dem Rangierbahnhof Aumühle bereit stehen«. Um 5.50 Uhr setzte sich Zug 6604 in Bewegung, zunächst in Richtung Nürnberg. Als Begleitperson für den Transport war Oswald Gundelach zur Stelle; zur »Mitnahme nach den besetzten Gebieten der UdSSR« führte er Reichskreditkassenscheine über 200 Reichsmark bei sich.

Zusammen mit etwa 806 weiteren Leidensgefährten aus anderen Städten wurden die 202 Juden aus Würzburg am 29. November 1941 von Nürnberg aus in das provisorisch aufgebaute Lager »Jungfernhof« am Stadtrand von Riga transportiert. Lediglich 55 von ihnen sollen überlebt haben.[48]

Zweite Deportation   Nur wenig später, am 6. Februar 1942, also kurze Zeit nach der Wannsee-Konferenz, ging ein Geheimer Schnellbrief des Reichssicherheitshauptamtes, Abteilung IV B 4, bei der Gestapo Würzburg ein. Der Unterzeichner: Adolf Eichmann. Das an alle Staatspolizei(leit)stellen im »Altreich«, die Staatspolizeileitstelle Wien und die Zentralstelle für jüdische Auswanderung in Wien adressierte Schreiben begann mit der Klarstellung, dass die in jüngster Vergangenheit durchgeführten Deportationen – so auch die Würzburger vom 27. November 1941 – erst der »Beginn der Endlösung der Judenfrage im Altreich, der Ostmark und dem Protektorat Böhmen und Mähren« gewesen seien. Von nun an gelte es die »Evakuierungen« unter erweiterten Kriterien zu betreiben: »Zur Zeit werden neue Aufnahmemöglichkeiten bearbeitet mit dem Ziel, weitere Kontingente von Juden aus dem Altreich, der Ostmark und dem Protektorat Böhmen und Mähren abzuschieben. Die genaue Planung von Vorbereitung [sic!] dieser weiteren Evakuierungsaktion macht zunächst eine gewissenhafte Feststellung der noch im Reichsgebiet ansässigen Juden nach folgenden, den Richtlinien für die Evakuierung erforderlichen Gesichtspunkten erforderlich.« Aus diesem Grund wurden die Gestapo-Dienststellen angewiesen, bis zum 9. Februar 1942 die »Gesamtzahl der [...] in Betracht kommenden Juden« genauestens zu erfassen und nach den Orten in ihrem Dienstbereich aufzuschlüsseln. Eine Zahl »nach dem *neuesten Stand*[49]« sei »maßgebend für die spätere Zuteilung von Transportzügen bzw. für die Zusammenstellung von Evakuierungstransporten«. Zudem sollten diejenigen erfasst werden, die gemäß dem rassischen Antisemitismus des Nationalsozialismus in der 1. Verordnung zum »Reichsbürgergesetz« vom 14. November 1935 zu Juden erklärt worden waren. Von den anstehenden Deportationen zunächst ausgenommen waren Juden, die in so genannten »Mischehen« lebten, eine ausländische Staatsangehörigkeit besaßen, sich im »geschlossenen kriegswichtigen Arbeitseinsatz« befanden, über 65 Jahre alt oder im Alter zwischen 55 und 65 Jahren und, dies wurde eigens hervorgehoben, »besonders[50] gebrechlich und daher transportunfähig« waren. Akribisch genau erfasst wurden sie dennoch – für spätere Deportationen, schließlich sollte das Ziel, das gesamte deutsche Reich eines Tages für »judenfrei« erklären zu können, nicht aus den Augen verloren werden.

Nach Erhalt dieser Anweisung machte sich der hier bereits eingeführte Gestapo-Beamte Völkl, Leiter der für Juden zuständigen Abteilung II/2, umgehend an die Arbeit: Alle Landräte in Mainfranken sowie die Oberbürgermeister von Aschaffenburg und Schweinfurt wurden aufgefordert, »unverzüglich« die »Feststellungen innerhalb des dortigen Dienstbereichs« zu treffen und ihm diese bis zum 7. Februar 1942 telefonisch mitzuteilen; es galt keine Zeit zu verlieren.

Und die Politiker zögerten nicht, der Aufforderung nachzukommen: Tatsächlich lagen die nötigen Daten am nächsten Tag komplett vor und die diensteifrigen Würzburger Beamten mussten sie in bewährter Manier nur noch nach Nürnberg weiterleiten. In den 83 Städten und Ortschaften des Dienstbereiches der Gestapo Würzburg, dies hatte die »Erfassung« ergeben, lebten zu jenem Zeitpunkt noch 2006 Juden, von denen 1191 entsprechend den aufgestellten Kriterien für eine »Evakuierung« in Betracht kamen.

Am 18. März 1942 fand bei der Staatspolizeistelle Nürnberg-Fürth eine Besprechung statt – das Thema: »die weitere Evakuierung von Juden«, die bereits für den 23. März angesetzt war. Die Nürnberger brauchten Unterstützung, offenbar konnten sie die von oben diktierte Quote[51] nicht erfüllen: »Da die Staatspolizeistelle Nürnberg-Fürth aus ihrem Bereich nicht die vorgeschriebenen Anzahl von 1000 Juden zu diesem Termin zusammen bringt, müssen von der Stapo-Außendienststelle Würzburg 170 Juden zu diesem Termin nach Nürnberg verbracht werden.«[52] Doch auf die Würzburger war Verlass: Zur »Vorbereitung« der Betroffenen wurde erneut Oswald Gundelach mit abgestellt.

Tags darauf erhielten die Landräte von Kitzingen und Ochsenfurt ein sorgfältig vorbereitetes Verzeichnis der erfassten Juden sowie Merkblätter und Vermögenserklärungen; jeder zur Deportation bestimmte Jude musste in einem acht- bis sechzehnseitigen Formular vor seiner Deportation detailliert sein Restvermögen auflisten – Hab und Gut konnte später so besser verwaltet und verwertet werden. Als Sammelplatz hatte man zunächst den Gasthof »Deutsches Haus« in Kitzingen bestimmt, dann aber entschied man sich der zentralen Lage wegen für den »Fränkischen Hof«. Termin war der 21. März. Auf Anweisung der Gestapo Würzburg übertrug der Landrat es den Bürgermeistern und der zuständigen Gendarmerie, die Betroffenen über ihren Abtransport in Kenntnis zu setzen »und darauf hinzuwirken, daß die Juden, die in den ihnen auszuhändigenden Merkblättern erteilten Auflagen genauestens einhalten«. Die Gendarmerie musste die für die Deportation Vorgesehenen am »Fränkischen Hof« abliefern, die Bewachung übernahm ab dem 21. März der Kitzinger Landrat.

Nachdem einige »Evakuierungsnummern« frei geworden waren, forderte die Gestapo Nürnberg-Fürth die Erhöhung der Anzahl, so dass insgesamt 208 Juden aus Mainfranken von dieser Deportation betroffen waren. Bei ihrer Ankunft in der Sammelstelle wurden sie zunächst namentlich erfasst und anschließend von Schutzpolizisten zum Durchsuchungszimmer geführt. Die Prozedur war stets die gleiche: Auch sie wurden von Gestapo-Beamten einer unwürdigen Leibesvisitation unterzogen, um versteckte Wertsachen ausfindig zu machen, parallel dazu wurde das mitgeführte Gepäck bis in den letzten Winkel durchsucht. Für das der Frauen war Oswald Gundelach zuständig – auch hier ganz pflichtbewusst. »Ausweispapiere und Wertsachen, auch Geld, sind den Juden restlos abzunehmen«, hatte der »Evakuierungsleiter« Völkl angeordnet.

Bewacht von Gendarmerie- und Schutzpolizei, mussten die derart Diskriminierten bis zu ihrem Abtransport drei Tage später im »Fränkischen Hof« ausharren, eingesperrt im zweckentfremdeten Saal des Hauses. Dann, am 24. März 1942, verließ der Zug mit 208 Personen Kitzingen in Richtung Nürnberg. Insgesamt 1 000 Juden wurden bei dieser Deportation von der Reichsparteitagsstadt in das polnische Ghetto Izbica verschleppt – in völlig überfüllten Waggons, gezeichnet von Erschöpfung, Angst und Ungewissheit, was sie erwarten würde.

Und auch die dem Reich so am Herzen liegende »Regelung der Vermögensfragen« wurde unverzüglich ins Werk gesetzt. »Anlässlich der Abwanderung der Juden am 24.3.1942 nach dem Osten« sandte die Gestapo Würzburg beschlagnahmte Lohnsteuerkarten an zuständige Stellen und Quittungskarten an die Landesversicherungsanstalten. Der Stapo-Stelle Nürnberg-Fürth wurde mit Schreiben vom 13. Mai 1942 ein Betrag von 2 694,65 Reichsmark übergeben: Ergebnis der Durchsuchung der Deportierten vor ihrem Abtransport.

Dritte Deportation Die böse Vorahnung beschlich die Würzburger Geschäftsstelle der »Reichsvereinigung der Juden in Deutschland« – letzte verbliebene Repräsentantin der deutschen Juden im NS-Staat – nur wenige Tage später, als sie beim Ernährungsamt der Stadt um die vorzeitige Freigabe von Lebensmittelkarten bat und die Antwort erhielt: »Voraussichtlich werden noch im Laufe dieser Woche 60 bis 65 Juden aus Würzburg evakuiert.« Tatsächlich stand schon die nächste Deportation unmittelbar bevor.

Auf Anordnung des Reichssicherheitshauptamts in Berlin sollten weitere 1 000 Juden aus Franken in die Gegend von Lublin in Polen verbracht werden, etwa 850 von ihnen fielen in den Zuständigkeitsbereich der Würzburger

Gestapo. Für die Dauer von vier Tagen wurde Anfang April 1942 in Würzburg die Einrichtung einer Sonderkommission veranlasst, der sechs Beamte und eine Angestellte der Gestapo Nürnberg-Fürth, dreizehn Beamte und sieben Angestellte der Gestapo Würzburg, sechs SS-Männer und fünf Würzburger Kripo-Beamte angehören sollten. Auch Oswald Gundelach war Teil dieser Runde und leistete erneut seinen Beitrag bei der Umsetzung der Vorgaben aus Berlin. In ihrem Fall war eine Sonderverpflegung durch das Ernährungsamt Würzburg problemlos sichergestellt, da, so die Begründung, »diese Beamten und Angestellten [...] mindestens 2 Nächte durcharbeiten müssen«.

Die widerrechtliche Aneignung der jüdischen Vermögen beschäftigte die örtliche Gestapo diesmal, noch bevor der genaue Termin des geplanten Transports feststand: »Juden mit deutscher Staatsangehörigkeit sind nach Überschreiten der deutschen Reichsgrenze automatisch ausgebürgert, ihr Vermögen verfällt dem deutschen Reich. Den staatenlosen Juden dagegen muß durch einen Gerichtsvollzieher die Urkunde über die Einziehung ihres Vermögens vor ihrer Evakuierung gegen Empfangsbestätigung ausgehändigt werden.«[53] Alles musste, das stand für jeden der Beteiligten bis Kriegsende niemals in Frage, seine Ordnung haben und stets gemäß der formal-bürokratischen Richtlinien erledigt werden – weshalb am 10. April 1942 der Leiter des Amtsgerichts Würzburg folgerichtig um die Bereitstellung eines Vollziehungsbeamten ersucht wurde.

Auch in diesem Fall ließ die Gestapo die Lokalpolitik die praktische Umsetzung weitgehend übernehmen: Per streng vertraulichem Rundschreiben vom 12. April 1942 wurden Landräte und Oberbürgermeister im Regierungsbezirk Mainfranken angewiesen, die Deportation gemeinsam mit der Gendarmerie vorzubreiten. Einem detaillierten Zeitplan folgend, seien die in den einzelnen Landkreisen erfassten Juden zwischen dem 22. und dem 24. April nach Würzburg zu transportieren und dort von den Gendarmerie- respektive Polizeibeamten bei der »Evakuierungsleitung« zu einer festgelegten Uhrzeit abzuliefern. Eine Aufstellung der Gestapo bezifferte die Summe der zur Deportation bestimmten Juden mit 850; diejenigen über 65 Jahre waren zunächst nicht berücksichtigt worden.

Als Sammelplatz wählte die Gestapo bei dieser Deportation den Saalbau am Platz'schen Garten in der damaligen Hindenburgstraße 2. Der »Organisationsplan« vom 21. April informierte die Beamten über ihre Aufgaben und den Zeitrahmen: »In der Zeit vom 22. mit 25.4.1942 wird die Evakuierung von Juden aus Mainfranken durchgeführt.« Zur Belehrung hatten sich die eingeteilten Beamten am 22. April um 7.30 Uhr bei der »Evakuierungsleitung« im Platz'schen Garten einzufinden. Gestapo-Mann Oswald Gundelach oblag diesmal die Leibesvisitation und Handgepäckdurchsuchung der männlichen Juden. Ursprünglich war auch die Einbeziehung der Ordnungspolizei für einen stö-

Der Platz'sche Garten in Würzburg diente bei der dritten Deportation vom 25. April 1942 als »Evakuierungsstelle der Geheimen Staatspolizei«. Die Person links vom Eingangsbereich ist mit großer Wahrscheinlichkeit der Gestapo-Beamte Oswald Gundelach. Daneben kündigt das Plakat ein Konzert des Sängers Wilhelm Strienz für den Tag danach an: Nach Zeitungsberichten bedankte sich das begeisterte Publikum im übervollen Platz'schen Garten für Lieder wie »Heimat, deine Sterne«.

rungsfreien Ablauf geplant, den Absperrdienst am Sammelplatz übernahm dann aber bereitwillig die Schutzpolizei. Bis zum 25. April 1942 mussten die 852[54] Juden im Saalbau des Platz'schen Garten ausharren, bevor sie am helllichten Tag in aller Öffentlichkeit und unter den Augen der Bevölkerung zu Fuß den Marsch zum Aumühlbahnhof antraten. Alles verlief in Ruhe und ohne jegliche Hektik – immer noch hofften die Betroffenen, sie würden lediglich »umgesiedelt«.

Das Fotografieren von Deportationen war, es nimmt nicht wunder, grundsätzlich strengstens verboten – außer, es wurde von der Gestapo ausdrücklich angeordnet. Und das war hier der Fall: Auf Wunsch des Nürnberger Polizeipräsidenten, des SS-Brigadeführers Dr. Benno Martin, ließ die Würzburger Gestapo, höchstwahrscheinlich durch den Beamten Hermann Otto, 139 Fotos anfertigen, die die ersten drei Deportationen dokumentieren; weitere sind nicht überliefert.[55] Im Stile eines Familienalbums säuberlich auf Aktendeckel geklebt, sind sie, vor allem bei der dritten »Aktion« vom 25. April, mit sorgfäl-

Verladen des Gepäcks am Platz'schen Garten vor dem Abmarsch zum Bahnhof, 25. April 1942. Ein Beamter der Gestapo Würzburg fertigte insgesamt 139 Fotos der ersten drei Deportationen an, während anderen Personen, auch NSDAP-Mitgliedern, das Fotografieren grundsätzlich untersagt war.

tig kalligraphierten handschriftlichen Kommentaren versehen, die an Zynismus ihresgleichen suchen.[56] »Die Schönsten der Schönen des ›auserwählten Volkes‹« ist da etwa unter einem Foto zu lesen, das den Marsch zum Bahnhof zeigt, »Sara muss auch mal persönlich arbeiten« unter dem Bild einer Frau, die einen Koffer schleppt, »Muß i denn, muß i denn zum Städtele hinaus« oder »Auszug der Kinder Israels aus dem schönen Würzburg!« angesichts der Güterwaggons auf dem Bahnsteig. Die Kommentare, so sagte eine ehemalige Schreibkraft der Gestapo 1948 bei der Staatsanwaltschaft aus, seien ihr vom Leiter der Würzburger Gestapo, Gramowski, und dem des »Judenreferates«, Völkl, höchstpersönlich diktiert worden.

Nachdem der Transportzug DA 49 um 13.00 Uhr dem Transportführer »ordnungsgemäß übergeben« worden war, passierte er um 15.20 Uhr den Hauptbahnhof Würzburg in Richtung Osten. In Bamberg mussten kurze Zeit später weitere 103 Juden zusteigen.

Fünf Tage zuvor war die Reichsbankstelle Würzburg von der Gestapo angehalten worden, Reichskreditkassenscheine und polnische Zloty im Gegenwert von 50 000 Reichsmark zur Abholung am 25. April bereitzustellen. Mit diesem

Würzburger Aumühlenbahnhof, 25. April 1942. Von dort wurden 852 Juden Richtung Izbica/Polen deportiert. Die Gestapo deportierte insgesamt 2063 Juden aus Mainfranken in den Osten, wovon vermutlich nur 41 überlebt haben.

Betrag sollte der »Transport von 1000 Juden nach Lublin« ausgerüstet werden.[57] Gundelach nahm sich der Sache an. Noch am selben Tag erhielt er seinen Marschbefehl: »SS-Hauptscharführer Oswald Gundelach der Staatspolizeistelle Nürnberg-Fürth – Aussendienststelle[58] Würzburg, ist [...] beauftragt, einen Aussiedlungstransport am 25. April 1942 von Würzburg nach Lublin zu begleiten.« Die Transportbegleitung lag in den Händen eines Kommandos der Schutzpolizei, Gundelach selbst war diesem zur Bearbeitung »staatspolizeilicher Aufgaben« zur Seite gestellt worden. Er selbst durfte Zloty im Wert von 250 Reichsmark zur Bestreitung seiner Reisekosten mitnehmen; angesichts der Besonderheit seiner Aufgabe wurde ihm ein Marschgepäck und eine Verpflegung zur Verfügung gestellt, die zu jener Zeit keineswegs mehr allerorten zu haben war: Unter anderem führte er zwei geräucherte Würste, fünf Dosen Sardinen, Tee, Kaffee, Kakao, drei Fläschchen Kognak und ein Fläschchen Kölnisch Wasser mit sich.[59]

Vier Tage lang rollte der Güterzug nach Osten, bis die insgesamt 955 Juden am 28. April 1942 mitten in der Nacht um 2.30 Uhr in Lublin ankamen, wo eine erste »Selektion« stattfand: 700 bis 800 wurden in das 30 Kilometer südlich von Lublin gelegene Ghetto Izbica geschickt, die Verbleibenden wurden um 8.45

Fußmarsch vom Platz'schen Garten zum Bahnhof, 25. April 1942. Die Deportation erfolgte in aller Öffentlichkeit und konnte so auch der Zivilbevölkerung nicht verborgen bleiben. Vielerorts bereicherte sie sich danach in öffentlichen Versteigerungen an jüdischem Wohnungsinventar und erfreute sich in Zeiten verstärkter alliierter Bombenangriffe an erhalten gebliebenem Wohnraum von deportierten Juden.

Uhr in Krasnystaw an Obersturmführer Buhl von der Stapo-Stelle Lublin übergeben. Sein Einsatz war hiermit beendet, er trat die Heimreise an.

Izbica war nicht zufällig als erster Halt gewählt. Für Gestapo und RSHA hatte das Dorf eine Schlüsselfunktion. Im November 1941 hatten die Vorbereitungen der von Himmler beauftragten »Aktion Reinhardt« begonnen, Kennwort für die geplante Ermordung von zwei Millionen Juden aus den fünf Distrikten des Generalgouvernements. Izbica in Ostpolen, strategisch günstig an der Bahnstrecke zwischen den Vernichtungslagern Belzec und Sobibor im Süden und Majdanek und Treblinka im Norden gelegen, wurde zum Hauptdurchgangs-Ghetto im Distrikt Lublin erklärt – eine Zwischenstation vor allem für tschechische, polnische und deutsche Juden auf dem Weg in die Todeslager, Drehscheibe für den künftigen Mord an Zehntausenden: Seit März 1942 rollten die Deportationszüge fast täglich an Izbica vorbei. Bis November 1943 war die »Aktion« in die Tat umgesetzt: Annähernd zwei Millionen Juden waren verschleppt und ermordet worden.

Auch in Izbica war die Gestapo vertreten. Der 1915 in Köln geborene Kurt Engels, seit 1940 Gestapo-Chef des Ortes, trieb mit den hier Ankommenden sein barbarisches Spiel.[60] Augenzeugen berichteten später, er habe von seinem

Das kleine Dorf Izbica südlich von Lublin in Ostpolen, 1941. Vor dem Krieg war Izbica ein typisches Stetl mit überwiegend jüdischer Bevölkerung, bevor es von den deutschen Besatzern zum Vorhof der Vernichtung gemacht wurde: Juden unterschiedlicher Nationalität pferchte man unter widrigsten Bedingungen zusammen und deportierte sie von hier in Vernichtungslager.

Motorrad aus wahllos Menschen auf der Straße erschossen. Helena Blaszczyk hat als junges Mädchen die Kriegszeit in Izbica erlebt. Vor dem Krieg, erinnert sie sich, sei ein Großteil der Bevölkerung jüdischen Glaubens gewesen, wer noch lebte, wurde nun erbarmungslos gejagt. »Über Engels hat man gesagt, dass er nicht frühstücken kann, bevor er keinen Juden erschießt. Morgens früh lief er rum und suchte nach seinen Opfern. Es wurde erzählt, dass er beim Erschießen immer lachte.«[61]

Am 2. Mai 1942 kehrte Gundelach zu seiner Dienststelle nach Würzburg zurück. Zwei Tage später erstattete er schriftlich Bericht: »Der Transport wurde vollzählig übergeben; Zwischenfälle haben sich nicht ereignet. Ein polizeiliches Einschreiten war nicht erforderlich«, heißt es da ganz lapidar. Eine Woche später rechnete die Gestapo Würzburg die Kosten des Transports in Höhe von 52 933,04 Reichsmark ab. Nachdem die 955 betroffenen Juden zuvor insgesamt 73 310 Reichsmark zur Finanzierung ihrer eigenen Deportation auf ein Konto der Außendienststelle Würzburg hatten einzahlen müssen, verblieben 20 376,96 Reichsmark als Restsumme bei der Verwertung jüdischen Vermögens.

Angehörige des Reserve-Polizeibataillons 101 demütigen einen Juden mit einem Gebetsschal, 1942 bei Lublin. Im Rahmen der so genannten »Partisanenbekämpfung« verübten ab 1942 Polizei- und SS-Einheiten im Distrikt Lublin mit Hilfe der Wehrmacht Massaker an versteckten Juden.

Der Verantwortliche für die Deportationen bei der Gestapo Nürnberg-Fürth, Theodor Grafenberger, dankte den Würzburger Gestapo-Beamten im Schreiben vom 12. Juni 1942 überschwänglich: »Ich brauche nicht zu wiederholen, daß die Durchführung der sachliche Beweis für die Arbeitsleistung der Würzburger Kameradinnen und Kameraden war. Umsomehr, als ich aus der Erfahrung bereits zweier solcher Aktionen heraus weiß, welche vielfache Kleinarbeit und Einsatzfreudigkeit, Ärger und Aufregung damit verbunden sind.«

Gundelach kehrte später erneut in den Distrikt Lublin zurück. Er wurde von der Gestapo Würzburg im Juli 1943 nach Polen abkommandiert: »Dortselbst wurde ich mit anderen Abkommandierten, die damals aus dem Reichsgebiet frisch in Lublin eintrafen, in der näheren und weiteren Umgebung im Partisanenkampf verwendet. Zu diesen Aktionen waren sowohl Wehrmacht als auch Gendarmerie und Schutzpolizei eingesetzt.«[62] Bei der Großaktion »Werwolf« wurden im Juni/Juli 1943 bei gegen den polnischen Untergrund gerichteten Razzien im Distrikt Lublin vermutlich alle noch verbliebenen Verstecke jüdischer Familien aufgerieben und die Betroffenen an Ort und Stelle exekutiert. Bis Oktober 1943 erschossen diese Einheiten noch mehr als 1600 Juden

– dann galt der Distrikt als »judenfrei«. Mitte Dezember 1943 kehrte Gundelach zu seiner Dienststelle zurück.

Auch bei den letzten drei Deportationen mainfränkischer Juden zwischen dem 10. September 1942 und dem 17. Juni 1943 erfüllte der Gestapo-Beamte Oswald Gundelach seine Aufgaben gewohnt gewissenhaft. Es gibt keinen Hinweis darauf, dass er Kritik geübt oder bestimmte Aufträge auch nur zögerlich verrichtet hätte, als ausführender Beamter erlebte er die Deportationen in allen Facetten mit. Wenn jemand das Schicksal kannte, das der Nationalsozialismus Juden bestimmt hatte, dann wohl Beamte wie er. Ob Gundelach ein fanatischer Antisemit war oder nicht, sei dahingestellt. Fest steht, dass er widerspruchslos daran mitwirkte, Juden in den sicheren Tod zu schicken.

Frappierend ist, wie reibungslos das Zusammenspiel zwischen Gestapo und einer Vielzahl örtlicher Instanzen und Behörden wie Landräten und Oberbürgermeistern, Finanzämtern und Amtsgerichten, Ernährungsämtern, Schutzpolizei und Gendarmerie funktionierte. Für jede gegen Juden gerichtete Maßnahme gab es dabei eine rechtliche Grundlage in Form von Gesetzen, Erlassen und Verordnungen. Die Entrechtung von Juden bis hin zu ihrer Deportation und Ermordung sowie die Bereicherung an ihrem Vermögen war grundsätzlich legalisiert. Durch die Beteiligung und Einbindung so vieler Amtsträger und Institutionen konnten die Deportationen – auch in Würzburg – kein Geheimnis mehr sein: Sie wurden vor aller Augen und nicht im Verborgenen durchgeführt.

Henker an der Heimatfront

»Fremd-« und »Ostarbeiter«: Zwangsarbeit im Deutschen Reich

Massenhafte Verschleppungen fanden auch in einem anderen Kontext statt: Zur Realisierung der aggressiven NS-Expansionspolitik fehlte es zunehmend an Arbeitskräften. Nach Kriegsbeginn 1939 wurden Millionen Menschen aus dem deutschen Herrschaftsbereich zur Zwangsarbeit nach Deutschland transportiert, wo sie zunächst vor allem in der Landwirtschaft eingesetzt wurden – die besser bezahlende Rüstungsindustrie hatte die Landflucht der deutschen Bevölkerung stark befördert. Um weitere Arbeitskräfte zu rekrutieren, führte man im besetzten Polen Anwerbekampagnen durch (später fanden verstärkt auch Zwangsrekrutierungen statt), außerdem wurden – völkerrechtswidrig – Kriegsgefangene zur Zwangsarbeit verpflichtet. Der Einsatz polnischer »Fremdarbeiter« erfolgte unter Freizügigkeitsverbot und der Betonung des temporären Charakters ihrer Verwendung; rund eine Million Polen hatten die Lebensmittelproduktion des Deutschen Reiches zu sichern. Dadurch war es möglich, über ein ausreichendes Quantum deutscher Arbeitskräfte für die Rüstungsindustrie zu verfügen, ohne Lohnerhöhungen vorzunehmen oder in größerem Maße deutsche Frauen zu verpflichten. In ostdeutschen Agrarbetrieben waren Polen schon in den Jahrzehnten zuvor saisonal beschäftigt worden, so dass die Anwesenheit polnischer Arbeiter kaum Aufsehen erregte. Der Bedarf an Arbeitskräften nahm jedoch sehr bald auch in der Rüstungsindustrie so stark zu, dass die zwangsweise Rekrutierung von polnischen Männern und Frauen ab Anfang 1940 die Form regelrechter Menschenjagden annahm.

Bis zum Sommer 1940 wurden über eine Million polnischer Zwangsarbeiter nach Deutschland deportiert. Schon zu diesem Zeitpunkt geriet das Regime in einen Interessenskonflikt: Die (ökonomisch notwendige) Bereitstellung von Arbeitskräften aus Polen zur umfassenden und weiter zu steigernden Rüstungsproduktion stand der rassistischen Zielsetzung der Ausschließung und möglichen Vernichtung der »Fremdvölkischen« entgegen. Polnische Bürger sollten nicht etwa weiter nach Osten deportiert werden, sondern mitten ins »Großdeutsche Reich« verbracht werden und unter Deutschen leben. Die Gestapo sah hierin ein massives Sicherheitsproblem, dass nur durch strengste Überwachung, Terror und menschenunwürdige Arbeits- und Lebensbedingungen für polnische Arbeitskräfte zu bewältigen sei. Im RSHA wurde zu diesem Behufe die Abteilung IV D 2 eingerichtet, die sich mit den polnischen »Fremdarbeitern« zu beschäftigen hatte. Im März 1940 war ein ganzes Bündel an Erlassen zur repressiven Kontrolle der Polen im Reich beschlossen worden, konzipiert als Sonderrecht zur Unterdrückung und rassistischen Diskriminierung. Das RSHA behauptete damit eine exponierte Stellung in der Politik gegenüber Ausländern im Reich – empfanden es die dort agierenden völkischen Ideologen doch als Zugeständnis an die Kriegswirtschaft, dass überhaupt »Fremdarbeiter« im Deutschen Reich eingesetzt werden durften. Durch die so genannten Polen-Erlasse wurden polnische Arbeitskräfte gezwungen, ein »P« als Kennzeichnung an der Kleidung zu tragen. Sie wurden schlechter verpflegt und arbeiteten mehr, aber für weniger Lohn als Deutsche und aus westlichen Ländern kommende »Fremdarbeiter«, zudem waren sie der Willkür von Vorgesetzten und Überwachungskräften wehrlos ausgeliefert. Sie hatten grundsätzlich kein Recht auf Freizügigkeit, sexuelle oder auch nur soziale Kontakte zu Deutschen standen unter Strafe – im Herbst 1939 belegte Hitler den Geschlechtsverkehr zwischen Polen und deutschen Frauen sogar mit der Todesstrafe. Nach dem erfolgreichen Feldzug gegen Frankreich im Sommer 1940 wurde auch eine große Anzahl französischer Kriegsgefangener als Arbeiter in Landwirtschaft und Industrie eingesetzt, womit der Mangel an Arbeitskräften vorerst behoben zu sein schien. Mit der »Verordnung über die Strafrechtspflege gegen Polen und Juden in den eingegliederten Ostgebieten« vom 4. Dezember 1941 wurde ein Sonderstrafrecht für Polen geschaffen; Ziel war die Erzwingung absoluten Gehorsams. Wer sich, etwa durch deutschfeindliche Äußerungen, widersetzlich zeigte, dem drohten – mit Überstellung an die Gestapo – drastische Sanktionen, was für die Betroffenen entweder Straflager oder die Anwendung standrechtlicher Maßnahmen bedeutete.

In der Nacht zum 22. Juni 1941 überfiel das Deutsche Reich die Sowjetunion, Millionen deutscher Soldaten wurden eingesetzt, riesige Mengen Rüstungsgüter benötigt. Im Gegensatz zur Westoffensive war der »Russlandfeldzug« von Anfang an als Weltanschauungskampf und rassistischer Vernichtungskrieg geplant: Zur Gewinnung von »Lebensraum im Osten« für die angeblich überlegene »germanische Rasse«, wie Hitler sie schon in »Mein Kampf« gepredigt hatte, sollten große Teile der Bevölkerung in den zu erobernden Gebieten ermordet werden. Mit der Konstruktion des »jüdischen Bolschewismus« wurde die Vernichtung von Juden und Kommunisten befohlen. Die Mordpläne richteten sich somit auch explizit gegen kommunistische Funktionäre, die »Polit-

Sowjetische Frauen und Mädchen als zwangsverpflichtete »Ostarbeiterinnen« im Durchgangs-lager Berlin-Wilhelmshagen, ohne Jar. Dieses Lager galt als »organisatorisches Rückgrat« für den so genannten »Ausländereinsatz« in Berlin: Es diente zur »Erstaufnahme« für ankom-mende Zwangsarbeiter, bevor sie registriert und an Betriebe weitergeleitet wurden.

Kommissare« in den kämpfenden sowjetischen Einheiten. Im so genannten »Kommissar-Befehl« des Oberkommandos der Wehrmacht hieß es, dass sie, im Kampf oder beim Widerstand ergriffen, sofort mit der Waffe zu »erledigen« seien. Die Zivilbevölkerung war massiv von Massenerschießungen und dem Ab-brennen ganzer Dörfer bedroht, was teilweise mit angeblicher Unterstützung des starken Partisanenkampfes begründet wurde. Juden übergab die Wehr-macht an »Einsatzkommandos« der Sipo und des SD. Vor allem die 6. Armee tat sich hierbei besonders hervor.[1] Hier wurden, wie schon im benachbarten Polen, die Sonderformationen aus Polizei und SS eingesetzt, um die antisemitischen und rassistischen Ziele des Nationalsozialismus durchzusetzen, wieder folgten die »Einsatzgruppen der Sicherheitspolizei und des SD« der Wehrmacht in den rückwärtigen Frontraum. Die vier »Einsatzgruppen« A bis D setzten sich zusam-men aus insgesamt rund 3 000 Mann aus Gestapo, Kriminal- und Ordnungspo-lizei, SD und anderen SS-Einheiten. Mit einheimischen »Hilfsfreiwilligen« und Wehrmachtsangehörigen ermordeten sie allein bis Ende 1941 über 500 000 Men-schen, vornehmlich Juden, vor allem durch Massenerschießungen wie beispiels-weise in der Schlucht von Babi Jar nordwestlich von Kiew. Es kamen auch Gas-wagen zum Einsatz, etwa in der Nähe von Minsk. Liquidiert wurden Juden, Funktionäre der Kommunistischen Partei, »Zigeuner«, »bandenverdächtige« Per-

Mitglied einer »Einsatzgruppe« bei der Exekution eines Juden im ukrainischen Winniza, ohne Jahr. Auch Gestapo-Beamte gehörten diesen Einheiten an. Im Hintergrund sind deutsche Soldaten und Angehörige des Reichsarbeitsdienstes (RAD) zu sehen.

sonen und vermeintliche Partisanen; Letzteres betraf primär die sowjetische Zivilbevölkerung. Geführt von Leitungspersonal aus SD und Gestapo, waren die »Einsatzgruppen« den uns bereits aus Frankreich bekannten Höheren SS- und Polizeiführern (HSSPF) unterstellt; bei der Ausführung der Mordaufträge wurde mit der Wehrmachtsführung kooperiert. Wie in Polen wurden die meisten »Einsatzgruppen« später in stationäre Dienststellen überführt.

Sowjetische Kriegsgefangene sollten zunächst nicht als Arbeitskräfte eingesetzt werden. Stattdessen wurden sie absolut menschenunwürdig behandelt, rund 50 Prozent von ihnen ließen die Nationalsozialisten 1941 systematisch verhungern. Doch spätestens mit den militärischen Niederlagen vor Moskau Anfang Dezember forderten private und staatliche Institutionen innerhalb der NS-Herrschaft den Arbeitseinsatz auch sowjetischer Zivilisten und Kriegsgefangener, denn es wurden immer mehr Wehrmachtssoldaten benötigt, wodurch die deutschen Arbeitskräfte zwangsläufig in der Kriegswirtschaft fehlten. Da die Rüstungsproduktion weiter gesteigert werden, der Einsatz deutscher Frauen aber weitgehend eingeschränkt bleiben sollte, rekrutierten Einsatzstäbe der Wehrmacht ab 1942 aus den besetzten Gebieten der Sowjetunion zwangsweise 2,5 Millionen Zivilarbeiter, die als »Ostarbeiter« bezeichnet wurden.

In der rechtlichen Lage der »Fremdarbeiter« galt eine strikt »rassische« Hierarchie. An deren Spitze standen »Fremdarbeiter« »germanischer Abstammung« (Angehörige der »nordischen Rasse« wie etwa Niederländer und Dänen), Polen und sowjetische »Ostarbeiter« hingegen rangierten am unteren Ende der Skala. Ähnlich wie für die polnischen »Fremdarbeiter« galten für sie die diskriminierenden Erlasse des RSHA, zudem mussten sie ihre Kleidung mit der Kennzeichnung »OST« versehen. Für die aus Westeuropa nach Deutschland verbrachten Kriegsgefangenen und Zivilarbeiter galten günstigere Bedingungen. Eine Zwischenstellung nahmen Arbeiter aus »befreundeten Staaten« Westeuropas, des Balkans und dem Baltikum ein. Über fünfzig Prozent der polnischen und sowjetischen »Fremd-« und »Ostarbeiter« waren junge Frauen – ihr Durchschnittsalter lag bei zwanzig Jahren.

Während vor 1942 das Reichsarbeitsministerium die Arbeitsmarktpolitik repressiv regelte, erfolgte die europaweite Organisation ab 21. März 1942 durch einen »Generalbevollmächtigten für den Arbeitseinsatz«. Hitler besetzte diesen Posten mit Fritz Sauckel, einem langjährigen NSDAP-Mitglied und Gauleiter in Thüringen, der 1932 dort auch Ministerpräsident und Innenminister und ab 1933 Reichsstatthalter war. Neben Sauckel war ab 1942 Albert Speer als Minister für Bewaffnung und Munition ebenfalls darum bemüht, die Rüstungsbetriebe effizienter zu gestalten und die Produktionsmenge erheblich zu steigern.

Das Ausländerreferat des RSHA bemühte sich mit Fortschreiten des Krieges verstärkt, die nationalsozialistische Vorstellung rassistischer Segregation durchzusetzen und eine »Vermischung« oder auch nur Solidarisierung von Deutschen und »Fremdarbeitern« mit allen zur Verfügung stehenden Mitteln zu verhindern. Nach Auffassung des RSHA sollte die Rassenideologie in jedem Fall Vorrang vor rüstungswirtschaftlichen Konzepten haben, dies aber war innerhalb der NS-Führung heftig umstritten. Im Großen und Ganzen standen sich in dieser Frage mithin zwei Lager gegenüber: Diejenigen, die, wie Speer, den Einsatz ökonomisch für notwendig hielten und deshalb befürworteten, und die anderen, wie das RSHA, die ihn primär aus rassistischen Erwägungen grundsätzlich ablehnten. Die verschiedenen Positionen wurden in einem eigens initiierten »Arbeitskreis Ausländerfragen beim RSHA« diskutiert, in dem alle höheren Behörden vertreten waren, die in den »Ausländereinsatz« involviert waren.[2]

Ab dem 22. August 1942 konnte per Verordnung jeder Arbeitsfähige in den von Deutschen besetzten Ländern und den Kriegsgefangenenlagern zur Zwangsarbeit herangezogen werden. Vor allem in der Sowjetunion wurden massenhaft Arbeitskräfte zwangsrekrutiert; die Betroffenen unterlagen Sonderbestimmungen wie Polen und Juden.

Da der Arbeitskräftemangel ein Dauerzustand blieb, der sich im Laufe der Zeit noch verschärfte, vermittelte das SS-Wirtschafts-Verwaltungshauptamt in Berlin, zuständig für die gesamte wirtschaftliche Tätigkeit der SS und mit der Eingliederung der »Inspektion der Konzentrationslager« für alle organisatorischen Fragen der KZ, ab 1942 zunehmend KZ-Häftlinge an private und öffentliche Unternehmen zur Zwangsarbeit. Zehntausende mussten für die berüchtigte »Organisation Todt« arbeiten, in der insgesamt mehr als eine Million Menschen im Hoch- und Tiefbau sowie bei Rüstungsprojekten eingesetzt wurden. Im Herbst 1943 mussten circa sieben Millionen ausländische Arbeitskräfte im Deutschen Reich Zwangsarbeit leisten, im Spätsommer des folgenden Jahres waren es insgesamt 7,6 Millionen, darunter 1,9 Millionen Kriegsgefangene aus 26 Ländern und 5,7 Millionen zivile Arbeitskräfte aus fast ganz Europa. 2,8 Millionen kamen aus der Sowjetunion, 1,7 Millionen aus Polen, 1,3 Millionen aus Frankreich, 590 000 aus Italien und 250 000 aus Belgien, überdies wurden 400 000 KZ-Häftlinge eingesetzt. Fast 50 Prozent aller in der Landwirtschaft wie auch in Rüstungsbetrieben Beschäftigten waren nicht deutscher Herkunft, in der Industrie waren es insgesamt gut 30 Prozent.[3]

Die »Fremdarbeiter« wurden im Deutschen Reich in rund 20 000 Lagern untergebracht, und nicht allein ihr juristischer Status, sondern auch die realen Lebens- und Arbeitsbedingungen richteten sich nach streng rassistischen Kriterien: Zivilarbeiter aus dem Westen, insbesondere aus Frankreich, wurden vornehmlich als Fachkräfte eingesetzt; sie waren in besseren Unterkünften untergebracht als ihre sowjetischen und polnischen Schicksalsgenossen und hatten relative Bewegungsfreiheit, sie wurden besser entlohnt und weniger scharf bewacht. Die »Fremdarbeiter« aus dem Osten hingegen wurden immer größerer Ausbeutung und verstärkter Repression ausgesetzt. Sie mussten

Zwangsarbeiter beim Bau des »Atlantikwalls« in Frankreich, 1943. Nach einem gescheiterten alliierten Landungsversuch im Sommer 1942 hatte Hitler den Befehl gegeben, von den Pyrenäen bis zur holländischen Küste auf einer Gesamtlänge von 4 500 Kilometern Verteidigungsanlagen zu errichten. Trotz des Einsatzes Hunderttausender Zwangsarbeiter gelang es zu keinem Zeitpunkt, aus dem »Atlantikwall« das propagierte »unüberwindbare Hindernis« zu machen.

Schwerstarbeit leisten, erhielten weit weniger Geld, die Verpflegung war selten ausreichend und sie durften ihre Unterkünfte nach Arbeitsschluss nicht verlassen. Da man sie als »rassisch minderwertig« einstufte, führte man an ihnen auch Zwangssterilisierungen und -abtreibungen durch, die Kinder, die sie zur Welt brachten, wurden zum Teil ermordet. Von der Zwangsarbeit, an deren Organisation die Arbeitsverwaltung, Polizei, SS, Wehrmacht und zivile Behörden gleichermaßen beteiligt waren, profitierten Reichsbehörden wie öffentliche und private Unternehmen, wobei Letztere den Einsatz von »Fremdarbeitern« selbst bezahlen mussten. Das von ihnen aufgebrachte Geld wurde für Bewachung, Unterbringung, Verpflegung und Entlohnung verwendet.

Die Gestapo, die über ein eigenes Referat »Ausländische Arbeiter« verfügte, war in Zusammenarbeit mit Werkschutz, Meistern, Spitzeln und Parteigliederungen darum bemüht, auch die »Fremdarbeiter« umfassend zu überwachen. Aufgrund ihrer großen Anzahl und der immer unübersichtlicheren Lage im Deutschen Reich war dies, insbesondere gegen Kriegsende, nicht im angestrebten Maße zu bewerkstelligen. Auch und gerade deshalb wurden die Strafen immer drakonischer, der Terror weitete sich aus. Besonders die unteren Ebenen von Polizei und Parteigliederungen taten sich in der Repression gegen »Fremdarbeiter« eigenständig hervor. Jede Form von »Arbeitsbummelei«, Sabotage, individuellem oder gemeinschaftlichem Widerstand bis hin zu einem Aufstand sollte verhindert werden, wobei es auch die Zusammenarbeit mit deutschen Widerstandsgruppen zu unterbinden galt. Eine positive Behandlung von »Fremdarbeitern« wiederum wurde zum Anlass für die Gestapo, einzuschreiten.

Verfolgung von »Feindbegünstigung«

Aus Furcht vor »rassischer Durchmischung« oder Solidarisierung waren »Fremdarbeiter« nicht nur repressiven Sondergesetzen unterworfen, sie sollten auch nach Möglichkeit ganz von der Bevölkerung isoliert werden. De facto war dies jedoch nicht machbar, da überall im Deutschen Reich massenhaft Ausländer zur Zwangsarbeit herangezogen wurden. Große Teile der Bevölkerung standen besonders den osteuropäischen und italienischen »Fremdarbeitern« gleichgültig, ablehnend oder gar feindselig gegenüber. Die Tatsache, dass sich auch die Zivilbevölkerung bei ihrer Kontrolle recht problemlos einspannen ließ, war nicht zuletzt einem gewissen Gewöhnungseffekt geschuldet – die repressiven Einschränkungen gegenüber den »Slawen« waren so alltäglich geworden, dass man sie fast als selbstverständlich ansah. Der ganz normale Bürger achtete auf die Einhaltung der gesetzlichen Regelungen durch die Polen und »Ostarbeiter« – und wies diese harsch zurecht, wenn ihnen etwas nicht zustand.[4]

Dass es auch Ausnahmen von dieser Regel gab, zeigt das Beispiel des aus Breslau stammenden **Martin Löwenberg**. Er erinnert sich genau an die Stimmung in jenen Jahren: »Polnische und andere ausländische Arbeiter kamen nach Breslau. Und da haben wir, mein Bruder und ich, erleben müssen, dass die nicht nur Menschen zweiter, sondern dritter Klasse waren. An ihrer schäbigen Bekleidung waren sie mit einem aufgenähten großen ›P‹ gekennzeichnet. Wir haben sehen müssen, dass sie Hunger, großen Hunger hatten. Und dass sie von vielen Leuten angespuckt worden sind.«[5] Sowohl Löwenberg als auch sein Bruder waren an Aktionen beteiligt, die den Betroffenen helfen sollten. Der Bruder wurde deswegen von der Gestapo verhaftet und verhört, erschwerend kam noch hinzu, dass man ihm einen (für ihn als »Halbjuden« verbotenen) intimen Kontakt zu einem »arischen« Mädchen vorwarf – und deshalb mit KZ-Haft drohte. Wegen »Heimtücke« und »Feindbegünstigung« kam er, nachdem man ihn im örtlichen Gestapo-Gefängnis über mehrere Monate festgehalten und misshandelt hatte, ins KZ Buchenwald. In erster Linie hatten die Brüder versucht, Brotmarken für kriegsgefangene sowjetische Zwangsarbeiter zu organisieren – was

diese fast ungläubig zur Kenntnis nahmen: »Da ist ein Deutscher«, so rekapitu-
liert Löwenberg die Reaktion, »der sie als Mensch behandelt, ihnen menschli-
che Gefühle entgegenbringt. In einer Zeit, wo sie unterdrückt worden sind, er-
niedrigt worden sind, ausgebeutet worden sind.« Doch schon bei Verdacht auf
»Begünstigung« von »Fremdarbeitern«, wie es im offiziellen Sprachgebrauch
hieß, denunzierten aufrechte Mitglieder der deutschen »Volksgemeinschaft«
ihre Nachbarn oder Arbeitskollegen bei Parteifunktionären oder direkt bei der
Gestapo, und sei es auch nur aus persönlicher Antipathie. Schon ein als zu
freundlich wahrgenommenes Verhalten konnte als »Feindbegünstigung« gelten. Martin Löwenberg wusste sehr wohl um die potenziellen Konsequenzen
seines Tuns: »Das war bekannt. [...] Wir waren Leser der ›Breslauer Neuesten
Nachrichten‹. Und es gab an Litfasssäulen auch Bekanntmachungen, wie man
sich gegenüber den ›Ostarbeitern‹ verhalten muss, ansonsten wird man bestraft.
Ich wusste damals schon, dass es Strafen gab, gegenüber Deutschen, die ›Ostarbeitern‹, wie es damals hieß, Zwangsarbeiter ist wohl besser gesagt, materiell
geholfen haben. [...] Man durfte keinen persönlichen Kontakt mit ihnen haben.
Man durfte sie nicht in die eigene Wohnung einladen. Man durfte ihnen keine
Hilfe, keine Kleidung oder Nahrung zukommen lassen. [...] Sie durften ihren
Wohnort, in der Regel also ihr Lager oder ihr Quartier bei den Arbeitgebern [...]
nicht verlassen. Trotzdem ist es vorgekommen, dass Deutsche ›Ostarbeitern‹ eine Fahrkarte besorgt haben, bei der Reichsbahn, dass sie kurze Strecken fahren konnten zu Freunden aus der Heimat« – Schicksalsgenossen also, die ebenfalls im Deutschen Reich arbeiten mussten. Solche Treffen zu fördern, war
strikt untersagt. »Das war ein Punkt, wo mein Bruder Schwierigkeiten bekommen hat, was auch mit ein Beweggrund war, dass er festgenommen wurde. Er
ist angezeigt worden, weil er in dem Kino, wo er tätig war, polnischen Zwangsarbeitern in den Wintermonaten die Möglichkeit gegeben hat, sich dort auf-
zuhalten.« Auch Martin Löwenberg selbst wurde von der Gestapo festgenommen – er war dabei beobachtet worden, wie er Kriegsgefangenen Brotmarken
zuzustecken versuchte. Bei den Vernehmungen wurde er verdächtigt, Teil eines Widerstandsnetzes zu sein: »Ende 1943, aber noch mehr Anfang 1944 sind
zig Kommunisten und Sozialdemokraten in Breslau verhaftet worden, also auf-
geflogen. [...] Das war organisierter Widerstand, der besonders in den Betrieben
aktiv war. Sie hatten mit deutschen, aber auch mit nichtdeutschen Beschäftigten im Betrieb zusammengearbeitet, und es war der Gestapo bekannt, dass
die Gruppierung den ausländischen Leuten, ihren Verbindungsleuten, Brotmarken gegeben hat. Ohne dass sie gewusst hätten, wie die deutschen Wider-
ständler in den Besitz dieser Marken kamen.« Ein Gestapo-Mann namens Kluske
zog daraus den Schluss, dass Löwenberg, schon aufgrund seines Elternhauses
der Arbeiterbewegung verpflichtet, Teil dieses Widerstands war. »So wurde ich
für die Gestapo interessant: Ich war auf einmal nicht mehr ein so genannter

Einzeltäter, sondern ich war für den Kluske eingebaut in ein Netz von Widerständlern. Und als ich das gespürt habe, bin ich immer sicherer geworden. Weil es ja keine Verbindung zu mir gab, überhaupt nicht. Ich war glücklich, einmal in dem Sinne, dass der Kluske auf der falschen Schiene operierte, und ich war glücklich, dass meine Mutter nichts wusste von meinen Aktivitäten.« Er gab also vor, nichts zu wissen. Es dauerte nicht lange, bis das Unvermeidliche kam: »Na ja, da werden wir mal Ihre Mutter kommen lassen. Sie werden doch Ihrer Mutter keine Schwierigkeiten bereiten wollen. Packen Sie halt aus. Bestätigen Sie das, was wir schon wissen.« Nach mehreren Verhören, bei denen man ihn misshandelte und mit KZ-Haft bedrohte, wurde Martin Löwenberg in das Konzentrationslager Flossenbürg in der Oberpfalz verschleppt. In einem Außenlager musste er im böhmischen Leitmeritz (nicht weit entfernt von Theresienstadt) unterirdische Stollen für geplante Rüstungsanlagen schlagen, bis die Rote Armee im April 1945 die Gefangenen befreite.

Einrichtung von Arbeitserziehungslagern

Als Disziplinarmaßnahme für diejenigen, die den Arbeitsnormen des nationalsozialistischen Staates nicht entsprachen, schuf die Gestapo auch eigene, ihr unmittelbar unterstellte Lager: Nach Kriegsbeginn wurden auf dem Territorium des »Großdeutschen Reiches« so genannte Arbeitserziehungslager (AEL) eingerichtet; bis 1945 waren es im ganzen Deutschen Reich rund 200.[6] Sie unterstanden nicht dem SS-Wirtschafts-Verwaltungshauptamt (WVHA), das bekanntlich fast sämtliche Konzentrationslager verwaltete, sondern waren als eigenständige Haftstätten den regionalen Gestapo-Dienststellen zugeordnet. »Arbeitsniederlegungen« waren der Grund von rund 70 Prozent aller staatspolizeilichen Festnahmen. Der Auslegungsspielraum, wen es zu »erziehen« galt, war auch in diesem Fall weit gefasst. Die Zahl der bis Kriegsende in den AEL Inhaftierten wird auf mehr als 500 000 Personen geschätzt; im Laufe der Zeit stellten ausländische Zwangsarbeiter einen beträchtlichen Anteil. Den Hintergrund ihrer Festsetzung bildeten handfeste praktische Erwägungen von Repression und Produktion, der Mangel an verfügbaren Kapazitäten in Gefängnissen und KZs verband sich mit dem Interesse, die dergestalt Abgestraften auch während ihrer Haft als billige Arbeitskräfte nutzen zu können.

Den Anstoß zur Gründung dieser speziellen Lager gaben zunächst wohl vor allem Unternehmen der Rüstungsindustrie, die sich zunehmend über mangelnde Leistung und Disziplin in den Betrieben beschwerten. So entstanden auf Initiative regionaler Institutionen von Gestapo, den Kommunen und Arbeitsbehörden ab 1940 die ersten AEL. Vorgeblicher »Arbeitsunlust«, »Arbeitsbummelei« und »Arbeitsuntreue« der Belegschaften sollte auf diese Weise mit staat-

Häftlinge aus dem Arbeitserziehungslager (AEL) Essen-Mülheim beim Ausheben von Erdreich in schwerster körperlicher Arbeit, ohne Jahr. Einerseits versuchte man den zunehmenden Mangel an Maschinen durch einen solchen Häftlingseinsatz zu kompensieren, andererseits sahen die Verantwortlichen darin den »erzieherischen Charakter« bestens zum Ausdruck gebracht.

lichen Zwangsmaßnahmen der Kampf angesagt werden, darin stimmten Industrie und Gestapo (die bekanntlich Justizfunktionen übernommen hatte) überein. Auch die Bauwirtschaft und Behörden wie Stadtverwaltungen und Arbeitsämter waren in vielerlei Hinsicht beteiligt, wenn es darum ging, diese Strafmaßnahmen konkret in die Tat umzusetzen.

Gesetzlich legitimiert war all dies keineswegs: Die AEL entwickelten sich in einem rechtsfreien Raum. Zwar war es im Juni 1940 zu einer Vereinbarung zwischen Heydrich und dem Reichsarbeitsministerium gekommen, dass deutsche »Arbeitsbummelanten« an die Gestapo überführt werden sollten, wenn die Sanktionsmöglichkeiten auf betrieblicher Ebene ausgereizt seien; von »Arbeitserziehungslagern« war dabei jedoch nicht die Rede. Für Polen und Tschechen war bei »Arbeitsvertragsbruch« im Grunde die sofortige Einweisung in ein KZ vorgesehen. Trotz unklarer Rechtslage verstanden regionale Stellen die erwähnte Vereinbarung als Ermächtigung, eigenständig gegen die »Arbeitsverweigerer« vorzugehen, so auch gegen Polen und Tschechen – und bereits im August 1940 wurde im rheinisch-westfälischen Hunswinkel bei Lüdenscheid das erste Lager errichtet. Bis Mai 1941 existierte für die AEL kein Gesetz oder

Erlass Himmlers, der ihre Organisation zentral geregelt hätte. Der Reichsführer SS billigte sie zwar als Disziplinierungsversuche regionaler Gestapo-Stellen, generell plädierte er jedoch für eine Schließung nach Ende des Krieges. Dessen ungeachtet hatte innerhalb recht kurzer Zeit jede Gestapo-Stelle im »Großdeutschen Reich« Kontrolle über wenigstens ein AEL.

Anfangs war die Dauer der Haft auf drei Wochen begrenzt. Die Einweisung, die auf massenhafter Denunziation in den Betrieben und bei den Arbeitsämtern basierte, erfolgte lediglich aufgrund einer vorläufigen Festnahme oder eines »Schutzhaft«-Befehls, den die örtlichen Gestapo-Stellen ohne Überprüfung durch das RSHA für eine Frist von 21 Tagen zu erstellen befugt waren; polizeiliche Ermittlungen fanden kaum statt, weitere Behörden wurden nicht eingeschaltet. Die Haftzeit wurde auf Drängen der kooperierenden Institutionen und Unternehmen auf sechs Wochen verlängert, noch bevor ein Erlass Himmlers im Mai 1941 sie auf acht Wochen begrenzte. Was keineswegs langfristig bindend war: Bereits im Sommer 1941 wurde sie auf erneuten Druck von Unternehmen auf drei Monate ausgedehnt.[7] Ab 1942 wurden in den AEL vor allem Zwangsarbeiter aus der Rüstungsindustrie interniert, 60 Prozent davon stammten aus Polen und der Sowjetunion. Als Gründe für ihre Einweisung wurden neben den – aufgrund der besonderen rassistischen Diskriminierung nicht seltenen – Fluchtversuchen auch ungenügender Gehorsam gegenüber deutschen Vorgesetzten, unzureichende Arbeitsleistung (»Arbeitsbummelei«) sowie Übertretung der Polizeiverordnungen genannt.

Die Lagerleitung und -verwaltung unterstand jeweils zwei Angehörigen der zuständigen Gestapo-Dienststelle, meist erfahrene Beamte mittleren Alters, die lange Jahre als Schutzpolizisten tätig gewesen waren und vom Dienstrang her der mittleren Ebene angehörten. Für die Bewachung wurden zunächst Angehörige der Ordnungspolizei, dann, ab Frühjahr 1942, vor allem ältere Polizisten mit Kriegsverletzungen abgestellt, die in den Polizeibataillonen nicht mehr eingesetzt werden konnten. Doch schon nach wenigen Monaten war es auch damit vorbei: Im Sommer 1942 wurden selbst diese Wachmannschaften wegen Personalmangels bei der Schutzpolizei abgezogen und durch zivile Kräfte ersetzt. Die Infrastruktur, insbesondere die Baracken, in denen die Häftlinge untergebracht wurden, stellten die kooperierenden Unternehmen und Behörden im Allgemeinen kostenlos zur Verfügung, dafür setzten sie die Gefangenen bei zumeist schweren Arbeiten ein. Die auf niedrigem Niveau ausgehandelten Löhne wurden, so sah es die Regelung vor, abzüglich der Unterbringungs-, Verpflegungs- und Transportkosten zugunsten der Gestapo-Stellen an die Regierungshauptkasse entrichtet. Es handelte sich bei dieser »Bezahlung« also lediglich um eine Farce.

Hinter dem euphemistischen Begriff der »Arbeitserziehung« verbarg sich ein zeitlich begrenzter, rücksichtsloser Arbeitsterror gegenüber den Häftlin-

AEL-Häftlinge aus Essen-Mülheim bei Gleisarbeiten auf dem Flughafengelände, 1942. Oftmals beaufsichtigten Vorarbeiter der Baufirmen solche Arbeitskommandos und versuchten die Häftlinge mit einer Vielzahl von Schikanen zu einer höheren Arbeitsleistung anzutreiben.

gen, der dazu diente, ihre Persönlichkeit zu brechen und sie im Anschluss »diszipliniert« an vorgesehene Arbeitsstätten zurückzuführen – zuweilen, aber beileibe nicht immer in ihre alten Betriebe. Ihre Arbeitszeit betrug zehn bis zwölf Stunden pro Tag, sechs Tage in der Woche. In der Art der Unterdrückungsmethoden unterschieden sich die Arbeitserziehungslager kaum von den Konzentrationslagern. Die Häftlinge wurden zu schwersten Erd- und Tiefbauarbeiten herangezogen, zuweilen auch von Bauern für die Landwirtschaft angefordert. Nach Bombenangriffen wurden aus ihren Reihen Arbeitskommandos gebildet, die in den Städten Aufräumungs- und Luftschutzarbeiten ausführen mussten. Die Verpflegung war insgesamt unzureichend und von erbärmlicher Qualität, so dass der Großteil der Lagerinsassen ständig Hunger litt. Katastrophal waren auch die hygienischen Bedingungen: Es bestanden kaum Waschmöglichkeiten, es gab viel zu wenig Toiletten, die Baracken waren als Dauerunterkunft völlig ungeeignet. Sämtliche Häftlinge wurden von Läusen befallen, sie erkrankten massenhaft an Diphtherie, Ruhr und Tuberkulose, ab 1943 trat häufig Fleckfieber auf. Viele starben, denn die medizinische Versorgung war absolut unzureichend. In der zweiten Kriegshälfte wurden die Zustände vollends unerträglich, die Grausamkeit der Haftbedingungen über-

traf zuweilen die der Konzentrationslager: Schwerstarbeit, permanente Unter-
ernährung, Todesdrohung und alltägliche Misshandlung blieben nicht fol-
genlos – bereits seit 1942 stieg die Zahl der Todesfälle beträchtlich, weshalb einzelne Arbeitserziehungslager im Ruf standen, »Todeslager« zu sein.

Eine Verkettung unglücklicher Umstände brachte den 1926 in London gebo-
renen **Salvatore Mario Bertorelli** in ein Lager nach Norddeutschland. Als Sohn
italienischer Emigranten war er 1944 von Großbritannien zu einem Besuch
nach Italien gereist, durfte dann aufgrund seiner Doppelstaatsbürgerschaft das
Land aber nicht mehr verlassen. Als ruchbar wurde, dass italienische Partisanen
in der Nähe seines Aufenthaltsorts deutsche Soldaten erschossen hatten, verhaftete die SS Bertorelli und seinen Bruder. Die – oftmals praktizierte – standrechtliche Exekution blieb ihm zwar erspart, doch wurde er als Zwangsarbeiter ins Deutsche Reich verschleppt. Nach tagelanger Bahnfahrt in einem
Viehwaggon gelangte er im September nach Brunsbüttelkoog, wo man ihn in
einer Chemiefabrik einsetzte. Die entsetzlichen Arbeitsbedingungen ließen
bald seine Kräfte schwinden, die schlechte Unterbringung tat ein Übriges; bald
warfen ihm die Verantwortlichen, ohne Beweise zu liefern, »Sabotage« vor. Die
Gestapo schickte ihn unverzüglich ins Arbeitserziehungslager Nordmark in
Kiel-Russee, wo er drei Monate lang buchstäblich Sklavenarbeit verrichten
musste, dem Sadismus der Bewacher wehrlos ausgeliefert: »Ohne Werkzeuge
wie Schaufeln oder Hacken, nur mit unseren bloßen Händen, mussten wir arbeiten, nach den Bombenangriffen aufräumen und nicht explodierte Bomben
entfernen, um einen Weg für Militärfahrzeuge freizuräumen. Während wir
in den Bombentrichtern arbeiteten, schossen die Wachen zum Spaß auf uns,
wie auf dem Jahrmarkt, und am Ende jedes Tages mussten wir eine Reihe von
Leichen mit ins Lager zurücknehmen. Dort wurden sie in ein Massengrab geworfen. Die Lagerbaracken waren aus dünnem Holz gebaut. Die Wachen schossen nachts zum Spaß in die Baracken, dann kamen sie herein und lachten über
diejenigen, die getroffen worden waren. Es regnete und schneite ununter-
brochen, daher waren wir Tag und Nacht tropfnass. Nachts konnten wir Ge-
fangene sterben hören, und am Morgen mussten wir die Toten zählen und die
Leichen in das Massengrab werfen. […] Während der Arbeit in den Bombentrichtern schlugen die Wachen uns dauernd, willkürlich und zu ihrem Ver-
gnügen. Ich habe immer noch die Narbe auf meiner Oberlippe und Nase, die
ich bei einer dieser Gelegenheiten davontrug.«[8] Terror, körperliche Misshandlung und Hinrichtungen durch Erschießen oder Erhängen bestimmten den Alltag der Inhaftierten: »Im Lager gab es spezielle Zellen für weitere Bestrafungen.
Eines Nachts, als wir von der Arbeit in den Bombentrichtern zurückkamen,
wurde ich aus irgendeinem Grund aus der Gruppe von Gefangenen zur Bestrafung herausgeholt, mit dem Rücken nach oben über einen Holzstuhl geworfen

und auf den Rücken geschlagen. Acht Schläge mit einem Stück Holz, das zufällig herumlag. Dann musste ich zur Baracke zurückmarschieren, unter schrecklichen, quälenden Schmerzen. Am nächsten Tag musste ich wie immer in den Bombentrichtern arbeiten. Es war eine Tag und Nacht andauernde Orgie des Schlagens und Tötens, ohne auch nur den kleinsten Moment der Ruhe.« Die Willkür und Kaltblütigkeit, mit der ihre Peiniger ständig agierten, wirkte für die Betroffenen über den physischen Schmerz hinaus noch zusätzlich zermürbend: »Einmal schaute ich durch das Schlüsselloch [der Unterkunft] und da sah ich diesen italienischen Gefangenen. Er kniete draußen vor der Baracke und legte einen Fußweg oder eine Zufahrt. Er legte also die Steine und kniete dort, als zwei Offiziere vorbeikamen, ich schaute immer noch durch das Loch, und einer zog seine Pistole und erschoss den Gefangenen. Einfach so.«

Auch **Milo Dor**, als junger Mann wegen kommunistischer Untergrundarbeit in die Hände der Gestapo geraten, mehrfach brutal gefoltert und zu KZ-Haft verurteilt, war für einen Transport nach Dachau vorgesehen – und landete in einem Arbeitserziehungslager bei Wien. Dor, der seine Erlebnisse später in seinem Buch »Tote auf Urlaub« niederschrieb, erinnert sich: »Ich bin irrtümlicherweise von der Gestapo dorthin gebracht worden. Unter Aufsicht mussten wir da völlig sinnlos irgendwelche Gräben graben. Sie haben uns mit Maschinengewehren bewacht. Es herrschte ein fürchterliches Regime. Als wir ankamen, hat man uns in ein Bad geschickt und während wir badeten, wurde das Essen ausgeteilt. Das war im November. Wir mussten nackt direkt aus dem Bad Essen holen gehen. [...] Ein paar Tage später habe ich eine Lungenentzündung bekommen. Das war eine Folter, völlig sinnlos – nackte Menschen aus einem Bad hinauszutreiben, um ihnen was zu Essen zu geben, das ist unvorstellbar. Aber es ist wirklich geschehen. Das können wir uns heute gar mehr nicht vorstellen.«[9] SS-Leute bewachten das Lager, und ein SS-Arzt war es, der ihn untersuchte und für haftunfähig erklärte. »Ich hatte so 40, 41 Grad Fieber und die Gestapo hat sich dann eingemischt und wollte mich abholen. [...] Innerhalb des Lagers gab es sogar ein eigenes Gefängnis. Als sie erfahren haben, dass ich an der falschen Stelle bin, haben sie mich in dieses Gefängnis gesteckt, trotz Fieber. Von dort bin ich dann wieder nach Wien überstellt worden.« Dort erholte er sich und wurde langsam gesund. Einer weiteren Verschleppung, diesmal nach Nordhausen, entging er mit einigem Glück. Er blieb in der österreichischen Hauptstadt, wo er 1945 den Sieg der Roten Armee erlebte.

Trotz Abschreckung und strengster Bewachung in den Arbeitserziehungslagern zogen zahlreiche Zwangsarbeiter die Flucht dem täglichen Terror vor: Das RSHA bezifferte die Anzahl der seit Mitte 1943 von Arbeitsorten im Deutschen Reich Flüchtigen mit mehr als 45 000 im Monat. Von den Polizeibehörden in regel-

rechten Menschenjagden verfolgt, gelang es nur wenigen, definitiv zu entkommen: Dieselbe Quelle listete monatlich über 35 000 Festnahmen auf.[10] Bald
reichten die Kapazitäten der bereits existierenden Lager und Polizeigefängnisse
für die fortwährend steigende Zahl der Häftlinge nicht mehr aus. So wurde das
System der AEL ab Herbst 1943 ergänzt: Die Gestapo-Stellen beauftragten die
Werkschutzabteilungen von Rüstungsbetrieben sowie Landräte und Bürger-
meister, betrieblich und kommunal organisierte Auffang- und Erziehungslager
zu errichten, was buchstäblich eine Gründungswelle von Lagern auslöste, deren Betrieb nicht mehr von der regionalen Gestapo selbst, sondern von den ihr
untergeordneten Polizeidienststellen organisiert wurde. Die Expansion des La-
gersystems verschaffte der Gestapo in der Situation rapiden Machtverfalls der
NS-Herrschaft ausreichend Kapazitäten, um ihren zusehends fanatisch anmu-
tenden Terror auf immer größere Bevölkerungsteile auszudehnen. Wenige Monate vor Kriegsende wurden in verstärktem Maße deutsche Staatsbürger in AEL
überführt, darunter viele Frauen und »jüdische Mischlinge«.

Auf regionaler Ebene erfüllten die Lager absolut ihren Zweck als weitläufi-
ges Repressionsinstrument, um die Durchhaltepolitik der Nationalsozialisten
abzusichern. Gegen Ende des Krieges fungierten die Arbeitserziehungslager
überdies zunehmend als Hinrichtungsstätten der örtlichen Gestapo: Sie setzten
damit die so genannten »Sonderbehandlungen« um, was im zynischen Sprachgebrauch der Gestapo nichts anderes als »Töten« meinte; darauf wird an anderer Stelle noch zurückzukommen sein. Ein Gerichtsverfahren war hierzu nicht
notwendig, es galt lediglich einen Genehmigungsantrag beim RSHA zu stellen;
ab Ende 1944 war auch dies nicht mehr erforderlich. Die Gestapo führte die
Liquidierungen zumeist durch Erhängen aus; die Opfer waren zunächst vor-
wiegend polnische und sowjetische »Fremdarbeiter« und Kriegsgefangene, der
Vorwand, sie hätten sich (wahlweise) schweren Diebstahl, »Plünderungen«, Sabotage, Mord oder Totschlag zuschulden kommen lassen. In den letzten Kriegs-
wochen kam es dann auch vielerorts zu Massenexekutionen von Justiz- oder
Polizeigefangenen. Erst die vordringenden alliierten Truppen setzten dem
ein Ende.

Die Einrichtung der letztlich im gesamten Deutschen Reich verteilten
AEL verschaffte der regionalen Gestapo einen wesentlichen Zuwachs an Macht
– ihr Bedrohungspotenzial wurde beträchtlich ausgeweitet. Die Tatsache, dass
sie sich hier quasi im rechtsfreien Raum bewegten, wurde von regionalen
Beamten nach Kräften gegen die Verfolgten ausgenutzt. Die Gestapo trat im
Falle der AEL eben nicht mehr als zentralisierte Überwachungsinstitution in
Erscheinung – entsprechende Anordnungen des RSHA gab es bis Kriegsende
nicht. Was der Effizienz der Beamten keinerlei Abbruch tat: Angehörige regionaler Stapo-Stellen wussten auch ohne Erlasse oder Schnellbrief, was sie zu
tun hatten.

Das Attentat vom 20. Juli 1944 und die Konsequenzen

Am 20. Juli 1944 detonierte gegen Mittag im »Führerhauptquartier Wolfs-schanze« bei Rastenburg im damaligen Ostpreußen eine Sprengladung. Oberst Claus Graf Schenk von Stauffenberg, Chef des Stabes beim Befehlshaber des Ersatzheeres, hatte eine mit Sprengstoff und aktiviertem Zeitzünder bestück-te Aktentasche unter den Tisch in der Lagebaracke gestellt und den Raum kurz zuvor verlassen. Vier der insgesamt 24 Anwesenden starben, zahlreiche erlit-ten schwere Verletzungen, doch Hitler, die eigentliche Zielperson, überlebte auch diesen Anschlag, diesmal nur leicht verletzt.[11] Es war nicht der erste Ver-such Stauffenbergs, Hitler zu beseitigen. Ursprünglich war geplant, auch Himmler und Göring zu töten, doch diese waren zum vorgesehenen Zeitpunkt jeweils nicht zugegen. Unmittelbar nach der Detonation passierte Stauffenberg zusammen mit seinem Adjutanten Werner von Haeften die Sperrzonen des »Führerhauptquartiers« und bestieg in der Annahme, das Attentat sei geglückt, ein Flugzeug nach Berlin. Dort stand Stauffenberg an der Spitze der mili-tärischen Putschaktionen der Operation »Walküre«, die, bei der Vorbereitung getarnt als Notstandseinsatz im Falle eines Aufstandes der »Fremdarbeiter«, später im per Fernschreiben ausgegebenen Einsatzbefehl als einer »gewis-senlosen Clique frontfremder Parteiführer« bezeichnet, es den militärischen Verschwörern ermöglichte, über Ausbildungseinheiten des Ersatzheeres zu ver-fügen: Auf das vereinbarte Stichwort hin mussten diese sich zu verstärkten Kampfgruppen formieren und innerhalb kürzester Zeit marschbereit sein. Nach der Beseitigung Hitlers, so sah der Gesamtplan es vor, sollten diese Heeresein-heiten im ganzen Reichsgebiet und in den besetzten Territorien ausrücken, um zentrale Nachrichtenstellen zu besetzen und führende Mitglieder der NSDAP sowie SS-, Sipo- und SD-Angehörige festzunehmen, wichtige Anlagen wie Bahn-höfe, Funk- und Telegrapheneinrichtungen sowie ähnliche Schlüsselstellen zu sichern und die Konzentrationslager militärisch zu besetzen, während gleich-zeitig Beauftragte der Staatsstreichführung die staatlichen Funktionen in allen Wehrkreisen unter ihre Kontrolle bringen sollten. In Kooperation mit ver-schiedenen zivilen Widerstandsgruppen sollte nun eine neue Reichsregierung unter Carl Friedrich Goerdeler als Reichskanzler und mit Generaloberst Lud-wig Beck als Reichspräsident eingesetzt werden. Der drohenden militärischen Zerschlagung und der damit verbundenen totalen Niederlage des Deutschen Reiches sollte auf diese Weise Einhalt geboten werden, soweit dies überhaupt noch möglich war. Die Beteiligten hatten unterschiedliche Beweggründe für die Ablehnung Hitlers und der Entwicklung in Deutschland: Viele waren kon-servativ und deutschnational eingestellt und forderten eine neue Ordnung, die zwar nicht der des NS-Führerstaats, aber genauso wenig derjenigen der Weima-rer Republik ähneln sollte.[12] Der neue Staat war als Handlungsraum für die tra-

Die zerstörte »Lagebaracke« des Führerhauptquartiers »Wolfsschanze« nach dem Bombenattentat vom 20. Juli 1944. Göring (dritter von links) inspizierte den Ort des missglückten Anschlags auf Hitler.

ditionelle gesellschaftliche Elite, wozu auch das Offizierskorps zählte, gedacht. Die Vorstellungen vieler höherer Wehrmachtsoffiziere, auch des militärischen Widerstandes, waren geprägt durch überlieferten Führungsanspruch und Standesbewusstsein, Affinitäten zu monarchistischen oder autoritären Staatskonzeptionen waren durchaus vorhanden. Die Kriegspläne der Nationalsozialisten wurden keineswegs rundheraus abgelehnt. Das ging so weit, dass versucht wurde, einen Separatfrieden mit den Westalliierten zu schließen, um dann mit größerer Kraft gegen die Sowjetunion vorgehen zu können und eine »Bolschewisierung« Europas zu verhindern.[13] Der Krieg, zu diesem Zeitpunkt allerdings ohnehin überdeutlich verloren, sollte primär deshalb ein Ende finden, damit Deutschland als Machtfaktor in Europa erhalten bleiben könnte. Auch der Stopp der Vernichtung der europäischen Juden sollte vor allem aus Gründen des Deutschlandbildes im Ausland erfolgen. Dass es den rassistischen Vernichtungskrieg ebenso zu beenden gelte wie die Repression gegen zahlreiche Opfergruppen, stand für die Mehrheit nicht ganz oben auf der Agenda.[14]

Doch Hitler überlebte. Grund genug für zahlreiche Offiziere im Umkreis der Attentäter, ihrem Eid auf den »Führer« weiterhin treu zu bleiben, statt sich dem militärischen Widerstand anzuschließen; viele hatten von vornherein

Verkündung der Todesurteile gegen Beteiligte des Umsturzversuches durch den Präsidenten des Volksgerichtshofs, Roland Freisler, im Berliner Kammergericht, wahrscheinlich 8. August 1944. Am gleichen Abend wurden die Verurteilten in Berlin-Plötzensee ermordet.

Zweifel gehabt. Die Umstürzler hatten es nicht vermocht, das »Führerhauptquartier« von der Nachrichtenverbindung abzuschneiden, weshalb frühzeitig Meldungen vom Überleben Hitlers kursierten. In der »Wolfsschanze« wurde bekannt, dass in Berlin Verschwörer das Heft in die Hand genommen hatten. Um sich möglicher Widerstände im Heer zu erwehren, ersetzte Hitler noch am 20. Juli den – teilweise eingeweihten, an der Verschwörung aber nicht direkt beteiligten – Befehlshaber des Ersatzheeres, Generaloberst Friedrich Fromm, durch Himmler, eine ausgesuchte Demütigung für die Mitglieder des Offizierskorps. Außerdem wurden so die im Reichsgebiet stehenden Einheiten dem Befehl des überzeugten Nationalsozialisten Himmler unterstellt. An die Wehrkreise erging zudem die Weisung, jegliche Anordnung aus Berlin zu ignorieren – was umso fataler war, als die Befehle der Verschwörer verzögert, ja mitunter später als die aus der Wolfsschanze eintrafen und nur an wenigen Orten umgesetzt wurden.

Bis zum Abend konnten Hitler und seine Vertrauten von Ostpreußen aus die Kontrolle zurückerlangen. Der Sitz zentraler Wehrmachtseinrichtungen im Berliner Bendlerblock, in dem die Beteiligten sich nach dem Attentat zusammengefunden hatten, um von hier aus den Staatsstreich ins Werk zu setzen,

Gestapo-Chef Heinrich Müller, vorne rechts im Bild, profitierte vom missglückten Attentat auf Hitler: Er genoss das uneingeschränkte Vertrauen Hitlers und Himmlers, weshalb die Geheime Staatspolizei ab diesem Zeitpunkt gänzlich enthemmt gegen vermeintliche oder tatsächliche Regimegegner vorgehen konnte.

wurde abgeriegelt. Noch in der Nacht wurde Generaloberst Ludwig Beck, wenig später Stauffenberg und drei seiner Mitverschwörer im Hof des Gebäudes von regimetreuen Offizieren und Unteroffizieren standrechtlich erschossen.[15] Der Staatsstreich war hiermit endgültig niedergeschlagen. Das Widerstandspotenzial aus den Reihen der Wehrmacht, die in der Lage gewesen wäre, andere bewaffnete Einheiten der NS-Herrschaft festzusetzen, war damit ausgeschöpft, die Chance war vertan.

»Diesmal«, so Hitler in einer Rundfunkansprache um ein Uhr morgens des 21. Juli 1944 an die »Volksgenossen«, »wird nun so abgerechnet, wie wir das als Nationalsozialisten gewohnt sind.«[16] Die Verfolgungsmaschinerie der Gestapo setzte sich unverzüglich in Gang.

Die Gestapo auf dem Gipfel der Macht

Im Amt IV (Gestapo) des RSHA wurde am 21. Juli 1944 durch Heinrich Müller eine »Sonderkommission 20. Juli« gebildet, die aus insgesamt elf Sachgruppen mit rund 400 Mitarbeitern bestand. Noch am gleichen Tag setzten die Verhaftungen ein. Etwa 700 Personen, darunter auch die Angehörigen der Hauptverschwörer, wurden in Haft genommen und im Hausgefängnis der Gestapo sowie an anderen Orten in und um Berlin festgesetzt.[17] Die Verhöre fanden vornehmlich im Hauptsitz der Gestapo in der Prinz-Albrecht-Straße 8 statt. Da die Festgenommenen in mehreren Prozessen vor dem Volksgerichtshof verurteilt werden sollten, die beteiligten Militärangehörigen aber unter die Zuständigkeit des Reichskriegsgerichts fielen, galt es zunächst einmal dieses Problem zu lösen. Bei einer Besprechung Hitlers mit Himmler und dem Chef des Oberkommandos der Wehrmacht, Generalfeldmarschall Wilhelm Keitel, wurde entschieden, einen »Ehrenhof« der Wehrmacht einzusetzen, der für die Entlassung von über 80 Offizieren aus der Wehrmacht Sorge zu tragen hatte.[18] Diesem gehörten neben Keitel weitere Generale und Feldmarschälle an. Erst dann war der Weg frei und vor dem Volksgerichtshof konnte Anklage erhoben werden. Diese Institution, zuständig für politische Delikte wie Hoch- und Landesverrat, war 1934 nach dem für die NS-Führung wenig befriedigenden Ausgang des Reichstagsbrandprozesses vor dem Reichsgericht ins Leben gerufen worden, zunächst nur mit dem Status eines Sondergerichts. Durch Gesetz vom 18. April 1936 in ein ordentliches Gericht überführt, war der Volksgerichtshof als erste und letzte Instanz auch für die Delikte »Feindbegünstigung«, Spionage, »Wehrkraftzersetzung« und später noch für »Defätismus« zuständig.

Unter Vorsitz von Roland Freisler fand am 7. und 8. August 1944 in Berlin der erste, medienwirksam inszenierte Prozess gegen Verschwörer des 20. Juli statt. Freisler, langjähriges NSDAP-Mitglied und seit 1942 Präsident des Volksgerichtshofs, war berüchtigt für seinen menschenverachtenden Umgang mit den Angeklagten; sein fanatischer Verurteilungswahn zog durchschnittlich für jeden zweiten die Todesstrafe nach sich. Tobend und schreiend suchte er nun ein Exempel zu statuieren, das Ergebnis der »Verhandlung« stand von Anfang an fest. »Aufgehängt [werden] wie Schlachtvieh«, so hatte Hitler verfügt, sollten die Verschwörer.[19] Und so geschah es dann auch: Die Urteile – Tod durch den Strang – wurden noch am 8. August in der Haftanstalt Berlin-Plötzensee vollstreckt. Das Ganze war von vornherein eine Farce: Die Anklageschriften gingen den eigens bestellten Pflichtverteidigern erst kurz vor Prozessbeginn zu. Über 50 weitere Prozesse sollten folgen, bei denen insgesamt rund 110 Personen zum Tode verurteilt wurden, darunter Fluchthelfer und Unterstützer der Verschwörer. Auch Arthur Nebe, Chef des Reichskriminalpolizeiamtes, der Kontakt zu den Widerständlern hatte, wurde der Beteiligung am Staatsstreich bezichtigt, im März 1945 zum Tode verurteilt und hingerichtet. Über die ersten Verhandlungen publizierte die gleichgeschaltete Presse ausführliche Berichte, später hatte die Öffentlichkeit kaum noch daran teil.

Nach den Militärs wurden auch Beteiligte der diversen zivilen Widerstandsgruppen vor den Volksgerichtshof gezerrt. Die Ermittlungen hatten bald gezeigt, dass es sich bei den Ereignissen des 20. Juli nur vordergründig um einen Putschversuch des Militärs gehandelt hatte. Dahinter stand vielmehr auch ein recht weit verzweigtes Netzwerk der »alten Eliten« aus Adel, gehobenem Bürgertum und hochrangigen Fachleuten im militärischen wie zivilen Bereich – oppositionelle Zirkel verschiedener politischer Prägung, die seit geraumer Zeit versucht hatten, ihre unterschiedlichen Positionen in Staatsmodellen und gemeinsamen Regierungsprogrammen zu kanalisieren, die dann mithilfe des militärisch geführten Staatsstreichs hätten umgesetzt werden können. Zur Kerngruppe der Verschwörer gehörten (neben den aktiven Offizieren um Stauffenberg) Konservative und vormals dem NS-Regime nahe stehende Personen, wie sie sich etwa um Carl Goerdeler scharten, und die eher liberal bis konservativ geprägten Mitglieder des so genannten »Kreisauer Kreises« um die Grafen Moltke und Wartenburg, zudem bestanden Kontakte zu einzelnen Gewerkschaftsfunktionären und führenden Sozialdemokraten. Im Rahmen einer groß angelegten Verhaftungswelle, der so genannten »Aktion Gewitter«, die im Folgenden immer weitere Bevölkerungskreise erfassen sollte, wurden im August 1944 Hunderte Verdächtige festgenommen. Die obligatorischen Todesurteile gegen alle, die in irgendeiner Weise mit den Ereignissen des 20. Juli in Verbindung gebracht werden konnten, wurden erst durch Gefängnisstrafen ersetzt, als Roland Freisler im Februar 1945 bei einem Luftangriff ums Leben kam.

Das Attentat vom 20. Juli öffnete der Willkür endgültig Tür und Tor: Nicht nur direkt oder indirekt an der Aktion Beteiligte wurden staatspolizeilich verfolgt, auch die Familienmitglieder der Verdächtigen wurden festgesetzt, unerbittlich und ohne jedes Maß, vom Kleinkind bis zum Greis. Diese als »Sippenhaft« bezeichnete Maßnahme ging auf einen Befehl nach der Besprechung Hitlers mit Himmler und Wilhelm Keitel zurück. Zu ihrer Umsetzung – ein mündlich ausgesprochener Haftbefehl reichte aus, um sie zu verhängen – richtete die Gestapo Ende November 1944 das Referat IV a 6 c (»Sippenhaft«) ein. Himmler und Müller entschieden persönlich über die Haftbefehle. Repressionen in Form von Vermögens- und Freiheitsentzug bis hin zu Misshandlung und Tod sollten nicht nur die Täter und ihre Angehörigen abstrafen, sondern auch Nachahmungstäter abschrecken. Die »Sippenhaft« bezog sich vor allem auf die Familien der als Haupttäter betrachteten Personen, die man in einem Hotel[20], hauptsächlich aber in Gefängnissen und auch Konzentrationslagern festhielt; manche von ihnen wurden noch Mitte April 1945 über das KZ Dachau nach Österreich transportiert, wo die US-Amerikaner sie schließlich befreiten. Rund 50 Kinder wurden zudem von der Gestapo in ein Erholungsheim der NS-Volkswohlfahrt in Bad Sachsa verschleppt. Einige durften nach deren Freilassung wieder zu ihren Müttern, andere mussten dort bleiben, bis die Ankunft der US-Armee im April 1945 auch diesen Zustand beendete.

Mit »Sippenhaft« belegt war auch die Familie von **Franz Freiherr von Hammerstein**, der 1921 in Kassel als jüngster von drei Söhnen geboren wurde und vor allem in Berlin aufwuchs. Der Vater, Kurt von Hammerstein, war bereits im Herbst 1933 aus Protest gegen Hitler von seinem Posten als Chef der Heeresleitung zurückgetreten; 1943 starb er an einem Krebsleiden. Die älteren Söhne, Kunrat und Ludwig, waren am Staatsstreich beteiligt, konnten aber flüchten und sich trotz der Massenfahndung durch die Gestapo bis zum Ende des Krieges versteckt halten. Franz von Hammerstein erzählt: »Beide waren inzwischen [1944] Offiziere, ohne Berufssoldaten werden zu wollen. […] Und der eine war in der Gruppe von Stauffenberg […] in der damaligen Bendlerstraße dabei. […] Beide mussten dann nach dem 20. Juli untertauchen, sie waren eindeutig in Gefahr, ermordet zu werden. So wie die meisten anderen, die in dem Zusammenhang dann auch ermordet worden sind. Und Ludwig, der eine Bruder, kam schon am 21. morgens ganz früh zu uns, nachdem es ihm gelungen war, noch aus der Bendlerstraße zu flüchten. Er fragte, was er tun solle. Desertieren, untertauchen – oder sich stellen? Meine Mutter hat gesagt, selbstverständlich untertauchen. Sie hat ihm auch Tipps gegeben, wie er das machen kann und soll. Das ist ihm gelungen und er hat überlebt.«[21] Nach mehreren Hausdurchsuchungen wurde Franz von Hammerstein mit Mutter und Schwestern in Gewahrsam genommen. »Die Gestapo war dann sehr schnell bei uns. Am selben Tag noch. Und dann kontinuierlich. Sie hat versucht mit unserer Hilfe herauszufinden, wo die Brüder geblieben sind. Wir haben so getan, als ob wir nichts wüssten. Das ist tatsächlich gelungen. Aber immerhin wurde zuerst dann ich, noch im August, verhaftet, meine Mutter und zwei Schwestern im Oktober. Ich war im Gestapogefängnis, die Frauen [...] waren wohl in der Kantstraße. Ich wurde stark verhört, wie meine Mutter und meine Schwestern. Wie oft, weiß ich gar nicht mehr genau, mehrmals jede Woche. Aber erstens wusste ich nicht mehr, wo die Brüder wirklich sind, und zweitens habe ich denen endlose Geschichten erzählt – mit Erfolg. Die haben mich also Gott sei Dank nicht gefoltert und nicht verprügelt, sondern ich durfte erzählen, oder sollte, musste erzählen, und anschließend unterschreiben, was ich erzählt hatte.« Franz von Hammerstein wurde, wie viele »Sippenhäftlinge«, vom KZ Dachau aus in die Alpen in Marsch gesetzt, wo ihn 1945 kurz vor Kriegsende US-amerikanische Truppen befreiten.

Auf Betreiben Himmlers, aber auch der Wehrmacht wurde die »Sippenhaft« zusehends ausgeweitet: Nun sollten selbst Angehörige von Deserteuren und Überläufern in Haft genommen werden und ihr Vermögen verlieren, was im gesamten Heer bekannt gegeben wurde; zuständig für die Verfolgung waren auch hier Gestapo und RSHA. Den Ausschlag gab die sich stetig verschlechternde militärische Situation: Schwere Niederlagen wie 1943 in Stalingrad und der anhaltende Vormarsch der alliierten Truppen an nahezu allen Fronten ließen den Kampfeswillen deutscher Soldaten ebenso schwinden wie den Glauben an den Endsieg. Durch das Repressionsinstrument der »Sippenhaft« sollte zumindest eine massenhafte Fahnenflucht unterbunden werden. Trotzdem desertierten bis zum Kriegsende rund 100 000 Soldaten, 35 000 Wehrmachtsangehörige wurden wegen »Fahnenflucht« verurteilt, 15 000 mit dem Tode bestraft.

Der Krieg, den das Regime gerade in diesem letzten Jahr »total« führen wollte, war de facto schon längst verloren, doch der gescheiterte Anschlag vom 20. Juli 1944 machte das Reichssicherheitshauptamt und besonders die Geheime Staatspolizei mächtiger als je zuvor. Von der Wehrmacht wie auch von der zivilen Justiz übernahm sie weitere Kompetenzen: Neben dem geschilderten Einsatz gegen Angehörige von Wehrmachtssoldaten betraf das vor allem die durch Befehl Himmlers vom 6. Januar 1943 detailliert geregelte Durchführung der »Sonderbehandlung«. Schon 1939 als euphemistische Umschreibung für »Vernichtung« verwendet, waren damit seit 1943 vor allem standrechtliche Exekutionen in ihrem Ablauf gemeint. War es zunächst noch Gestapo-Chef Müller, der entsprechende Befehle erteilte, waren ab Ende 1944 dann auch die Gestapo-Dienststellen vor Ort dazu befugt – ohne Genehmigung durch das RSHA. Damit waren der Willkür endgültig keine Grenzen mehr gesetzt, denn von nun an war die Gestapo in fast uneingeschränktem Maße Polizei, Richter und Henker zugleich. Hinrichtungen sollten zunächst in Konzentrationslagern oder an abgelegenen Orten vorgenommen werden; das galt allerdings nicht für ausländische Häftlinge – sie waren aus Gründen der Abschreckung öffentlich zu exekutieren. Himmlers Machtkonglomerat erwies sich somit als die zentrale Stütze der NS-Herrschaft, Himmler selbst befand sich auf dem Höhepunkt seiner Karriere, hatte er doch seinen Wirkungsbereich als Reichsführer SS und Chef der Deutschen Polizei mit seiner Ernennung zum Befehlshaber des Ersatzheeres bis weit in das Militär hinein ausdehnen können.

Nach dem 20. Juli entfaltete die Gestapo innerhalb des gesamten Deutschen Reiches eine Welle der Gewalt und des Terrors, die bis zum Kriegsende die gesamte Bevölkerung erfasste; darunter fiel auch die bereits erwähnte »Aktion Gewitter«: Am 17. August 1944 ordnete Heinrich Müller an, dass nach Durchgabe des Kodewortes »Gewitter« (auch als »Gitter« bezeichnet) Verhaftungen von vermeintlichen oder potenziellen Regimegegnern vorzunehmen seien. Dazu zählten Sympathisanten und Parlamentarier der Weimarer Republik, vor allem des linken Flügels, die der NS-Führung nun mehr denn je pauschal als Gegner galten, »gleichgültig«, so Müller in seinem Erlass wörtlich, »ob diesen etwas nachgewiesen werden kann oder nicht«. Gleichsam als Fanal wurde noch vor Beginn der Aktion der seit März 1933 in Berlin, ab 1943 in Bautzen inhaftierte KPD-Vorsitzende Ernst Thälmann ins KZ Buchenwald überführt und dort am 18. August im Krematorium erschossen; darüber waren Hitler und Himmler schon zuvor übereingekommen. Am 22. August gab es dann kein Halten mehr: Auf das vereinbarte Kodewort hin wurden zahlreiche Kommunisten, Sozialdemokraten, Funktionäre des katholischen »Zentrum« und der Bayerischen Volkspartei festgenommen. Gedacht als triumphaler Schlag des Systems gegen die Reste politischer Opposition, verfehlte die Inhaftierung von mehreren tausend Menschen offenbar den gewünschten Effekt. Selbst Heinrich Müller stellte sechs Tage später fest: »Bei der Festnahme der kommunistischen, sozialistischen und schwarzen Funktionäre wurde offenbar verschiedentlich recht formal vorgegangen, ohne dass die seitherige Haltung des Festgenommenen und seines Familienkreises in Betracht gezogen war. Aus sehr vielen Gauen sind lebhafte Klagen hierüber eingegangen, die das tatsächlich erkennen lassen.«[22] Der Chef der Sicherheitspolizei und des SD, Heydrichs Nachfolger Ernst Kaltenbrunner, ordnete daraufhin eine Überprüfung der Inhaftierungen an.

Auf Anordnung des RSHA wurden noch wenige Wochen vor Kriegsende zahlreiche Sonderhäftlinge aus dem militärischen Widerstand wie Hans von Dohnanyi, Abwehrchef Wilhelm Canaris und sein Mitarbeiter Hans Oster sowie der evangelische Theologe Dietrich Bonhoeffer in verschiedenen Konzentrationslagern und Gefängnissen hingerichtet. Ende April 1945 erschoss in Berlin ein aus SS- und Gestapo-Männern bestehendes Sonderkommando des RSHA noch einige prominente Häftlinge: Keiner der potenziellen Gegner durfte den Untergang des Regimes überleben.

Eskalation der Verfolgung

Der Kampf des Nationalsozialismus sollte sich nun vermehrt auch gegen die eigene Bevölkerung richten. Neben der Niederlage in Stalingrad 1943 und der Landung der Westalliierten in der Normandie im Juni 1944 führte vor allem die Zerstörung der deutschen Städte infolge von Luftangriffen zu Versorgungs- und Produktionsengpässen. Der Wehrmacht fehlten Rüstungsmaterial und vor allem Treibstoff, große Teile der Bevölkerung litten Hunger und hatten kein Dach mehr über dem Kopf. Die Zustimmung zur NS-Herrschaft begann merklich zu schwinden. Im letzten erhalten gebliebenen SD-Bericht vom Ende März 1945 wird die Stimmung folgendermaßen zusammengefasst: »1. Niemand will den Krieg verlieren. Jeder hat sehnlichst gewünscht, dass wir ihn gewinnen. 2. Keiner glaubt mehr, dass wir siegen. Der bisher bewahrte Hoffnungsfunken ist am Auslöschen. 3. Wenn wir den Krieg verlieren, sind wir nach allgemeiner Überzeugung selber daran schuld, und zwar nicht der kleine Mann, sondern die Führung. 4. Das Volk hat kein Vertrauen zur Führung mehr. Es übt scharfe Kritik an der Partei, an bestimmten Führungspersonen und an der Propaganda. 5. Der Führer ist für Millionen der letzte Halt und die letzte Hoffnung, aber auch der Führer wird täglich stärker in die Vertrauensfrage und in die Kritik einbezogen. 6. Der Zweifel am Sinn des weiteren Kampfes zerfrisst die Einsatzbereitschaft, das Vertrauen der Volksgenossen zu sich selbst und untereinander.«[23] In dieser späten Darstellung der öffentlichen Meinung werden Tendenzen deutlich, die zwar schon vorher durchaus vorhanden waren, vom SD aber nur teilweise erfasst wurden, weil sich viele aus Angst vor Denunziation und Verfolgung in ihren Äußerungen zurückhielten. Mitunter wurden Berichte wohl auch durchaus bewusst geschönt.

Je aussichtsloser die Situation – objektiv betrachtet – wurde, desto vehementer ging die Gestapo gegen die »Volksgenossen« vor und legte dabei eine Rigorosität an den Tag, vor der niemand mehr sicher war: Das Abhören von »Feindsendern« wie Radio London oder Moskau wurde ebenso massiv geahndet wie der »Defätismus« derjenigen, die den »Endsieg« offen anzweifelten. Als »defätistisch« galt generell jede Äußerung, die den Glauben an den »Führer« und die Zukunft des »Großdeutschen Reiches« in Frage zu stellen wagte oder zu einer negativen Wirkung auf die Rüstungsproduktion und die Wehrmacht hätte beitragen können. Selbst Witze über die NSDAP oder die NS-Führung wurden als hinreichender Verfolgungsgrund angesehen. Auf das Hören der »Feindsender« stand seit Kriegsbeginn sogar die Todesstrafe. Durch ungefilterte Nachrichten, das wusste man nur zu genau, würde die wirkliche militärische Lage des Reiches bekannt und somit die Wirkung der NS-Propaganda in erheblichem Maße geschwächt. Für die Loyalität gegenüber dem Staat und dem »Führer« war dies wiederum fatal – vor allem nach der Kette von Niederlagen

Männer und Frauen beim Hören einer Propagandarede Hermann Görings, 1937. Um sich über die tatsächliche Situation ein Bild zu machen, nutzten im Kriegsverlauf immer mehr Deutsche den »Volksempfänger« zum Abhören ausländischer Nachrichten. Die Gestapo verfolgte dies ebenso drastisch wie das Verbreiten von Meldungen so genannter »Feindsender«.

an buchstäblich allen Fronten. Das Wissen um die Realität konnte die Bereitschaft der Menschen nur schmälern, die Einschränkungen im täglichen Leben sowie den Verlust von Verwandten und Freunden durch Luftangriffe und an der Front weiterhin zu akzeptieren. Im allgemeinen Wissen um die begangenen deutschen Verbrechen, insbesondere bei der Vernichtung des europäischen Judentums, und der daraus resultierenden Furcht vor Vergeltung bei einer Kriegsniederlage gelang es allerdings durchaus, den Durchhaltewillen und die Opferbereitschaft der »Volksgemeinschaft« weiter zu beschwören.

Doch selbst Strafandrohung konnte zu diesem Zeitpunkt nicht mehr verhindern, dass immer mehr Menschen ihre Informationen durch »Feindsender« bezogen. Eva Rössner – sie kam hier bereits im Zusammenhang mit der Verfolgung ihres kommunistischen Vaters zu Wort – erinnert sich noch genau: »Mein Großvater war ein begeisterter Radiobastler. Der hat seinen Volksempfänger umgebaut, so dass er ausländische Sender hören konnte. Er hat immer den englischen Funk gehört. Seine zwei Neffen, die Söhne von seiner Schwester, waren im Krieg vermisst. Sie hat ihm 1944 eine Karte geschrieben, beziehungsweise einen Brief, er möchte doch aufpassen, ob er irgendwas hört, was über ihr Schicksal Aufschluss geben kann. Diese Karte oder diese Post ist

Deutsche Soldaten auf dem Weg in die Kriegsgefangenschaft, Januar 1943. Nach größten Verlusten bei den Kämpfen um Stalingrad gerieten nach der Kapitulation der 6. Armee über 90 000 deutsche Soldaten in Gefangenschaft.

über die Gestapo gelaufen, bevor sie die Großeltern bekommen haben. Da wurde dann die Großmutter zuerst vorgeladen und Großvater hat gesagt, ich begleite dich – und ist dann oben gleich bei der Gestapo verhaftet worden. Weil er zugegeben hat, dass er ausländisches Radio, es war Radio London, gehört hat. Er ist dann vom Volksgerichtshof zu zweieinhalb Jahren Zuchthaus wegen Abhören eines feindlichen Senders und drei Jahren Ehrverlust verurteilt worden.« Er kam also noch vergleichsweise glimpflich davon. Wohl auch aufgrund seines Alters wurde die Todesstrafe in diesem Fall nicht verhängt; überdies war ihm nicht nachzuweisen, dass er seine Informationen nach außen getragen hätte. »Die Strafe hat er Ende Oktober 1944 in Amberg angetreten und dort ist er dann zwei Tage vor Weihnachten an Erschöpfung gestorben. Im Alter von 69 Jahren. Wir haben davon aber erst an Heiligabend erfahren. Er war schon begraben, als der Sohn hingefahren ist, um sich um die Beerdigung und weiteres zu kümmern.«[24]

Mehr denn je galt es auch, jegliche reale oder vermeintliche Opposition zu zerschlagen. Wie mit denen verfahren wurde, die aller Abschreckung zum Trotz doch den Mut fanden, sich regimekritisch zu äußern, zeigt das Beispiel zweier Studenten der Münchener Universität, die nach der Festnahme und Hinrichtung der Widerstandsgruppe »Weiße Rose« politisch aktiv wurden. Deren Mit-

Gefangennahme deutscher Soldaten nach der erfolgreichen Landung der Alliierten in der Normandie, Juni 1944.

glieder hatten mit sechs Flugblättern und Wandparolen die Bevölkerung dazu aufgerufen, der NS-Herrschaft den Gehorsam zu verweigern. Die zwischen 1942 und 1943 bestehende, überwiegend aus bürgerlichen, christlich geprägten Familien stammende Gruppe um die Münchner Medizinstudenten Hans Scholl, Alexander Schmorell, Christoph Probst und Willi Graf sowie Scholls Schwester Sophie, die Biologie und Philosophie studierte, hatte in engem Kontakt zu dem Philosophieprofessor Kurt Huber gestanden, der sich auch an der Konzeption der Flugblätter beteiligte. Die Wirkung der in mehreren tausend Exemplaren hergestellten Druckschriften ging weit über München hinaus – sie fanden in ganz Süddeutschland und Österreich Verbreitung. Hans und Sophie Scholl waren am 18. Februar 1943 in der Münchener Ludwig-Maximilians-Universität beim Verteilen von Flugblättern vom Hausmeister beobachtet und sofort bei der Gestapo denunziert worden: Sophie, ihr Bruder Hans und Christoph Probst wurden verhaftet und noch am Tag ihrer Verurteilung, am 22. Februar, ermordet. Am 19. April 1943 wurden auch Willi Graf, Alexander Schmorell und Kurt Huber zum Tode verurteilt und später hingerichtet. Bis Mitte Oktober 1944 verhängte die NS-Justiz in weiteren Prozessen gegen mehrere Personen aus dem Umfeld der »Weißen Rose« Freiheitsstrafen bis zu zehn Jahren.

Auch **Marie-Luise Schultze-Jahn** sollte ein Opfer des um sich greifenden Verfolgungswahns werden. Sie studierte damals Chemie an der Münchner Uni-

Mitglieder der studentischen Widerstandsgruppe »Weiße Rose«, von links: Hans und Sophie
Scholl mit Christoph Probst. Nach ihrer Verhaftung durch die Gestapo wurden alle drei am
22. Februar 1943 vom Volksgerichtshof zum Tode verurteilt und noch am gleichen Tag hingerichtet.

versität. Zunächst nach eigener Aussage unpolitisch, wurde sie zunehmend
skeptisch angesichts dessen, was in Deutschland geschah; die Pogromnacht
1938, der Kriegsbeginn, die Informationen, die über Euthanasie und Lager zu
ihr durchsickerten, ließen ihre Abneigung gegen das Regime zur überzeugten
Gegnerschaft werden – eine Haltung, die ihr Studienfreund Hans Leipelt schon
aus familiären Gründen teilte. Die Großmutter war nach Theresienstadt deportiert worden, der »arische« Vater war gestorben, und seine Mutter, eine
Jüdin, stand völlig schutzlos da. Ihm selbst wurde als »Halbjude« das Studium
erheblich erschwert, das der Geisteswissenschaften war ihm sogar gänzlich
verboten. Nur durch Fürsprache eines prominenten Dozenten, der, wie die
Freundin es heute ausdrückt, »die Nürnberger Gesetze auf seine Weise unter-
lief«, erhielt er dann doch die Zulassung. An die Ereignisse im Februar 1943
erinnert sich Marie-Luise Schultze-Jahn genau. Das letzte Flugblatt der »Weißen
Rose« war dem Freund per Post zugestellt worden; es bezog sich auf den Fall
von Stalingrad, wo der »Führer« Hunderttausende deutsche Soldaten, so
wörtlich, »sinn- und verantwortungslos ins Verderben geschickt« hatte, und
endete mit einem Aufruf zum aktiven Protest: »Heraus aus den Partei-

gliederungen, in denen man uns politisch mundtot machen will! Heraus aus den Hörsälen der SS-Unter- und Oberführer und Parteikriecher!« Von der Existenz der Widerstandsgruppe selbst, so sagt sie heute, hätten sie zu diesem Zeitpunkt nichts gewusst: »Wir haben nur von der Verhaftung des Geschwisterpaares gehört. Dass sie beim Auslegen von Flugblättern festgenommen wurden. Da haben wir gedacht, das sind die, die das Flugblatt geschrieben und geschickt haben, hoffentlich kommen die durch. Vom Volksgerichtshof ahnten wir damals noch nichts. [...] Dann hörten wir, dass die beiden zusammen mit einem Freund vernommen wurden, der in Innsbruck lebte und auch verhaftet wurde. Am Vormittag war die Verhandlung vor dem Volksgerichtshof und am Nachmittag war schon die Hinrichtung. Das hat natürlich in der Zeitung gestanden, dass diese ›verantwortungslosen Einzelgänger‹ ihre ›gerechte Strafe‹ bekommen hätten.« Marie-Luise Schultze-Jahn und Hans Leipelt erschien es als eine Art von Verpflichtung, die Widerstandsarbeit der »Weißen Rose« im Kleinen fortzusetzen: »Da haben wir uns gedacht: Jetzt können wir was tun. Wir hatten ja das Flugblatt, wir wollten versuchen, Menschen aufzuklären. Das musste einfach weiter gemacht werden, es war wie ein Zwang. Wir haben uns an die Schreibmaschine gesetzt und haben das mit der Maschine abgeschrieben. Das ging sehr gut: Hans Leipelt hatte eine Schreibmaschine und ich hatte ein großes Zimmer. Wir haben immer mit Durchschlägen gearbeitet, [...] die habe ich dann mit der Hand verteilt.« Die Blätter mit der Post zu verschicken war inzwischen fast unmöglich geworden, denn »es gab kaum Umschläge zu kaufen. Geschweige denn Briefmarken. Nicht mehr als drei auf einmal.«[25]

Acht Monate lang ging alles gut, dann geriet die Fünfundzwanzigjährige am 18. Oktober 1943 in die Fänge der Gestapo; ihr Freund, damals 23 Jahre alt, war bereits zehn Tage zuvor festgenommen worden. »Ich konnte noch viel verbrennen, auch Briefe. Was mir heute natürlich Leid tut, aber es war damals notwendig. Ich konnte auch Bücher auslagern. [...] Dann kam die Gestapo auch zu mir. Sie kam ins Labor.« Unverkennbar, wie sie sagt: »Schöne Ledermäntel und Schlapphüte. Das typische Bild.« Sie musste zwei Beamte zu ihrer Wohnung begleiten, die diese dann durchsuchten. Anschließend wurde sie im Münchener Polizeigefängnis inhaftiert. »Es war schrecklich, es war schmutzig, da gab es Wanzen. Das war ein Schock. [...] Da habe ich gedacht, was wird aus mir. Ich habe nicht gewusst, was man aus Hans Leipelt schon herausgepresst hat. [...] Denn Hans hatte sinnigerweise immer alle Unterlagen bei sich. Und die Gestapo hatte den ganz einfachen Trick: Ja, erzählen Sie mal, wir wissen eh schon alles. Aber das ist so durchsichtig, darauf kann man nicht mehr hereinfallen. Ich tat natürlich zunächst mal völlig unwissend. Ich wurde nicht geschlagen, keiner von uns wurde geschlagen – im Gegensatz zu Hamburg [wo sich Leipelts Mutter aufhielt], da waren die Verhältnisse wohl weitaus schlimmer. Wir waren nur, heute würde man sagen Psychoterror, ausgesetzt.« Auf sie selbst war ein

Angriff eines amerikanischen Bomberverbandes auf deutsche Ziele, 1943. Aufgrund des unge-brochenen Glaubens vieler Deutscher an den »Endsieg« und der anhaltend hohen Rüstungs-produktion entschlossen sich die Alliierten zur Bombardierung deutscher Städte. Unzählige Menschen verloren dabei ihr Leben.

Scheinwerfer gerichtet, die zwei Beamte, die sie verhörten, waren nur umriss-haft zu erkennen. »So ging das den ganzen Tag. Dann musste man ja unter-schreiben – da sollte man am Abend noch wissen, was man am Morgen gesagt hatte. Unsere Verhörprotokolle von unserem Prozess, die sind noch nicht auf-getaucht.« Ein Vierteljahr lang dauerten die Verhöre an, manchmal mehrere Tage hintereinander, dann wieder gab es wieder ein oder zwei Wochen, in denen gar nichts geschah. »So, dass man überhaupt nichts wusste. Das war auch Methode. [...] Ich habe völlig alle Emotionen abgeschaltet. Schon sehr schnell, nachdem ich verhaftet wurde. Ganz automatisch und ganz instinktiv, ohne zu überlegen. Ich war tot, innerlich tot. Vielleicht ist das eine Überlebenshilfe gewesen.« Im Oktober 1944, ein Jahr nach ihrer Verhaftung, verurteilte der Volksgerichtshof Donauwörth beide wegen Hochverrats: Hans Leipelt wurde mit der Todesstrafe, Marie-Luise Schultze-Jahn »nur« mit zwölf Jahren Zucht-haus belegt – das Gericht nahm an, der »Halbjude« Leipelt hätte seine »arische« Freundin zu der Tat verführt. »Ich höre noch das ›nur‹. Es hat ihnen sichtlich Leid getan. Das Urteil sollte auch revidiert werden. Aber dann war der Krieg Gott sei Dank zu Ende.« Er wurde Ende Januar 1945 hingerichtet, sie wurde in Aichach inhaftiert und später von US-Soldaten befreit.

Die »Henker an der Heimatfront« taten sich noch durch weiteren Terror hervor: Nachdem sich die deutschen Truppen gegen die verheerenden Luftangriffe militärisch kaum noch zur Wehr setzen konnten, wurden Gestapo und Kriminalpolizei auf Geheiß Himmlers eingesetzt, um die Besatzungen abgeschossener alliierter Flugzeuge in Haft zu nehmen und mit dem Tod zu bedrohen. Die deutsche Propaganda hatte zuvor zwar versucht, die Bevölkerung damit zu beruhigen, dass sehr bald neue Wunderwaffen (wie die so genannten »Vergeltungs-Waffen« V1 und V2) die Lufthoheit durch deutsche Flieger wiederherstellen könnten. Doch mit zunehmender Zerstörung deutscher Städte wurde solchen Meldungen kaum noch Glauben geschenkt, die Wut der Zivilbevölkerung entlud sich immer öfter in Lynchmorden an notgelandeten Soldaten. An einem dieser so genannten »Jagdkommandos« war auch der uns nur zu gut bekannte Würzburger Gestapo-Beamte Oswald Gundelach beteiligt – auf Basis dieser Erkenntnis wurde er 1947 durch den US-Geheimdienst CIC verhaftet und, wie noch zu schildern sein wird, durch das US-amerikanische Militärgericht im Rahmen der Dachauer Kriegsverbrecherprozesse verurteilt.[26] Am 12. September 1944 hatten Gundelach und weitere Personen bei Ruppertshütten in der Nähe von Würzburg mehrere Besatzungsmitglieder eines notgelandeten Flugzeugs der US-amerikanischen Luftwaffe festgenommen. Obwohl sich diese ergeben hatten und unbewaffnet und zum Teil auch verletzt waren, erschossen Beteiligte des »Jagdkommandos« die vier US-Soldaten.

Das Ende

Im April 1945 herrschte Endzeitstimmung im »Reich«. Die Ostfront stand vor Berlin, das Land lag in Schutt und Asche, und dennoch fielen, angeheizt durch sinnlose Durchhalteparolen, Hunderttausende noch in den letzten Tagen des Krieges. Der Häuserkampf dauerte an, dabei war die Schlacht längst entschieden, die Rote Armee hatte die »Reichshauptstadt« schon beinahe in der Hand. Gleichwohl sollte es nach dem Freitod des »Führers« am 30. April noch mehr als eine Woche dauern, bis Deutschland sich am 8. Mai schließlich geschlagen gab. Das Terrorregime der Gestapo hatte ein Ende gefunden und das Triumvirat des Schreckens, Himmler, Heydrich und Müller, den Tod.

Reinhard Heydrich war bereits Ende Mai 1942 bei einem Attentat tschechischer Widerstandskämpfer in Prag so schwer verletzt worden, dass er an den Folgen wenige Tage später verstarb.

Heinrich Himmler hatte in den Kriegswirren der letzten Monate noch versucht, sich abzusetzen und Kontakt mit den Alliierten aufzunehmen, um seinen Kopf zu retten – vergeblich. Bei Lüneburg war er zunächst unerkannt in britische Gefangenschaft geraten, wo er nach seiner Entdeckung am 23. Mai 1945 mithilfe einer Giftkapsel seinem Leben ein Ende setzte. Die britische Wochenschau zeigte die Bilder seiner Leiche.

Heinrich Müller dachte wohl zu keinem Zeitpunkt an Flucht. Während zahlreiche Dienststellen der Gestapo ab 1943 aufgrund der massiven Zerstörungen Berlins in andere Orte ausgelagert wurden, hatte er zunächst Büros in Berlin-Wannsee und in der Kurfürstenstraße behalten. Dort befand sich auch das »Judenreferat« unter der Leitung Eichmanns; die Zentrale in der Prinz-Albrecht-Straße war durch Bomben schwer beschädigt. Müllers Lebensgefährtin bezeugte später, dass sie ihn am 24. April 1945 zum letzten Mal in der Kurfürstenstraße gesehen habe, und verschiedene Soldaten, SS- und Gestapo-Angehörige wollen ihn noch am 1. oder 2. Mai im Umfeld der Reichskanzlei getroffen und mit ihm gesprochen haben.[27]

Nach Hitlers Freitod am 30. April versuchten auch viele noch in Berlin verbliebene Gestapo-Mitarbeiter, die umkämpfte Stadt im letzten Moment zu verlassen. Andere wurden – mit Blick auf die Nachkriegszeit – von ihrer Dienststelle vorsorglich mit falschen Papieren versehen. Obwohl ihm mehrfach angeboten wurde, sich verschiedenen Gruppen anzuschließen, lehnte Müller beide Alternativen ganz offensichtlich ab. Er wusste, was ihm bevorstand, wenn er in sowjetische Gefangenschaft geriet – als Experte für Kommunismusbekämpfung konnte für ihn auf die zu erwartenden Verhöre nur die Hinrichtung folgen. »Ich kenne die Methoden der Russen. Ich habe nicht die geringste Absicht, mich einer Gefangennahme durch die Sowjets auszusetzen«, soll er am Abend des 1. Mai noch gesagt haben. Danach verliert sich seine Spur. Das nationalsozialistische Regime, die Ideologie und Ideale waren untergegangen und damit aus seiner Sicht auch er selbst – alles, wofür er gestanden hatte, war unwiederbringlich verloren. Vermutlich kam er kurz darauf in oder nahe der Reichskanzlei in der Wilhelmstraße ums Leben.

Epilog

Täterkarrieren nach 1945

Noch bevor die alliierten Truppen den militärischen Sieg über das nationalsozialistische Deutschland errangen, sammelten Einrichtungen wie die »United Nations War Crimes Commission« in London Beweismittel zur Bestrafung der NS-Verbrecher und erstellten Listen der später anzuklagenden Personen. Überall in den vormals vom Deutschen Reich besetzten Gebieten wurden, soweit noch möglich, Akten und Dokumente sichergestellt, um die Verantwortlichen in Prozessen zur Rechenschaft ziehen zu können. 23 Staaten einigten sich im August 1945 auf den Rahmen der Verfolgung und Bestrafung der Hauptkriegsverbrecher – Grundlage für die Einrichtung des Internationalen Militärgerichtshofs (International Military Tribunal, IMT) in Nürnberg, der die Anklage vorbereitete. Zunächst war Berlin als Verhandlungsort vorgesehen, dort fand auch die Eröffnungssitzung statt. Aufgrund der schweren Kriegsschäden waren aber auf Dauer nicht genug Räume vorhanden, weshalb man den Prozess (wohl kaum zufällig) nach Nürnberg verlegte – hier hatte sich das System auf den Reichsparteitagen in bombastischen Massenveranstaltungen selbst inszeniert, hier waren die berüchtigten »Nürnberger Gesetze« verkündet worden. Zwar sollte die individuelle Verantwortung im Vordergrund der Verhandlungen stehen, zugleich aber galt das Augenmerk auch denjenigen NS-Organisationen, denen die Haupttäter angehört hatten. Nach der bedingungslosen Kapitulation des Deutschen Reiches am 8. Mai 1945 hatten alliierte Militärstreifen unverzüglich versucht, möglichst viele Beteiligte festzunehmen.

Der Prozess gegen die Hauptkriegsverbrecher wurde vom 14. November 1945 bis zum 1. Oktober 1946 vor dem Internationalen Militärgerichtshof in Nürnberg abgehalten. Organisiert von Vertretern Frankreichs, Großbritanniens, den USA und der Sowjetunion, wurden folgende Anklagekomplexe verhandelt: 1. Verbrechen gegen den Frieden; dies reichte von Vertragsbruch bis zur Planung und Durchführung eines Angriffskrieges. 2. Kriegsverbrechen; damit war die Übertretung von international gültigen Kriegsgesetzen gemeint, sprich: brutale Maßnahmen gegen Zivilbevölkerung und Kriegsgefangene sowie mutwillige Zerstörungen. 3. Verbrechen gegen die Menschlichkeit; darunter war Mord, Versklavung, Deportation und Vernichtung von Personen aus politischen, rassistischen oder religiösen Gründen zu verstehen. Angeklagt waren 24 führende Funktionäre der NS-Herrschaft, zwölf wurden aufgrund der Schwere ihrer Taten zum Tode verurteilt, darunter Hermann Göring, Wilhelm Keitel, Wilhelm Frick, Ernst Kaltenbrunner und Fritz Sauckel. Göring entzog sich der Vollstreckung des Urteils – er vergiftete sich in seiner Zelle. Drei Angeklagte kamen mit lebenslanger Haft und vier mit Zeitstrafen bis 20 Jahren davon, Gustav Krupp von Bohlen und Halbach war wegen Krankheit verhandlungsunfähig, Martin Bormann wurde in Abwesenheit verurteilt, und Robert Ley hatte sich noch im Oktober das Leben genommen. Drei weitere Angeklagte wurden freigesprochen. Nicht auf der Anklagebank saßen Heinrich Himmler und Reinhard Heydrich, ihr Schicksal war bekanntlich schon vor dem Nürnberger Prozess besiegelt.

Der Internationale Militärgerichtshof konstatierte den verbrecherischen Charakter verschiedener NS-Organisationen. Als kriminell eingestuft wurden die politischen Leiter der NSDAP, die SS, die Gestapo und der SD – nicht aber, wie von der Anklagevertretung zunächst gefordert, die SA, das Oberkommando der Wehrmacht, der deutsche Generalstab und die Reichsregierung. Die Schlussfolgerung der Richter: »Die Gestapo und der SD wurden für Zwecke verwandt, die gemäß Statut verbrecherisch waren; dazu gehören die Verfolgung und Ausrottung der Juden, Grausamkeiten und Morde in Konzentrationslagern, Ausschreitungen in der Verwaltung der besetzten Gebiete, die Durchführung des Zwangsarbeitsprogramms und Misshandlung und Ermordung von Kriegsgefangenen.«[1] Gleiches galt, so das Urteil mit leicht verändertem Wortlaut, auch für die SS.[2] Ausdrücklich berücksichtigt wurden nicht nur die Organisationen als solche, sondern auch diejenigen ihrer Angehörigen, die diese Verbrechen direkt verübt oder durch ihre Exekutiv- und Verwaltungstätigkeiten befördert hatten. »Die Grundlage für diese Urteilsfindung ist die Beteiligung der Organisation an Kriegsverbrechen und Verbrechen gegen die Menschlichkeit im Zusammenhang mit dem Krieg; diese, als verbrecherisch erklärte Gruppe, soll daher keine Personen umfassen, die vor dem 1. September 1939 aufgehört haben«, die in dem vorhergehenden Absatz aufgezählten Stellungen zu bekleiden.[3]

In der Konsequenz bedeutete dies, dass die wichtigsten Teile von Himmlers Machtkonglomerat als verbrecherische Organisationen galten und deren Mitglieder damit rechtlich auch als Einzelpersonen hätten belangt werden können – ein Beschluss, der allerdings nur für die alliierte Justiz bindend war. Für die spätere Verfolgung der Mitglieder von Gestapo, SS und SD in der Bundesrepublik sollte die Einstufung kaum Konsequenzen haben; sie wurde, wie zu

»Nürnberger Prozess« gegen die nationalsozialistischen Hauptkriegsverbrecher: Blick auf die Anklagebank, 1945/46. Untere Reihe, von links: Hermann Göring, Rudolf Heß, Joachim von Ribbentrop, Wilhelm Keitel, Ernst Kaltenbrunner, Alfred Rosenberg, Hans Frank, Wilhelm Frick, Julius Streicher, Walther Funk, Hjalmar Schacht. Obere Reihe, von links: Karl Dönitz, Erich Raeder, Baldur von Schirach, Fritz Sauckel, Alfred Jodl, Franz von Papen, Arthur Seyß-Inquart, Albert Speer, Konstantin Freiherr von Neurath, Hans Fritzsche.

sehen sein wird, äußerst eingeschränkt betrieben. Das IMT fand in den zwölf Nürnberger Nachfolgeprozessen vor US-Militärgerichten seine Fortsetzung. Angeklagt wurden 177 Mitglieder der NS-Elite – 35 wurden freigesprochen, 24 zum Tode verurteilt (12 wurden später begnadigt). So fanden jeweils Prozesse gegen Mediziner, Juristen, Wehrmachtsangehörige, Industrielle und höheres Verwaltungspersonal statt. Auch Beteiligte der »Einsatzgruppen« und Mitarbeiter des Wirtschafts-Verwaltungs-Hauptamtes der SS wurden vor Gericht gestellt, soweit man ihrer überhaupt noch habhaft werden konnte. Doch das Strafmaß fiel zusehends geringer aus.

Ziel der Nürnberger Prozesse war auch, das ganze Ausmaß der NS-Verbrechen einer breiten Öffentlichkeit in Deutschland zur Kenntnis zu bringen – und somit eine gesellschaftliche Auseinandersetzung mit den von Deutschen begangenen Taten anzustoßen. Dies gelang zunächst nur in eingeschränkter Weise: Die Fokussierung auf die Hauptverbrecher bot für große Teile der deutschen Bevölkerung auch eine Entlastungsfunktion; die Behauptung, von diesen »verführt« worden oder »nur Befehlsempfänger« gewesen zu sein, waren in der Nachkriegszeit beliebte Erklärungsmuster, um die eigene Mitverantwortung an Verbrechen strikt von sich zu weisen. Viele zogen es vor, über dieses Kapitel der jüngsten deutschen Vergangenheit den Mantel des Schweigens zu breiten; im Wirtschaftwunderland der frühen fünfziger Jahre war hierfür kein Platz.

Deutschland wurde in so genannte Besatzungszonen eingeteilt, in denen jeweils eine der vier Siegermächte die Hoheit ausübte und eigene Apparate zur Verfolgung von NS-Verbrechern unterhielt. In den britischen, französischen und amerikanischen Zonen klagten die zuständigen Instanzen rund 5 000 Personen an und fällten 800 Todesurteile; längst nicht alle wurden vollstreckt. In der sowjetischen Besatzungszone wurde gegen rund 750 Angeklagte die Todesstrafe verhängt. Darüber hinaus setzten die ehemals vom Deutschen Reich besetzten Länder Europas Prozesse gegen Verantwortliche dort begangener Verbrechen in Gang.[4]

Nach der Gründung der Bundesrepublik Deutschland im Jahre 1949 nahm die Häufigkeit von Prozessen gegen NS-Täter vor westdeutschen Gerichten stark ab. Das hing entscheidend auch damit zusammen, dass die Westalliierten der bundesdeutschen Justiz Kompetenzen zur Verurteilung von NS-Tätern übertragen hatten, die sie zuvor ausdrücklich selbst ausübten. Zudem veränderten sich die Voraussetzungen: Das allgemeine gesellschaftliche Klima in den Staaten Westeuropas und den USA war zunehmend geprägt durch den Kalten Krieg und die damit verbundene neue Frontstellung gegen die osteuropäischen Länder und den ehemaligen Verbündeten Sowjetunion. Vor dem Hintergrund der Wiederbewaffnung und der Eingliederung in ein westliches Verteidigungsbündnis galt es neue Schwerpunkte zu setzen: Den Kommunismus zu bekämpfen war schon aufgrund ihrer geographischen Lage auch und vor allem in der frühen Bundesrepublik die oberste Devise, weshalb zahlreiche NS-Verbrechen in den Hintergrund gedrängt oder gleich ganz unter den Teppich gekehrt wurden. Als Kriegsverbrecher Beschuldigte wie auch andere, die ob ihrer braunen Vergangenheit als belastet gelten mussten, sollten durch Amnestierung, die von Soldatenvereinigungen gefordert und mit Fürsprache aller Parteien auch umgesetzt worden war, in die neue Staatsordnung integriert werden – Bestrafungen schienen nicht das geeignete Mittel zu sein, um für die neue demokratische Ordnung zu werben (man denke nur an die Amnestierungsgesetze zwischen 1949 und 1954).[5]

Das fachliche Wissen von Mitläufern, Opportunisten, aber entscheidend auch von einflussreichen Überzeugungstätern sollte, so stellte sich bald heraus, die Funktionsfähigkeit und Stabilisierung des jungen westdeutschen Staates überhaupt erst ermöglichen; man denke allein an die Kontinuitäten in weiten Teilen des Justiz- und Verwaltungsapparats. Zahlreiche höhere Wehrmachtsoffiziere, die den völkerrechtswidrigen Angriffs- und Vernichtungskrieg des nationalsozialistischen Deutschland an entscheidender Stelle militärisch umgesetzt hatten, wurden zum Aufbau der Bundeswehr eingesetzt. Auch die deutsche Polizei passte sich den neuen Verhältnissen an; so mancher Gestapo-Beamte erhielt eine neue Chance.

Abtauchen und Fortsetzung der Karrieren

An NS-Verbrechen Beteiligte, die bei juristischen Verfolgungen unmittelbar nach dem Krieg ungeschoren davonkamen, machten im Nachkriegsdeutschland ungehindert Karriere. Nicht wenige tauchten kurzzeitig unter falschem Namen im In- oder Ausland ab, wobei sie auf die weitgehende Hilfe unterschiedlicher Organisationen, aber auch der Kirchen zählen konnten.[6] Nach Gründung der Bundesrepublik Deutschland stiegen viele nicht nur in der Privatwirtschaft, sondern auch in der staatlichen Bürokratie wieder auf, nicht selten bis in in höchste Positionen.

Hermann Josef Abs, während der NS-Herrschaft in der Deutschen Bank für wirtschaftliche Fragen in den besetzten Ländern verantwortlich, konnte seine Bankiertätigkeit auch nach 1945 fortsetzen und wurde 1951/52 sogar zur Londoner Schuldenkonferenz als bundesdeutscher Vertreter entsandt. Friedrich Flick hatte als Inhaber eines großen Rüstungskonzerns Zehntausende Zwangsarbeiter während des Zweiten Weltkriegs eingesetzt und damit enorme Profite »erwirtschaftet«. Er konnte nach 1945 fast bruchlos seine Arbeit fortsetzen. Der spätere Bundespräsident Heinrich Lübke war vor 1945 am Arbeitseinsatz von KZ-Häftlingen beteiligt. Ein prominentes Beispiel ist auch Werner Best, der als Verwaltungschef nach Kräften dazu beigetragen hatte, das RSHA zu einer schlagkräftigen Terrorzentrale auszubauen und 1942 von Himmler als »Reichsbevollmächtigter« nach Dänemark geschickt worden war, von wo aus er 1943 stolz dem Auswärtigen Amt in Berlin mitteilte: »Vom heutigen Tage an kann Dänemark als entjudet bezeichnet werden.«[7] Dort 1948 zunächst zum Tode, im Revisionsverfahren dann 1950 zu zwölf Jahren Haft verurteilt, wurde er nicht zuletzt auf deutschen Druck hin im folgenden Jahr begnadigt, kehrte nach Deutschland zurück und ließ sich in Essen als Anwalt nieder. Hier war er nicht allein federführend bei der Kampagne für eine Generalamnestie von NS-Tätern, sondern fertigte auch im Auftrag der FDP Gutachten zur Entnazifizierung an. Nach seinem Ausscheiden aus der Kanzlei konnte er 1958 in eine leitende Tätigkeit im Stinnes-Konzern aufsteigen. 1972 wurde zwar Anklage wegen unmittelbar nach Kriegsbeginn in Polen begangenen Mordes an über 8 000 Menschen erhoben, zum Prozess kam es aber nicht – aus »Gesundheitsgründen«. Immer wieder trat er als Entlastungszeuge in NS-Verfahren auf. Hans Globke schließlich, Verwaltungsjurist im Reichsinnenministerium, war Mitverfasser des Kommentars zu den »Nürnberger Rassegesetzen«; 1953 wurde er Staatssekretär der Regierung Adenauer. Und das war beileibe kein Einzelfall, immer wieder gerieten Personen in ähnliche Positionen, deren Vergangenheit zumindest Fragen aufwarf.

Aus dem Dunstkreis von Reichssicherheitshauptamt und Gestapo hatten sich zwar besonders belastete Täter wie Adolf Eichmann beizeiten abgesetzt und lebten unter falschem Namen überwiegend in Lateinamerika, andere aber konnten unbehelligt in Westdeutschland bleiben – sogar ohne Verschleierung ihrer wahren Identität.

Dem weiteren Werdegang dreier Gestapo-Beamter, die uns im Verlauf dieser Darstellung bereits mehrfach begegnet sind, soll hier noch einmal eindringlicher nachgegangen werden. Gerade in ihrer Verschiedenheit dürften sie exemplarisch für viele Schicksale und Karrieren in der Nachkriegszeit stehen: Der frühere Gestapo-Chef Heinrich Müller sorgt bis heute für Spekulationen, da noch immer nicht endgültig geklärt ist, ob er sich erfolgreich absetzen konnte oder doch, wie lange Zeit vermutet, 1945 im umkämpften Berlin den Tod fand. Kurt Lischka, zunächst gefürchteter Leiter der Stapo-Stelle Köln, bevor er als hochrangiger Gestapo-Funktionär im besetzten Frankreich sein Unwesen trieb, führte jahrzehntelang – unter seinem richtigen Namen – ein ganz normales Leben als unauffälliger Bürger in Köln, bevor ihm schließlich (nach ausländischer Intervention) der Prozess gemacht wurde. Nicht zu vergessen ist auch Oswald Gundelach, dem die tatkräftige Mitwirkung bei der Deportation der mainfränkischen Juden beim Neuanfang und Aufstieg in der bayerischen Polizei keinesfalls zum Nachteil gereichte.

Mythos Heinrich Müller Das geschilderte Verschwinden Müllers und sein wahrscheinlicher Tod waren lange Zeit die gängigste Version der Geschichte. Im Sterbebuch des Standesamts Berlin-Mitte ist sein Todesjahr mit 1945 angegeben – seine Familie erhielt eine Sterbeurkunde ohne Zeit- und Ortsangaben. Zwei Geschichten kursierten, seine (angebliche) Bestattung betreffend: Ein Mitglied eines Beerdigungskommandos gab an, den früheren Gestapo-Chef im Mai 1945 auf dem ehemaligen jüdischen Friedhof an der Großen Hamburger Straße in Berlin-Mitte beigesetzt zu haben – auf dem Gelände des Reichsluftfahrtministeriums war die Leiche eines SS-Generals gefunden worden, bei der sich ein Dienstausweis Müllers befand. Der genaue Bestattungsort konnte jedoch in diesem Fall nicht mehr festgestellt werden. Andererseits behauptete ein Zeuge, der damals Kriminalbeamter war, er hätte Müller im September 1945 auf dem Standortfriedhof Berlin-Neukölln beerdigt; auch diese Leiche, die in der Prinz-

Grabstein des einstigen Gestapo-Chefs Heinrich Müller in Berlin-Neukölln, 1963.

Albrecht-Straße gefunden worden war, hatte allerdings nicht klar identifiziert werden können. Müllers Kinder ließen dort später einen Grabstein aufstellen. Die in den sechziger Jahren von der Berliner Staatsanwaltschaft vernommenen Zeugen, die Müller zuletzt gesehen haben wollten, konnten seinen Tod indes nicht beweiskräftig bestätigen.

Um seinen Verbleib rankten sich folglich immer neue Mythen. So wurde beispielsweise 1963 in der »Welt am Sonntag«, 1964 im »Stern« und 1967 in der »Schwäbischen Donauzeitung« berichtet, der ehemalige Gestapo-Chef halte sich in Albanien oder sogar in der Sowjetunion auf, andere glaubten ihn in Ägypten gesichtet zu haben, immer neue Augenzeugen meinten dies beteuern zu können oder führten »Beweise« für vermeintliche Spuren an, die Müller bei der Flucht hinterlassen habe.

Beauftragt durch die Zentrale Stelle der Landesjustizverwaltungen zur Aufklärung nationalsozialistischer Verbrechen in Ludwigsburg, ermittelte die Berliner Staatsanwaltschaft seit 1960 gegen Müller als maßgeblichen Verantwortlichen der »Endlösung der Judenfrage«. Im Jahr darauf erließ sie einen Haftbefehl wegen Mordes: Nachdem Eichmann bei seinem Prozess in Jerusalem ausgesagt hatte, dass der Gestapo-Chef in den letzten Tagen des Hitlerregimes nicht umgekommen sei, ging auch die deutsche Justiz davon aus, dass er noch am Leben sei. 1963 beantragte die Staatsanwaltschaft die Exhumierung des

Ruine der ehemaligen Gestapo-Zentrale in der Niederkirchnerstraße, 1953. Die Prinz-Albrecht-Straße war zu Ehren einer kommunistischen Widerstandskämpferin umbenannt worden. Nach einem Teilabriss erfolgte 1956 die endgültige Sprengung noch vorhandener Gebäudereste.

Leichnams auf dem Friedhof Berlin-Neukölln, doch noch immer konnte nicht zweifelsfrei festgestellt werden, ob es sich dabei tatsächlich um Müller handelte.

1967 versuchten deutsche Behörden in Panama, einen Mann nach Deutschland ausliefern zu lassen, der Müller offensichtlich sehr ähnlich zu sehen schien. Ein aufmerksamer Beobachter hatte den Verdächtigen ausfindig gemacht und Fotos sowie Schriftproben von ihm geliefert. Eine heiße Spur, wie man zunächst meinte – Müllers Angehörige stellten anhand der Fotos in der Tat eine Ähnlichkeit fest, und auch die Echtheit der Schriftproben war zumindest nicht auszuschließen. Mehr allerdings auch nicht: Da dies die einzigen gerichtsverwertbaren Gemeinsamkeiten blieben, wurde der Mann, den die deutschen Justizbehörden von der panamaischen Polizei bereits hatten festnehmen lassen, nicht ausgeliefert, sondern wieder freigelassen. Im selben Jahr machten auch zwei Israelis von sich reden, die in München versuchten, in das Haus von Müllers Ehefrau einzusteigen, um Hinweise auf seinen Verbleib zu erhalten. Offenbar gingen sie dabei derart dilettantisch vor, dass sie entdeckt, vor Gericht gestellt und nach Israel abgeschoben wurden. Hinweise auf einen möglichen Aufenthaltsort Heinrich Müllers aber hatten sie nicht gefunden.

Auch Simon Wiesenthal, dessen gesamte Familie unter dem Naziregime ermordet wurde und der mit seinen weltweiten Recherchen maßgeblich zur Ergreifung zahlreicher NS-Verbrecher beitrug, versuchte immer wieder, Hinweisen auf den Verbleib Müllers nachzugehen. 1908 im heute ukrainischen Teil von Galizien geboren, war Wiesenthal aufgrund seiner jüdischen Herkunft von Juli 1941 bis zur Befreiung durch die US-Amerikaner im Mai 1945 in insgesamt dreizehn Konzentrationslagern inhaftiert, zuletzt in Mauthausen in Österreich, wo die SS noch in den ersten Maitagen Erschießungen vornahm. Bereits 1947 gründete er ein Jüdisches Dokumentationszentrum in Linz mit dem Ziel, Zeugenaussagen der Opfer zu erfassen und eine systematische Täter- und Tatortkartei aufzubauen. 1962 kehrte Wiesenthal, der acht Jahre zuvor nach Israel ausgewandert war, nach Österreich zurück und setzte durch die Gründung des »Dokumentationszentrum des Bundes jüdischer Verfolgter des Naziregimes« in Wien nicht nur seine dokumentarische Tätigkeit fort, sondern wurde auch mit seinen unermüdlichen Nachforschungen über abgetauchte Naziverbrecher bekannt, die sich der rechtsstaatlichen Ahndung ihrer Vergehen bis dato entzogen hatten. Auch Wiesenthal vermutete Müller zunächst in einem Land des »Ostblocks«, später dann in Ägypten.[8] Doch auch seine Anstrengungen führten in diesem Fall keinerlei Klärung herbei.

Kurt Lischka   Bei der »Sonderkommission 20. Juli« des Berliner RSHA war Kurt Lischka im Jahre 1944 noch an Ermittlungen gegen einige höhere Offiziere beteiligt.[9] Bald darauf machte die zunehmende Zerstörung Berlins eine Auslagerung auch seiner Dienststelle in weniger von Luftangriffen bedrohte Regionen notwendig. Mit seinem Referat IV D der Gruppe Nord, zuständig für Protektoratsangelegenheiten in Osteuropa, befand sich Lischka im April 1945 in der Nähe von Husum, als der Befehl erging, die Gruppe aufzulösen; von nun an sollte sich jeder auf eigene Faust durchschlagen. Lischka entschied sich, zunächst als Landarbeiter in dem kleinen Ort Sankt Peter zu bleiben.[10] Nach Kriegsende tauchte er unter dem Namen Leisner unter, wurde aber im Dezember 1945 enttarnt und von britischen Soldaten festgenommen. Er durchlief verschiedene Internierungslager, bevor er im Mai 1947 an die Tschechoslowakei ausgeliefert wurde. Dort war eine Untersuchung gegen ihn eingeleitet worden – man warf ihm vor, für die Ermordung tschechischer Generale verantwortlich zu sein. Es kam allerdings nicht zum Verfahren, weshalb er Ende August 1950 in die Bundesrepublik Deutschland ausreisen durfte.

Dort angekommen, ließ er sich in Köln nieder – ausgerechnet in jener Stadt, in der er sich, bevor er dann zu größeren Aufgaben nach Paris aufbrach, zwischen Dezember 1939 und November 1940 als Gestapo-Chef im EL-DE-Haus durch rücksichtslose Brutalität einen Namen gemacht hatte. Nun führte er, ganz unbescholtener Bürger, als kaufmännischer Angestellter ein unauffälliges Leben wie Tausende andere auch. In Frankreich allerdings waren seine Untaten keineswegs vergessen: Im selben Jahr – 1950 – wurde er durch das Ständige Militärgericht Paris in Abwesenheit zu lebenslänglicher Zwangsarbeit[11] verurteilt; die Franzosen hatten in einem Abkommen mit Deutschland festgehalten, dass diejenigen Täter, die in Frankreich gewütet hatten, auch dort vor Gericht gestellt werden sollten. Die französische Justiz warf ihm Freiheitsberaubung, Körperverletzung und die Zugehörigkeit zu einer kriminellen Organisation vor – und befand ihn für schuldig, für Deportationen von Juden aus Frankreich mitverantwortlich gewesen zu sein. Trotz entsprechendem Gesuch lieferte die Bundesrepublik Deutschland Lischka nicht an französische Behörden aus, auch machten deutsche Gerichte keine Anstalten, einen Prozess in die Wege zu leiten. Er wusste sich mit Billigung höchster Stellen vollkommen in Sicherheit: Ein so genanntes Überleitungsgesetz aus dem Jahre 1955 untersagte Ermittlungen in der BRD, sobald Urteile gegen NS-Verbrecher im Ausland anhängig waren – die Rechtssprechung in Frankreich vereitelte folglich die Strafverfolgung Lischkas in Deutschland. In seinem Betrieb stieg er Ende der fünfziger Jahre zum Prokuristen auf, 1975 schied er aus Altersgründen aus. Die Initiative, ihm – der juristischen Sackgasse zum Trotz – seine unverdiente Ruhe letzten Endes doch noch zu nehmen, kam erneut aus Frankreich: von Serge und Beate Klarsfeld.

Die in Berlin geborene Beate Künzel hatte im Verlaufe eines längeren Parisaufenthalts 1963 Serge Klarsfeld kennen gelernt, sie heirateten noch im

Beate Klarsfeld auf dem Weg zu ihrem Prozess wegen versuchter Entführung Kurt Lischkas, Köln, Juni 1974. Demonstranten von der Vereinigung der Verfolgten des Naziregimes (VVN) machten vor dem Gerichtsgebäude auf die Verbrechen Lischkas aufmerksam.

selben Jahr. Sein Vater war 1943 als Jude bei einer Razzia in Nizza verhaftet und nach der Deportation in Auschwitz ermordet worden.

Gemeinsam machten sie es sich zur Lebensaufgabe, Verantwortliche des Judenmords in Frankreich weit über die Grenzen Europas hinaus aufzuspüren und vor Gericht zu bringen. Schuldgefühle habe sie nicht, sagt Beate Klarsfeld über ihre Rolle als Deutsche, aber: »Ich fühle mich verantwortlich, historisch und moralisch.«[12] Reisen in dieser Mission führten das Paar nicht nur nach Osteuropa, sondern bis nach Lateinamerika und in den Nahen Osten. In Deutschland machte sie auf sich aufmerksam, als sie 1968 beim Berliner Parteitag der CDU dem damaligen Bundeskanzler und vormaligen NS-Funktionär im Auswärtigen Amt, Kurt Georg Kiesinger, eine schallende Ohrfeige verpasste, was auch im Ausland nicht ohne Echo blieb. Dem vorangegangen waren mehrere Artikel in der linksliberalen Pariser Tageszeitung »Le Combat«, in denen sie die Kanzlerschaft Kiesingers als »Symbol für die endgültige Freisprechung« der Parteigänger Hitlers bezeichnet hatte. Der Eklat in Berlin brachte ihr ein Gerichtsverfahren und eine Bewährungsstrafe ein; das deutsch-französische

Jugendwerk, für das sie bis dahin in Paris tätig gewesen war, entließ sie unverzüglich.

Weitere Aktionen folgten, der spektakulärste Erfolg war wohl, als Serge und Beate Klarsfeld die Auslieferung des in Bolivien untergetauchten früheren Gestapo-Chefs von Lyon, Klaus Barbie, erreichten: Er wurde 1983 nach Frankreich überstellt und 1987 verurteilt.

Entscheidend für den Fall Lischka waren die Ereignisse des Jahres 1970: In Brüssel organisierten die Klarsfelds Proteste gegen den FDP-Abgeordneten Ernst Achenbach, der während der deutschen Besatzung an der Botschaft in Paris für »Judenfragen« zuständig gewesen war – die Bundesregierung hatte ihn als Europakommissar vorgeschlagen. Über Jahre hatte Achenbach die parlamentarische Ratifizierung eben jenes Zuatzabkommens mit Frankreich sabotiert, das die Strafverfolgung von NS-Tätern durch die deutsche Justiz ermöglichen sollte, die bereits in anderen Ländern unter Anklage gestellt worden waren. 1975 kam ein solches Abkommen endlich doch noch zustande, was für Kurt Lischka nicht ohne Folgen blieb.

Bereits 1971 hatten Serge und Beate Klarsfeld versucht, Lischka nach Frankreich zu entführen, um ihn seiner gerechten Bestrafung zuzuführen. Seine Adresse war ganz regulär im Kölner Telefonbuch vermerkt, und bis dahin hatte ihn niemand in Deutschland auf seine Vergangenheit auch nur angesprochen. Bereits im Vorfeld hatten sie buchstäblich einen Warnschuss abgegeben, wie Beate Klarsfeld erzählt: »Wenn die deutsche Justiz ihre Pflicht nicht tut und diese Männer vor Gericht stellt, kann es möglich sein, dass irgendjemand, dessen Angehörige durch Lischka deportiert wurden, Selbstjustiz üben wird. Und mein Mann ist dann von Paris nach Köln gefahren und hatte Lischka vor seinem Büro aufgelauert. Mittags, als er herauskam, um nach Hause zu fahren, hat mein Mann ihn mit einem Revolver bedroht. Der war nicht geladen, aber das wusste Lischka ja nicht, der natürlich wahnsinnige Angst hatte und aufschrie. Mein Mann ist dann nach Paris zurückgekommen und wir haben sofort einen Brief an die Staatsanwaltschaft geschickt. Sinngemäß hieß es da: Wenn Sie Ihrer Pflicht nicht nachkommen, um ein Verfahren gegen die NS-Verbrecher zu eröffnen, wird es eines Tages mal jemanden geben, der wirklich schießen könnte.« Der nächste Schritt war, Kurt Lischka vor seinem Haus mit einem Kameramann abzufangen und mit seiner Vergangenheit zu konfrontieren. Lischka geriet in Panik, hielt sich, um nicht gefilmt zu werden, die Aktentasche vors Gesicht und suchte das Weite. Doch die Klarsfelds kamen mit Begleitern ein weiteres Mal zurück: »Wir hatten dann versucht, Lischka nach Frankreich zu verbringen, denn vor der Ratifizierung war immer noch das französische Militärgericht für ihn zuständig und hätte ihn verurteilen können. Unser Anliegen war, ihn nach Paris zu verbringen, in die Rue de Saussaies, in sein ehemaliges Büro. Dann wollten wir Journalisten anrufen und sagen,

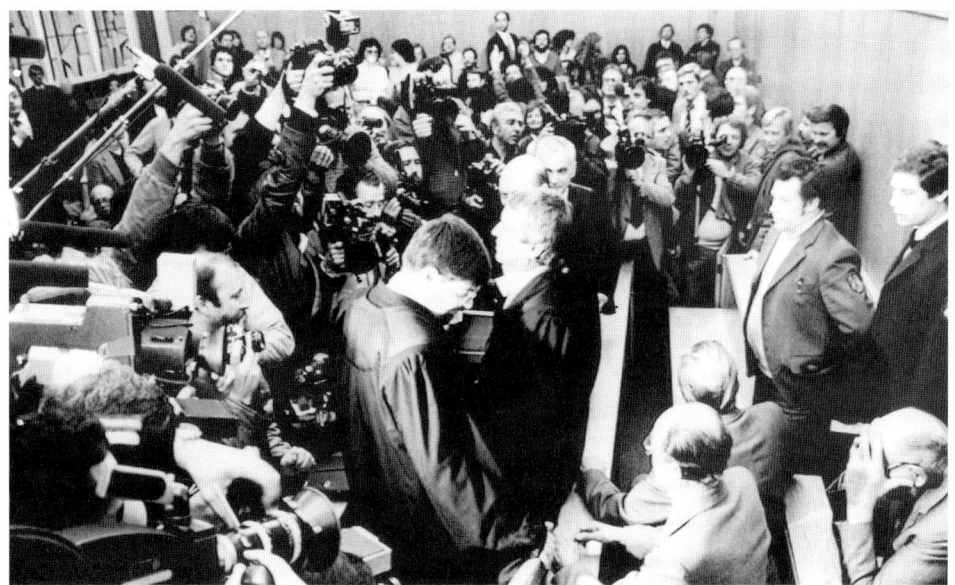

Lischka (rechts im Bild) und andere auf der Anklagebank vor dem Landgericht Köln, Februar 1980. Auf Prozessbeobachter wirkte Lischka völlig uneinsichtig, kein Wort des Bedauerns über die von ihm verantworteten Verbrechen kam über seine Lippen.

Lischka ist jetzt zurück in Frankreich und die französische Justiz muss ihn verhaften und ihm den Prozess machen.« Der Entführungsversuch scheiterte: Lischka, von kräftiger Statur und über 1,90 Meter groß, war trotz Gewaltanwendung nicht wie geplant in ein bereitgestelltes Fahrzeug hineinzubekommen. Er schrie so laut um Hilfe, dass Passanten herbeieilten; als dann noch ein Polizeibeamter auf der Bildfläche erschien, ergriffen die Klarsfelds mit ihren Freunden die Flucht.

Beate Klarsfeld hatte gehofft, dass sich in Köln nach der versuchten Entführung endlich Protest regen würde darüber, dass ein Täter wie Lischka als Bürger der Stadt ein Leben in Freiheit führte. Aber nichts passierte, der Vorfall war lediglich als versuchter Überfall, ein Delikt ohne politischen Hintergrund also, in die Akten der Polizei gelangt – die die Sache damit offenbar als erledigt ansah. Was die Vermutung durchaus nahe legte, dass dort Gesinnungsgenossen Lischkas noch immer das Sagen hatten. Nach wiederholten telefonischen Nachfragen bei der Kölner Polizei und einer Pressekonferenz in Paris, bei der sie die Namen der Pariser Gestapo-Täter noch einmal öffentlich machte, beschloss Beate Klarsfeld, sich den deutschen Behörden zu stellen – auch um den Preis, erneut verurteilt zu werden. Entscheidend, ja die Hauptsache war, den vermeintlichen Saubermann Lischka schließlich vor Gericht zu sehen. Wegen versuchter Entführung wurde sie im Juli 1974 zu einer zweimonatigen Haftstrafe ohne Bewährung verurteilt. Der Prozess wurde von Protesten Überlebender begleitet – und der bis dahin nicht beachtete Fall Lischka zum öffentlichen Skandal.

Der Entführungsversuch war zwar fehlgeschlagen, doch er hatte seine Wirkung nicht verfehlt: 1979 kam es zur Verhandlung gegen Lischka in Köln. Zu Beginn organisierte die von Beate und Serge Klarsfeld ins Leben gerufene Organisation französischer Juden, die ihre Angehörigen durch die Shoa verloren hatten, eine Demonstration durch die Kölner Innenstadt. Dabei forderten sie ein gerechtes Urteil. Nach Eröffnung des Verfahrens setzten sie lautstark einen größeren Verhandlungssaal durch, nachdem der vom zuständigen Richter ausgewählte bei weitem nicht ausreichte, um die große Anzahl interessierter Beobachter aufzunehmen.

Am 2. Februar 1980 wurde Lischka wegen Beihilfe zum Mord zu zehn Jahren Haft verurteilt. Erst die Beharrlichkeit von Serge und Beate Klarsfeld hatte dies möglich gemacht.

Oswald Gundelach Von Ende April 1945 bis Mitte Mai 1946 befand sich Gundelach zunächst in französischer Gefangenschaft, bevor er im Februar 1947 vom US-Geheimdienst CIC verhaftet und in Landsberg am Lech interniert wurde; der Oberbefehlshaber der amerikanischen Streitkräfte hatte das dortige Gefängnis im Jahr zuvor zum »War Criminal Prison Nr. 1« erklärt.[13] Seine Beteiligung an dem erwähnten »Jagdkommando« aus Gestapo und Kriminalpolizei, das im September 1944 bei Würzburg die vierköpfige Besatzung eines abgeschossenen Bombers der US-Armee kaltblütig ermordet hatte, wurde ihm (kurzfristig, wie sich zeigen sollte) nun zum Verhängnis: Ein Militärgericht verurteilte ihn zum Tod durch den Strang, da, so die Anklageschrift des General Military Government Court in Dachau, seine Opfer »sich damals bereits ergeben hatten und wehrlose Kriegsgefangene waren«.[14] Nach neun Monaten in der Todeszelle wurde er bereits im Juli 1948 von den zuständigen amerikanischen Behörden zu lebenslanger Haft begnadigt, im Oktober 1951 folgte eine Strafzeitverkürzung auf lediglich zwanzig Jahre. Es war die Zeit, in der das offiziöse Westdeutschland nicht mehr von Kriegsverbrechern, sondern von »Kriegsgefangenen in Westdeutschland« sprach – und die bereits erwähnten massiven politischen Kampagnen geführt wurden mit dem Ziel, die von der »Nürnberger Siegerjustiz« angeblich zu Unrecht verurteilten Täter zu amnestieren.

Zwischen 1948 und 1953 kam es in Franken zu mehreren Verfahren gegen Personen, die an Deportationen der mainfränkischen Juden beteiligt waren. Wenn überhaupt, dann wurden vornehmlich Täter höherer Dienstränge zur Verantwortung gezogen, nicht jedoch Oswald Gundelach. Gestapo-Beamte wie er wurden zumeist lediglich als Befehlsempfänger angesehen, die nur ihre Pflicht getan hatten und somit nicht zur Rechenschaft zu ziehen waren.

Wegen Kriegsverbrechen in Landsberg/Lech interniert und von einem amerikanischen Militärgericht 1947 zum Tode verurteilt.

Nicht selten folgten deutsche Gerichte in dieser Zeit dabei dem Konstrukt des
»Befehlsnotstandes«, wonach bei Verweigerung der Ausführung erhebliche
Sanktionen bis hin zur Einweisung ins Konzentrationslager gedroht hätten.
Dennoch mag es erstaunen, dass Gundelach im so genannten »Deportations-
prozess« aufgrund seiner nachgewiesenen Tatbeteiligung völlig außen vor ge-
lassen wurde – sowohl als Täter wie auch als Zeuge. Dabei wären die Deporta-
tionsakten der Gestapo-Außendienststelle Würzburg, in denen der Name
Gundelach so oft Erwähnung findet, dem zuständigen Gericht im genannten
Verfahrenszeitraum problemlos zugänglich gewesen.

Der allzu frühe Abbruch der landesweiten Entnazifizierung begünstigte auch Gundelach. Sein Entnazifizierungsverfahren wurde von der Hauptkammer München bereits Anfang Dezember 1952 eingestellt, eine Anklage gar nicht erst erhoben. Gegenstand des Verfahrens war lediglich die Frage, ob er als Mitglied des »Jagdkommandos« auch tatsächlich geschossen hatte und damit des Mordes schuldig war. Seine aktive Mitwirkung an allen Deportationen der mainfränkischen Juden im Zeitraum von 1941 bis 1943 spielte zu keinem Zeitpunkt eine Rolle. Obwohl er Angehöriger der vom Internationalen Militärgerichtshof als »verbrecherische Organisation« deklarierten Gestapo war, wurde Gundelach durch die Münchener Spruchkammer im Dezember 1952 nicht einmal als Hauptschuldiger oder Belasteter eingestuft, er sei, so die Begründung, »nicht hinreichend verdächtig«.[15] Man kam ihm sogar großzügig entgegen: Ohne Angabe von Gründen entließ ihn die US-Armee Mitte März 1953 aus der Haft in Landsberg.

Wie Lischka kehrte auch Oswald Gundelach an den Ort seines Wirkens zurück. Schon im Sommer 1954 wurde er wieder in die Reihen der bayerischen Polizei aufgenommen und verrichtete seinen Dienst, als wäre nie etwas geschehen. Bei der Station Reichenberg der Landespolizeidirektion Unterfranken in Würzburg war Gundelach als Polizeihauptwachtmeister tätig, bevor er seine Ernennung zum Beamten auf Lebenszeit erhielt – ein vorbildlicher Bürger der jungen Republik, wie ihm Polizeiamtmann und Inspektionsleiter Rambacher Ende Januar 1955 in einem Zeugnis bescheinigte: »Einstellung zum demokratischen Staat: bedenkenfrei. Gesamtpersönlichkeit: Gundelach ist ein gereifter Mann mit einwandfreiem Charakter und ausgeglichenem Wesen. In der verhältnismäßig kurzen Zeit seiner Wiedereinstellung hat er sich schnell und gründlich im Vollzugsdienst eingearbeitet, so dass er heute als selbständiger Stationsbeamter und stellv. Stationsleiter ohne Bedenken Verwendung finden kann. In seinem Auftreten ist er energisch und sicher. Bei der Bevölkerung genießt er Vertrauen und Ansehen.«[16]

Das Ende der Karriereleiter war noch nicht erklommen: Bereits im März 1955 stand Gundelachs Beförderung zum Polizeimeister an, zwei Jahre später wurde er als Stationsbeamter nach Würzburg versetzt und im Sommer 1959 zum Polizeiobermeister befördert. In der Landespolizeistation Würzburg brachte er es noch im selben Jahr sogar bis zum Dienstgruppenleiter, bevor er im März 1964 aus Krankheitsgründen in den Ruhestand versetzt wurde.

Seine Beförderung zum Polizeiinspektor, die die CSU-Bundestagsabgeordnete Maria Probst im Jahre 1962 empfohlen hatte (sie war schon erfolgreich für Gundelachs Freilassung aus der Internierungshaft in Landsberg am Lech eingetreten), wurde ihm zwar nicht mehr zuteil. Dafür erhielt er aber nach seiner Pensionierung eine vielsagende Dankesurkunde: »Im Namen des Freistaates Bayern spreche ich dem Polizeiobermeister a. D. Oswald Gundelach zur Vollen-

Deportations-Prozeß vor dem Schwurgericht

Der frühere Polizeipräsident Dr. Martin und ehemalige Gestapobeamte erneut angeklagt

nochmals unter anderen Gesichtspunkten werten zu lassen. Die von Staatsanwalt Dr. Kühn vertretene Anklage scheint das Delikt der räuberischen Erpressung nicht mehr aufrecht erhalten zu wollen. Übrig bleibt also nur noch die Anklage wegen Freiheitsberaubung.

2063 Juden aus dem Gau Mainfranken und 4754 Juden aus Nürnberg mußten auf Befehl der NSDAP in den Jahren 1941 bis 1943 evakuiert und nach dem Osten deportiert werden. Das ist der Kernpunkt des Strafverfahrens. Die Anklage wirft den Beschuldigten vor, an diesem „Plan zur Endlösung der Judenfrage" mitgewirkt zu haben. Obwohl in ganz Deutschland solche Deportationen stattfanden, werden nur in Franken derartige Prozesse durchgeführt. Daß der frühere Polizeipräsident von Nürnberg, Dr. Martin, die Deportationen weder befohlen noch gewünscht hat, ist inzwischen hinreichend bekannt geworden.

Das Nürnberger Gericht hatte im Jahre 1949 im ersten Verfahren den „Befehlsnotstand", unter dem sich die Ausführenden befanden, nicht gelten lassen. Das Gericht in Würzburg hat ihn jedoch als gegeben erachtet. Jetzt soll in dieser Sache für alle Angeklagten eine einheitliche Rechtsauslegung gefunden werden. Die Anklageschriften selbst nehmen als erwiesen an, daß die Befehle zur Endlösung in der Judenfrage dem „Wannsee-Protokoll" aus dem Jahre 1942 entnommen und von Heydrich an die ihm unterstellten örtlichen Polizeibehörden weitergegeben wurden.

Der erste Verhandlungstag brachte nur die Erhebungen über die Personalien der Angeklagten und die Verlesung der seinerzeit erlassenen Befehle. Der Prozeß wird etwa 14 Tage dauern.   Gk.

Der frühere Polizeipräsident von Nürnberg, Dr. Benno Martin (im Bild stehend rechts), vor dem Nürnberger Schwurgericht.   Bild: Leykauf

Der am Mittwoch vor dem Nürnberger Schwurgericht begonnene Riesenprozeß gegen 16 Angeklagte, darunter der frühere Polizeipräsident Dr. Benno Martin und Dr. Rudersdorf, neben 14 ehemalige Gestapobeamten aus Würzburg, will ein vor Jahren begangenes Unrecht, die Deportation von Juden, sühnen.

Es stehen im Revisionsverfahren die 16 Angeklagten in der Hauptsache wegen Freiheitsberaubung mit Todesfolge, einige auch wegen räuberischer Erpressung, zum wiederholten Male vor Gericht. Sie alle sind erstmals im Jahre 1949 von verschiedenen Gerichten in Nürnberg und Würzburg verurteilt worden. Dagegen haben sowohl die Verurteilten wie auch die Staatsanwaltschaft Einspruch erhoben. Das oberste Landesgericht sah sich deshalb veranlaßt, alle Urteile aufzuheben und die Schuld der Einzelnen im jetzigen Verfahren

Obwohl Gundelach an allen Deportationen der mainfränkischen Juden beteiligt war, leitete die deutsche Staatsanwaltschaft weder Ermittlungen gegen ihn ein, noch lud sie ihn als Zeugen vor.

dung einer Dienstzeit von 40 Jahren [sic!] am 17. Juli 1963 für die dem Freistaat Bayern geleisteten Dienste den Dank und die Anerkennung der Bayerischen Staatsregierung aus.«[17] Man dankte ihm somit also auch für die Dienstjahre bei der Gestapo. Im Sommer 1964 erkannte das Bayerische Staatsministerium des Innern Gundelachs Dienstzeit bei der Geheimen Staatspolizei von September 1940 bis Mai 1945 als »ausnahmsweise ruhegehaltsfähig« an. Oswald Gundelach verstarb 1988 – ohne dass sich jemals ein Gericht mit seiner Beteiligung an den Deportationen der mainfränkischen Juden befasst hätte.

Der beflissene Beamte, der sich seinerzeit ausdrücklich auf eigenen Wunsch zur Gestapo hatte versetzen lassen, bekam nun statt einer Verurteilung auch noch seine Dienstzeit bis 1945 auf seine Pension angerechnet – als könnten die Aktivitäten der Geheimen Staatspolizei als normale Polizeitätigkeiten angesehen werden. Seinen diesbezüglichen Antrag hatte er folgendermaßen begründet: »Ich wurde gegen meinen Willen von amtswegen von der Schutzpolizei Würzburg, Kraftfahrstaffel, zur Geheimen Staatspolizei in Würzburg versetzt. [...] Ich habe bei der Geheimen Staatspolizei den Dienst als Kraftfahrer versehen und in Referaten Arbeiten verrichtet, die vor 1933 und nach 1945 zu den dienstlichen Obliegenheiten der Polizei gehörten.«[18]

Er war kein Einzelfall. Beamte aus verschiedenen Polizeieinheiten der NS-Herrschaft wurden mehr oder minder übergangslos in den Dienst für die neue,

Gundelachs Dienstausweis der Bayerischen Landespolizei, 1960er Jahre.

demokratische Ordnung der Bundesrepublik Deutschland übernommen. Die Tatsache, dass sie zwischen 1933 und 1945 bei der Gestapo oder der Kriminalpolizei tätig waren und die damit häufig verbundene Beteiligung an verbrecherischen Aktionen stellte zumeist kein großes Hindernis dar. Gerade für die überlebenden Opfer war die Erkenntnis, dass dieselben Personen, die für Misshandlung, Deportationen und Mord an Bekannten, Freunden und Verwandten verantwortlich gewesen waren, wieder in wichtige Positionen vorrückten, nur sehr schwer erträglich. So waren beispielsweise für Entschädigungsanträge nach 1945 häufig dieselben Beamten zuständig, die sich an der Unterdrückung, Beraubung und Vernichtung der Opfer in vielfältiger Weise beteiligt hatten.

Die Fehlleistungen der westdeutschen Justiz sind inzwischen kaum zu bezweifeln. Im Laufe der Zeit wurden über 100 000 Ermittlungs- oder Vorermittlungsverfahren gegen mutmaßliche NS-Verbrecher in die Wege geleitet – rechtskräftig verurteilt wurden nicht einmal 7 000 Personen, »lebenslänglich« wurde kaum 200-mal verhängt. Eine Reihe von Verfahren wurde eingestellt oder endete mit Freisprüchen, deren Begründungen höchst fragwürdig erschienen.[19] Die Zahlen sprechen für sich.

Anmerkungen

Prolog

1 Quelle ist ein Runderlass aus dem Jahr 1933. Vgl. Johannes Tuchel / Reinold Schattenfroh: *Zentrale des Terrors. Prinz-Albrecht-Straße 8. Das Hauptquartier der Gestapo*, Berlin 1987; zit. nach Lizenzausgabe f. d. Büchergilde Gutenberg, Frankfurt am Main, Olten, Wien, S. 69.

2 Bernd Wegner: *Hitlers Politische Soldaten: Die Waffen-SS 1933 – 1945*, Paderborn 1990, S. 81.

3 Vgl. Johannes Tuchel / Reinold Schattenfroh, a. a. O., S. 92.

4 Diese »Einsatzgruppen« setzten sich aus Personen von Gestapo, Kripo und SD zusammen, z. T. auch der Schutzpolizei. Vgl. hierzu die entsprechende Passage im Kapitel »Terror ohne Grenzen« im vorliegenden Band.

5 Himmlers Konglomerat übte ministerielle Tätigkeiten aus, weshalb das RSHA teilweise ein Quasi-Ministerium war, aber eben nicht formal als solches anerkannt. Das passierte erst durch die Ernennung Himmlers zum Innenminister.

6 Vgl. JohannesTuchel / Reinold Schattenfroh, a. a. O., S. 69.

7 Vgl. Johannes Tuchel / Reinold Schattenfroh, a. a. O., S. 70 f., 84, 98 ff., 104 die die hier weitgehend übernommene Übersicht den Originalquellen entlehnt haben.

8 Bei Johannes Tuchel / Reinold Schattenfroh, a. a. O., S. 98, finden sich nur die angegebenen Abteilungen des Gestapa. Andreas Seeger hingegen erwähnt in *Gestapo-Müller*, Berlin 1996, S. 46, für 1938 noch die Abteilungen I (Verwaltung) und IV (Technische Angelegenheiten).

9 Es liegen nicht zu allen Jahren nach Beamten, Angestellten und nicht beamteten Mitarbeitern differenzierte Zahlen vor.

10 Johannes Tuchel / Reinold Schattenfroh, a. a. O., S. 82 f.

11 Zit. nach: Michael Wildt: *Polizei der Volksgemeinschaft. NS-Regime und Polizei 1933 – 1945*, Hamburg 2000, S. 4.

12 Zit. nach Ulrich Herbert: »Von der Gegnerbekämpfung zur ›rassischen Generalprävention‹. ›Schutzhaft‹ und Konzentrationslager in der Konzeption der Gestapo-Führung 1933 – 1939.« In: *Die nationalsozialistischen Konzentrationslager. Entwicklung und Struktur*, Bd I. Hg. v. Ulrich Herbert, Karin Orth, Christoph Dieckmann, Frankfurt am Main 2002, S. 70.

13 Zit. nach Ulrich Herbert, a. a. O., S. 71.

14 Zit. nach Ulrich Herbert, a. a. O., S. 68.

15 Vgl. Ulrich Herbert, a. a. O., S. 81.

16 Vgl. Michael Wildt, a. a. O., S. 18 f.

Hitlers schärfste Waffe

1 Vgl. Johannes Tuchel / Reinold Schattenfroh: *Zentrale des Terrors. Prinz-Albrecht-Straße 8. Das Hauptquartier der Gestapo*, Berlin 1987; zitiert nach Lizenzausgabe f. d. Büchergilde Gutenberg, Frankfurt am Main, Olten, Wien, S. 119. »KL« war die damals übliche Abkürzung für Konzentrationslager.

2 Karin Orth hält den Begriff »frühe Lager«, der nicht für Folterstätten zu verwenden ist, für angemessen, da die Bedingungen in den verschiedenen Lagern unterschiedlich waren, vor allem auch gegenüber den Konzentrationslagern des Dachauer Typs; die Organisationsstruktur, Haftbedingungen, Häftlingsgruppen und die Opferzahlen waren nicht vergleichbar, es gab weniger Tote als in späteren Konzentrationslagern. Das KZ-System konnte erst mit der Durchsetzung des Dachauer Modells den Terror systematisieren. Vgl. Karin Orth: *Das System der nationalsozialistischen Konzentrationslager. Eine politische Organisationsgeschichte*, Zürich 2002, S. 25 f. Johannes Tuchel hält den Begriff »wilde Lager« oder »wilde KZ« für ungeeignet, da die (dezentralisierte) Planmäßigkeit der staatlichen Stellen und Parteigliederungen bei der Errichtung der Lager 1933 verschleiert wird und die Lager von der staatlichen Finanzierung abhängig waren. Außerdem wurde der Begriff »wilde KZs« von Rudolf Diels nach 1945 geprägt. Vgl. Johannes Tuchel: *Konzentrationslager. Organisationsgeschichte und Funktion der »Inspektion der Konzentrationslager« 1934 – 1938*, Boppard 1991, S. 41.

3 Alle Angaben nach Karin Orth, a. a. O., S. 23.

4 Die nachfolgenden Ausführungen sind an Johannes Tuchels Typisierung angelehnt. Vgl. Johannes Tuchel, a. a. O., S. 124.

5 Vgl. Johannes Tuchel: *Konzentrationslager*, a. a. O., S. 42 ff.; zur Berichterstattung über weitere Konzentrationslager vgl. Robert Gellately: *Hingeschaut und Weggesehen. Hitler und sein Volk*, Stuttgart 2002, 3. Kapitel; Klaus Drobisch / Günther Wieland: *System der NS-Konzentrationslager 1933 – 1939*, Berlin 1993, S. 88 – 94.

6 Vgl. Tuchel: *Konzentrationslager*, a. a. O.

7 Zit. nach Volker Eichler: »Die Frankfurter Gestapo-Kartei. Entstehung, Struktur, Funktion, Überlieferungsgeschichte und Quellenwert«. In: *Die Gestapo. Mythos und Realität*. Hg. v. Gerhard Paul / Klaus-Michael Mallmann, Darmstadt 2003, S. 187.

8 Zit. nach: Johannes Tuchel / Reinold Schattenfroh, a. a. O., S. 127.

9 Ebd.

10 Zit. nach: Johannes Tuchel / Reinold Schattenfroh, a. a. O., S. 128.

11 Zit. nach: Johannes Tuchel / Reinold Schatten-

froh: *Zentrale des Terrors. Prinz-Albrecht-Straße 8,* a.a.O., S. 129.

12   Von »frühen Lagern« spricht Karin Orth, weil die Unterschiede zu groß waren, die zwischen den einzelnen Lagertypen und auch gegenüber den späteren Konzentrationslagern des Dachauer Typs, bestanden. Vgl. Karin Orth: *Das System der nationalsozialistischen Konzentrationslager. Eine politische Organisationsgeschichte,* Zürich / München 2002, S. 26.

13   Interview Hans Landauer vom 26. Juli 2004 in Wien.

14   Ebd.

15   Interview Fritz Bringmann vom 3. Juli 2004 in der KZ-Gedenkstätte Sachsenhausen.

16   Interview Anna Pröll vom 29. Juli 2004 in Augsburg.

17   Ebd.

18   Interview Eva Rössner vom 31. Juli 2004 im Dokumentationszentrum Reichsparteitagsgelände in Nürnberg.

19   Ebd.

20   Interview Johann Schwert vom 11. Dezember 2003 in Frankfurt am Main.

21   Das »Braunbuch« ist von deutschen Antifaschisten aus dem Umfeld der KPD 1933 in Paris erstellt und im gleichen Jahr in Basel verlegt worden. Der Inhalt entsprach den offiziellen Ansichten der KPD bzw. der Kommunistischen Internationalen zum Reichstagsbrand und zum »deutschen Faschismus«.

22   Zitat Heinrich Baab. In: »Frankfurter Rundschau« v. 24.3.1950.

23   Die hier angeführten Informationen stammen aus Zeitungsartikeln, Baabs eigenen Erinnerungen und vor allem aus der Dokumentation des Gerichtsurteils, in: *Justiz und NS-Verbrechen. Eine Sammlung Deutscher Strafurteile wegen nationalsozialistischer Tötungsverbrechen 1945–1966.* Bd. VI; hg. v. A. Rüter-Ehlermann, H. H. Fuchs und C. F. Rüter; Amsterdam 1971, S. 370–437.

24   In diesem Falle dem »Einsatzkommando II (Wien)«. Näheres hierzu unter »Einsatzgruppen in Polen« im folgenden Kap. »Terror ohne Grenzen«.

25   *Justiz und Verbrechen* (vgl. Anm. 23).

26   Ebd.

27   Der Entzug der bürgerlichen Ehrenrechte beinhaltete nach den damaligen Paragraphen 31ff. StGB bis 1969 den Verlust aller Staatsbürgerrechte wie aktives und passives Wahlrecht sowie der Möglichkeit, öffentliche Ämter zu bekleiden. Nach 1969 ist diese Regelung ersetzt worden durch die fünfjährige Ausschließung von öffentlichen Ämtern, sofern eine mindestens einjährige Haftstrafe verhängt wurde. Unter bestimmten Umständen kann auch das Wahlrecht entzogen werden.

28   Interview Anna Dorothea und Bertha Mechthild Greding vom 28. Oktober 2003 in Kronberg.

29   Vgl. Adolf Hitler: *Mein Kampf,* zwei Bände in einem Band, München 1939 (Bd. 1: »Eine Abrechnung«, Bd. 2: »Die nationalsozialistische Bewegung«); hier aus Bd. 2 (von 1925), 14. und 15. Kapitel über die Eroberung der »Scholle« im Osten; siehe auch Hitlers »zweites Buch« von 1928 über seine außenpolitischen Überlegungen. Dazu auch Eberhard Jäckel: *Hitlers Weltanschauung. Entwurf einer Herrschaft,* Stuttgart 1991, S. 29ff.

30   Vgl. Johannes Tuchel: »Gestapa und Reichssicherheitshauptamt. Die Berliner Zentralinstitutionen der Gestapo.« In: Gerhard Paul/Klaus-Michael Mallmann: *Die Gestapo. Mythos und Realität,* Darmstadt 2003, S. 87.

31   Vgl. hierzu Peter Longerich: *Geschichte der SA,* München 2003, S. 207f. Bald darauf begann sich die Lage zu bessern, einerseits weil der Krisenzyklus vorbei war und andererseits, weil die Nationalsozialisten öffentliche Beschäftigungsprogramme begannen und die Rüstungsproduktion vorantrieben. Dazu auch Bernd Jürgen Wendt: *Deutschland 1933 – 1945. Das Dritte Reich,* Hannover 1995, S. 120.

32   Vgl. Peter Longerich, a. a. O., S. 212.

33   Vgl. Johannes Tuchel / Reinold Schattenfroh: *Zentrale des Terrors: Prinz-Albrecht-Straße 8. Das Hauptquartier der Gestapo,* Berlin 1987, S. 146.

34   Interview Günther Odemann-Nöhring vom 7. Juli 2004 in Berlin.

35   Laut Michael Zimmermann: *Rassenutopie und Genozid. Die nationalsozialistische »Lösung der Zigeunerfrage«,* Hamburg 1996, S. 375, starben in Auschwitz rund 19 000 Sinti und Roma, davon 5 600 in den Gaskammern, die anderen an Hunger, Seuchen etc. Es gibt keine präzisen Zahlen der gesamten ermordeten Sinti und Roma; Roman Rose und Walter Weiss sprechen von rund einer halben Million. Vgl. Roman Rose / Walter Weiss: *Sinti und Roma im »Dritten Reich«. Das Programm der Vernichtung durch Arbeit,* Göttingen 1991, S. 176.

36   Interview Josef Niklasch vom 18. Juni 2004 in Frankfurt am Main.

37   Interview Emil Mangelsdorf vom 11. Dezember 2003 in Frankfurt am Main.

38   Frick erklärte am 26. April 1935, die »Deutschstämmigen« sollten die Staatsbürgerschaft »nur durch Dienst an Volk und Staat und durch Bewährung« erwerben können, wie in der »Berliner Illustrierten« vom folgenden Tag berichtet wurde. Vgl. Peter Longerich: *Politik der Vernichtung. Eine Gesamtdarstellung der nationalsozialistischen Judenverfolgung,* München 1998, S. 96; Ansprüche von Juden sollten rigider gehandhabt werden.

39   So in der »Ersten Verordnung zur Ausführung des Gesetzes zum Schutze des deutschen Blutes ...«. In: Ingo von Münch (Hg.): *Gesetze des NS-Staates,* Paderborn 1994, S. 121f.

40   Vgl. Klaus Holz: *Nationaler Antisemitismus. Wissenssoziologie einer Weltanschauung,* Hamburg 2001, S. 166. Nach Holz stammt der Begriff aus dem späten 19. Jahrhundert und bezeichnete Erscheinungsformen des Antisemitismus, die mit Tumulten verbunden waren.

41   Interview Margit Siebner vom 6. Oktober 2004 in Berlin.

42   Interview Milo Dor vom 26. Juli 2004 in Wien.

43   Vgl. Gisela Diewald-Kerkmann: »Denunziantentum und Gestapo. Die freiwilligen ›Helfer‹ aus der Bevölkerung«. In: Gerhard Paul / Klaus-Michael Maßmann: *Die Gestapo. Mythos und Realität*, Darmstadt 2003, S. 298 und 302.

44   Robert Gellately erwähnt in zwei seiner Bücher jeweils einen Fall, bei dem eine Verhaftung stattfand; im einen Fall wurde das Verfahren eingestellt, im anderen Fall Anklage erhoben. Vgl. Gellately: *Hingeschaut und weggesehen. Hitler und sein Volk*, Stuttgart 2002, S. 274 bzw. ders.: *Die Gestapo und die deutsche Gesellschaft: Die Durchsetzung der Rassenpolitik 1933 – 1945*, Paderborn 1994, S. 165.

45   Vgl. Gisela Diewald-Kerkmann, a. a. O., S. 303.

46   Robert Gellately: *Die Gestapo und die deutsche Gesellschaft*, a. a. O., S. 161.

47   Vgl. Franz Weisz: »Personell vor allem ein ›ständestaatlicher‹ Polizeikörper. Die Gestapo in Österreich.« in: Gerhard Paul / Klaus-Michael Mallmann, *Die Gestapo. Mythos und Realität*, a. a. O., S. 458.

48   Vgl. Gisela Diewald-Kerkmann, a. a. O., S. 305. Es handelt sich um einen Bericht der Stapo-Stelle Bielefeld.

49   Interview Margit Siebner vom 6. Oktober 2004 in Berlin.

50   Interview Martin Löwenberg vom 28. Juli 2004 in München.

51   Interview Marie-Luise Schultze-Jahn vom 28. Juli 2004 in der KZ-Gedenkstätte Dachau.

52   Es gab mehrere zehntausend NSDAP-Ortsgruppen, die unterteilt in Zellen waren, diese wurden von so genannten Zellenleitern geführt. Die Zellen selbst wiederum waren unterteilt in Blocks, jeweils geführt von einem Blockleiter, der für vierzig bis sechzig Haushalte verantwortlich war und deren Einstellung zu Partei und Staat auf »Haushaltskarten« erfasste.

53   Bei der Konferenz im französischen Évian vom 6. bis 14. Juli 1938 wurde von den Delegierten aus 32 Ländern über die Aufnahme weiterer Flüchtlinge aus Deutschland beraten. Kein einziges Land fand sich bereit, zusätzliche Flüchtlinge aufzunehmen. Die teilnehmenden Staaten waren: USA, Großbritannien, Frankreich, sechs weitere demokratische Länder Europas, Kanada, lateinamerikanische Staaten, Australien und Neuseeland. Vgl. *Enzyklopädie des Holocaust. Die Verfolgung und Ermordung der europäischen Juden* (Hg. d. dt. Ausgabe: Eberhard Jäckel / Peter Longerich / Julius H. Schoeps), Müchen 1998, S. 426f.

54   Vgl. Peter Longerich: *Politik der Vernichtung*, München 1998, S. 188.

55   Interview Marie-Luise Schultze-Jahn vom 28. Juli 2004 in der KZ-Gedenkstätte Dachau.

56   Interview Martin Löwenberg vom 28. Juli 2004 in München.

57   Interview Eva Rössner vom 31. Juli 2004 in Nürnberg.

58   Interview Margit Siebner vom 6. Oktober 2004 in Berlin.

Terror ohne Grenzen

1   Die folgenden Ausführungen basieren im Wesentlichen auf der Darstellung von Alfred Spieß / Heiner Lichtenstein: *Unternehmen Tannenberg. Der Anlass zum Zweiten Weltkrieg*, Wiesbaden, München 1982. Zuweilen wird die Bezeichnung »Unternehmen Tannenberg« nicht für die »Grenzzwischenfälle« verwendet, sondern für die noch zu differenzierenden »Einsatzgruppen der Sicherheitspolizei« in Polen. Vgl. z. B.: Helmut Krausnick: *Hitlers Einsatzgruppen. Die Truppen des Weltanschauungskrieges 1938 – 1942*, Frankfurt am Main 1985, S. 27.

2   Zit. nach: www.h-ref.de (Holocaust-Referenz, eine Dokumentationswebsite gegen Auschwitz-Leugner).

3   Zit. nach: Helmut Krausnick, a. a. O., S. 27.

4   Zit. nach: Helmut Krausnick, a. a. O., S. 29.

5   »Richtlinien ...«, Zit. nach ebd.

6   Himmler, zit. nach: Helmut Krausnick, a. a. O., S. 36f.

7   Vgl. Helmut Krausnick, a. a. O:, S. 38f.

8   Zit. nach: Helmut Krausnick, a. a. O., S. 39.

9   Zit. nach: Helmut Krausnick, a. a. O., S. 42.

10   Vgl. Helmut Krausnick, a. a. O., S. 45.

11   Zit. nach: Helmut Krausnick, a. a. O., S. 70.

12   Zit. nach: Gerhard Paul: »Kämpfende Verwaltung‹. Das Amt IV des Reichssicherheitshauptamtes als Führungsinstanz der Gestapo«. In: Gerhard Paul / Klaus-Michael Mallmann (Hg.): *Die Gestapo im zweiten Weltkrieg. ›Heimatfront‹ und besetztes Europa*, Darmstadt 2000, S. 45.

13   Nachdem Heydrich im Mai 1942 an den Folgen eines Attentats tschechischer Agenten verstarb, wurde Ernst Kaltenbrunner Ende Januar 1943 von Himmler zum Chef von Sipo und SD ernannt.

14   Der Begriff »Menschenführung« wird von Gerhard Paul (»Kämpfende Verwaltung«, a. a. O., S. 62) verwendet. Er hat den Begriff von Dieter Rebentisch und Karl Teppe: *Verwaltung contra Menschenführung im Staat Hitlers. Studien zum politisch-administrativen System*, Göttingen 1986 übernommen.

15   Zu Elser vgl. Hellmut G. Haasis: »Den Hitler jag' ich in die Luft.« *Der Attentäter Georg Elser. Eine Biographie*, Berlin 1999. Vor allem gegenüber seinem Bruder hatte sich Elser mehrfach politisch geäußert, auch dass es den Arbeitern entgegen die NS-Propaganda deutlich schlechter ginge.

16   Vgl. Andreas Seeger: »Gestapo-Müller«. *Die Karriere eines Schreibtischtäters*, Berlin 1996, S. 111f.

17   Dies und das Folgende zit. nach rekonstruiertem Schnellbrief unter www.georg-elser.de, die Fehler sind aus dem Original übernommen, »Eller« war der Kode-Name für Elser.

18 Zit. nach Bernd Kasten: »Zwischen Pragmatismus und exzessiver Gewalt. Die Gestapo in Frankreich 1940 – 1944«. In: *Die Gestapo im Zweiten Weltkrieg. »Heimatfront« und besetztes Europa*. Hg. v. Gerhard Paul/ Klaus-Michael Mallmann, Darmstadt 2000, S. 362.

19 Zit. nach Ulrich Herbert: *Best. Biographische Studien über Radikalismus, Weltanschauung und Vernunft 1903 – 1989*, Bonn 1996, S. 193.

20 Hans Buchheim: *SS und Polizei im NS-Staat*. Duisdorf 1964, S. 122.

21 Vgl. *Enzyklopädie des Holocaust. Die Verfolgung und Ermordung der europäischen Juden* (Hg. d. dt. Ausgabe: Eberhard Jäckel / Peter Longerich / Julius H. Schoeps), Müchen / Zürich, 1998, S. 621.

22 Zit. nach Bernd Kasten, a. a. O., S. 368.

23 Bernd Kasten, a. a. O., S. 370.

24 Bernd Kasten, a. a. O., S. 373. Nach Kasten sind diesen noch die Sipo-Mitarbeiter beim BdS hinzuzurechnen.

25 Ahlrich Meyer: »›… daß französische Verhältnisse anders sind als polnische‹. Die Bekämpfung des Widerstands durch die deutsche Militärverwaltung in Frankreich 1941.« In: *Beiträge zur nationalsozialistischen Gesundheits- und Sozialpolitik 14. Repression und Kriegsverbrechen. Die Bekämpfung von Widerstands- und Partisanenbewegungen gegen die deutsche Besatzung in West- und Südeuropa*, Berlin 1997, S. 46.

26 Ebd.

27 Ebd.

28 Zit. nach Ahlrich Meyer, a. a. O., S. 47.

29 Die Geiselnahme war begründet mit dem so genannten Geiselerlass vom 23. August 1941, unterzeichnet vom Chef des Verwaltungsstabes beim Militärbefehlshaber: »Bei der Auswahl der Personen, deren Erschießung vorgeschlagen wird, ist darauf zu sehen, daß sie möglichst dem Kreis angehören, aus dem der Täter oder der mutmaßliche Täter stammt.« Vgl. Ahlrich Meyer, a. a. O., S. 49. Entweder befanden sich diese Personen bereits in deutscher Haft oder wurden aus französischer Haft zur Erschießung vorgeschlagen.

30 Interview Peter Gingold vom 2. Februar 2004 in Paris.

31 Der entsprechende Erlass des Chefs der deutschen Militärverwaltung stammte vom 27. September 1940. Die erste Erhebung fand vom 3. bis 19. Oktober 1940 statt und wurde von der Kriminalpolizei durchgeführt, in deren Kommissariaten die Angaben zusammengetragen wurden. Auch in der unbesetzten Zone fand Ende 1941 eine durch Gesetz vom Juni 1941 vorgeschriebene Judenzählung statt. Nach Serge Klarsfeld: *Vichy – Auschwitz. Die Zusammenarbeit der deutschen und französischen Behörden bei der »Endlösung der Judenfrage« in Frankreich*, Nördlingen 1989, S. 26 f. Die Zahlen finden sich auf S. 120.

32 Zentrale Stelle Ludwigsburg, Sammelakte Nr. 568: Anklageschrift gegen Lischka, Hagen und Heinrichsohn (»Endlösung der Judenfrage« in Frankreich). Lischka setzte sich z. B. für die Errichtung einer jüdischen Zwangsorganisation zur weiteren Behandlung des »Judenproblems« ein, die ihm unterstellt werden sollte. Vgl. Joseph Billig: *Die Endlösung der Judenfrage. Studie über ihre Grundsätze im III. Reich und in Frankreich während der Besatzung*, o. O. 1979, S. 100. Ein weiteres Beispiel ist ein Protestbrief Lischkas an Gestapo-Chef Müller vom Februar 1943, wo er sich über die judenfreundliche Haltung der italienischen Besatzungsbehörde beschwert: »Die französische Polizei hat in Durchführung einer von mir angeordneten Sühnemaßnahme die Festnahme von 2 000 Juden im Alter von 16 bis 65 Jahren im alt und neubesetzten Gebiet veranlaßt […]. Weitere Judenmaßnahmen im neubesetzten Gebiet könnten zukünftig nur dann wirksam werden, wenn die italienischen zivilen und militärischen Behörden im neubesetzten Gebiet zu einer grundsätzlichen Änderung ihrer Haltung bestimmt werden könnten.« Vgl. Billig, a. a. O., S. 115.

33 Zit. nach Johannes Tuchel: *Zentrale des Terrors. Prinz-Albrecht-Straße 8: Hauptquartier der Gestapo*, Berlin 1987, S. 160.
Einen zentralen schriftlichen Befehl Hitlers oder einer anderen Führungsperson, die systematische Massenvernichtung der europäischen Juden in Gang zu setzen, hat es jedoch nachgewiesenermaßen nicht gegeben. Vgl. Christopher Browning: *Die Entfesselung der »Endlösung«. Nationalsozialistische Judenpolitik 1939 – 1942*, München 2003; Peter Longerich: *Der ungeschriebene Befehl. Hitler und der Weg zur »Endlösung«*, München 2001.

34 Politisches Archiv des Auswärtigen Amtes in Berlin: Inland IIg177, Blatt 166 – 180.

35 Chelmno, Belzec, Treblinka, Sobibor, Auschwitz-Birkenau und Majdanek gelten als Vernichtungslager im besetzten Polen. Im gesamten Herrschaftsgebiet gab es 22 Hauptlager mit mehr als 1 200 Außenkommandos.

36 Vgl. Christopher R. Browning: *Ganz normale Männer. Das Reserve-Polizeibataillon 101 und die »Endlösung« in Polen*, Hamburg 1996.

37 Heute befinden sich die Gestapo-Akten im Staatsarchiv Würzburg.

38 Davon waren sechs aus der 1941 aufgelösten Außenstelle Aschaffenburg.

39 Nach Gerhard Paul: »Kontinuität und Wandel. Die Staatspolizeistelle Würzburg«. In: *Die Gestapo. Mythos und Realität*, hg. v. Gerhard Paul / Klaus-Michael Mallmann, Darmstadt 2003, S. 164.

40 Die Befehlskette war hierarchisch: RSHA – Stapo-Stelle Nürnberg-Fürth – Außendienststelle Würzburg. Nürnberg-Fürth war somit für die Koordinierung zuständig: So wurden – wie später beschrieben – Juden auch in Nürnberg zugeladen. Bei der Durchführung der Deportationen im Kompetenzbereich der Gestapo Würzburg waren auch Beamte der Dienststelle Nürnberg-Fürth zugegen, auch, aber nicht nur, aufgrund der personellen Begrenztheit in Würzburg.

41 Herbert Schott: »Die ersten drei Deportationen mainfränkischer Juden 1941/42.« In: *Wege in die Vernichtung. Die Deportation der Juden aus Mainfranken 1941–1943,* Begleitband zur Ausstellung des Staatsarchivs Würzburg und des Instituts für Zeitgeschichte München-Berlin, München 2003, S. 138.

42 Falsche Interpunktion im Original.

43 Bundesarchiv Berlin. RS Gundelach, Oswald.

44 Dem Antrag dürfte wohl entsprochen worden sein: Überliefert ist ein Marschbefehl der Staatspolizeistelle Nürnberg-Fürth vom 25. April 1942, indem er als »SS-Hauptscharführer Oswald Gundelach« bezeichnet wird.

45 Die vorgesetzte Stelle in Nürnberg-Fürth legte gemäß den Vorgaben des RSHA die Anzahl fest. Wurde die Zahl korrigiert, wie in diesem Fall später auf 202, dann bedeutete dies eine neue Zahlenvorgabe: etwa, weil Evakuierungsnummern »frei« geworden waren – durch Krankheit, Intervention des Arbeitgebers oder schlimmstenfalls wegen Suizids.

46 Alle nicht näher gekennzeichneten Zitate beziehen sich auf den Bestand »Gestapostelle Würzburg«, Staatsarchiv Würzburg.

47 Interview Herbert Mai vom 7. September 2004 in New York.

48 Herbert Schott: »Die ersten drei Deportationen mainfränkischer Juden 1941/42.« In: *Wege in die Vernichtung,* a. a. O., S. 103.

49 Hervorhebung im Original.

50 Hervorhebung im Original.

51 Zuständig für die Quoten war das RSHA, Abt. IV B 4.

52 Vermerk der Gestapo-Außendienststelle Würzburg vom 19. März 1942. Bezug genommen wurde auf eine Besprechung vom 18. März 1942 bei der Stapo-Stelle Nürnberg-Fürth unter Leitung des Kriminalrates Dr. Grafenberger.

53 Schreiben der Gestapo Würzburg vom 10. April 1942 an den Leiter des Amtsgerichts Würzburg, Amtgerichtsdirektor Gareis.

54 Zwei kamen aus dem Bezirk Mittelfranken und fielen nicht in den Zuständigkeitsbereich der Gestapo Würzburg.

55 119 dieser Fotos befinden sich im Staatsarchiv Würzburg, die restlichen zwanzig sind in die USA gelangt.

56 Vgl. Herbert Schott: »Das Fotoalbum zur Deportation der mainfränkischen Juden.« In: *Wege in die Vernichtung,* a. a. O., S. 167 ff. Nach ihrer Auffindung 1947 wurden die Fotos offenbar von den Ermittlungsbehörden durchnummeriert und auch im Nürnberger Deportationsprozess als Beweismittel vorgelegt.

57 Die übernehmende Dienststelle finanzierte davon Lebensmittel für die nächsten Tage. Dieser Betrag musste von den Juden selbst gestellt werden.

58 Orthographie des Originals.

59 Internes Dokument der Gestapo Würzburg vom 25. April 1942, auf dem Gundelach handschriftlich den Empfang seiner Marschverpflegung bestätigt.

60 Zu Engels vgl. Bundesarchiv Berlin, RS Kurt Engels.

61 Interview Helena Blaszczyk vom 17. Februar 2004 in Izbica.

62 Gundelachs »Bericht über meinen auswärtigen Einsatz« vom 19. Oktober 1953; Staatsarchiv Würzburg, Polizeipräsidium Unterfranken, Personalakten – 55 –.

Henker an der Heimatfront

1 Vgl. Hamburger Institut für Sozialforschung (Hg.): *Vernichtungskrieg. Verbrechen der Wehrmacht 1941 bis 1944, Ausstellungskatalog,* Hamburg 1996, S. 84 f.

2 Diese und die folgenden Angaben beziehen sich auf Ulrich Herbert: *Fremdarbeiter. Politik und Praxis des »Ausländer-Einsatzes« in der Kriegswirtschaft des Dritten Reiches,* Bonn 1999; zum »Arbeitskreis Ausländerfragen« vgl. S. 146, Fußnote 139.

3 Angaben nach Ulrich Herbert, a. a. O., S. 11.

4 Vgl. Ulrich Herbert, a. a. O., S. 19, 415.

5 Interview Martin Löwenberg vom 28. Juli 2004 in München.

6 Vgl. Gabriele Lotfi: *KZ der Gestapo. Arbeitserziehungslager im Dritten Reich,* Frankfurt am Main 2003, S. 11 und dies.: »Stätten des Terrors«. In: Gerhard Paul/Klaus-Michael Mallmann (Hg.): *Die Gestapo im Zweiten Weltkrieg,* Darmstadt 2000, S. 255. Neben den AEL gab es noch zusätzlich zahlreiche betriebliche und kommunale Lager; sie werden weiter unten noch Erwähnung finden. Eine umfassende Darstellung würde den hier gesetzten Rahmen sprengen; zwangsläufig richtet sich der Fokus auf die Zwangsarbeiter und die Hinrichtungen am Ende des Krieges.

7 Vgl. Gabriele Lotfi, a. a. O., S. 260.

8 Interview Salvatore Mario Bertorelli vom 1. September 2004 in London.

9 Interview Milo Dor vom 26. Juli 2004 in Wien.

10 Vgl. Gabriele Lotfi, a. a. O., S. 267 f.

11 Zahlen nach Heinrich Walle: »Der 20. Juli 1944. Eine Chronik der Ereignisse von Attentat und Umsturzversuch«. In: Peter Steinbach/Johannes Tuchel (Hg.): *Widerstand gegen den Nationalsozialismus,* Bonn 1994, S. 367.

12 Vgl. hierzu und zum Folgenden Steven Krolak: »Der Weg zum Neuen Reich: Die politischen Vorstellungen von Claus Stauffenberg. Ein Beitrag zur Geschichte des deutschen Widerstands«. In: Jürgen Schmädeke/Peter Steinbach (Hg.): *Der Widerstand gegen den Nationalsozialismus. Die deutsche Gesellschaft und der Widerstand gegen Hitler,* München 1986, S. 546–559; Ger van Roon: »Staatsvorstellungen des Kreisauer Kreises«. In: Jürgen Schmädeke/Peter Steinbach, a. a. O., S. 560–569; Hans Mommsen: »Verfassungs- und Verwaltungsreformpläne der Widerstandsgruppen des 20. Juli 1944.« In: Jürgen Schmädeke/Peter Steinbach, a. a. O:, S. 570–597.

13 Helmuth James Graf Moltke beispielsweise woll-

te einem deutschen Generalstabsoffizier 1943 nach Großbritannien entsenden, um mit den Westalliierten zu verhandeln. Ziel sollte es sein, die Westfront zu öffnen, um an der Ostfront weiterkämpfen zu können. Annehmbare Friedensbedingungen sollten ausgehandelt werden, die Westalliierten sollten Deutschland besetzen. Vgl. Peter Hoffmann: *Widerstand – Staatsstreich – Attentat. Der Kampf der Opposition gegen Hitler,* München 1970, S. 277 und S. 416: Planungen von Generalfeldmarschall Erwin Rommel, General Karl-Heinrich von Stülpnagel und Generalfeldmarschall Gerd von Rundstedt im Jahre 1944 waren ähnlich gelagert: Friedensverhandlungen mit den Westalliierten, Rückzug deutscher Truppen aus Westeuropa; Halten der Ostfront von Memel, Wechsel über die Karpaten bis zur Donaumündung.

14 Während die führenden Mitglieder des Kreisauer Kreises sich gegen Antisemitismus verwahrten und deshalb gegen Vernichtung und auch Diskriminierung der Juden eingestellt waren, zählten zum Goerdeler-Kreis eher Personen, die sehr wohl befürworteten, dass Juden aus der deutschen Gesellschaft ausgeschlossen wurden, und auch eine Vertreibung aus Europa nicht vollkommen ablehnten. Bei der Ausarbeitung gemeinsamer Programme verzichtete man auf die Erwähnung der Befreiung der jüdischen Opfer aus Ghettos und Lagern. Vgl. Christof Dipper: »Der Widerstand und die Juden.« In: Jürgen Schmädeke / Peter Steinbach, a. a. O., S. 598–616.

15 Die Bildung von Standgerichten wurde seit 1939 in der Wehrmacht vorgenommen. Kennzeichen der Standgerichte war die sofortige Vollstreckung des Urteils, was letztlich Freispruch oder Tod bedeutete.

16 Zit. nach Joachim Fest: *Hitler. Eine Biographie,* München 2001, S. 1001.

17 Vgl. Ulrike Hett / Johannes Tuchel: »Die Reaktionen des NS-Staates auf den Umsturzversuch vom 20. Juli 1944.« In: Peter Steinbach / Johannes Tuchel (Hg.): *Widerstand gegen den Nationalsozialismus,* Bonn 1994, S. 378.

18 Vgl. Ulrike Hett / Johannes Tuchel, a. a. O., S. 379.

19 Zit. nach Joachim Fest, a. a. O., S. 1005.

20 Vgl. Ulrike Hett / Johannes Tuchel, a. a. O:, S. 387.

21 Interview Franz von Hammerstein vom 6. Juli 2004 in Berlin.

22 Zit. nach: Ulrike Hett / Johannes Tuchel, a. a. O., S. 383.

23 Zit. nach: Heinz Boberach (Hg.): *Meldungen aus dem Reich 1938–1945. Die geheimen Lageberichte des Sicherheitsdienstes der SS,* Herrsching 1984, Band 17, S. 6734.

24 Interview Eva Rössner vom 31. Juli 2004 im Dokumentationszentrum Reichsparteitagsgelände in Nürnberg.

25 Interview Marie-Luise Schultze-Jahn vom 28. Juli 2004 in der KZ-Gedenkstätte Dachau.

26 National Archives, Washington D.C., RG No. 549: Landsberg – Release/Inmates, Box 27.

27 Die hier dargelegten Thesen beziehen sich auf Andreas Seeger: »*Gestapo-Müller«. Die Karriere eines Schreibtischtäters*, Berlin 1996, S. 66ff.

Epilog

1 Der Nürnberger Prozeß: Urteil, S. 245. Digitale Bibliothek Band 20: Der Nürnberger Prozeß, S. 886 (vgl. NP Bd. 1, S. 300).

2 Hier heißt es: »Die SS wurde zu Zwecken verwandt, die nach dem Statut verbrecherisch waren. Sie bestanden in der Verfolgung und Ausrottung der Juden, Brutalitäten und Tötungen in den Konzentrationslagern, Übergriffen bei der Verwaltung besetzter Gebiete, der Durchführung des Zwangsarbeiterprogramms und der Misshandlung und Ermordung von Kriegsgefangenen.« Vgl. *Der Nürnberger Prozeß: Urteil*, S. 260 ff. Digitale Bibliothek Band 20: Der Nürnberger Prozeß, S. 901 (vgl. NP Bd. 1, S. 307 ff.).

3 *Der Nürnberger Prozeß: Urteil*, S. 245. Digitale Bibliothek Band 20: Der Nürnberger Prozeß, S. 886 (vgl. NP Bd. 1, S. 300).

4 Zahlen nach: Norbert Frei (Hg.): *Hitlers Eliten nach 1945,* München 2003, S. 67; Stichwort: »Nachkriegsprozesse«. In: Wolfgang Benz / Hermann Graml / Hermann Weiß (Hg.): *Enzyklopädie des Nationalsozialismus,* München 1997, S. 592–594.

5 Vgl. Norbert Frei, a. a. O., S. 163.

6 Die Beteiligung von Kirchen ist bekannt bei der Flucht Eichmanns (Vgl. Enzyklopädie des Holocaust, S. 388). Allgemein wurde die Fluchtlogistik für höhere NS-Verbrecher als »Rattenlinie« bezeichnet. Die Amerikaner benannten den wegen der aktiven Beteiligung des römisch-katholischen Klerus als »Klosterroute« bekannten Fluchtweg um in »Rat Line«, vgl. Norbert Frei (Hg.): *Hitlers Eliten nach 1945,* München 2003, S. 274. Darüber hinaus vgl. ders.: *Vergangenheitspolitik. Die Anfänge der Bundesrepublik und die NS-Vergangenheit,* München ²1997. Hier wird die aktive Rolle beider Kirchen bei der Amnestierungskampagne für deutsche Kriegsverbrecher belegt.

7 Telegramm von Best an das AA vom 2.10.1943. Vgl. Ulrich Herbert: *Best. Biographische Studien über Radikalismus, Weltanschauung und Vernunft 1903 – 1989,* Bonn 1996, S. 370. Zu Best vgl. auch Ernst Klee: *Das Personenlexikon zum Dritten Reich. Wer war was vor und nach 1945,* Frankfurt am Main 2003, S. 45.

8 Entsprechende Berichte erschienen 1964 in der »Frankfurter Rundschau« und 1967 in der Münchener »Abendzeitung«.

9 Vgl. Joseph Billig: *Die Endlösung der Judenfrage. Studie über ihre Grundsätze im III. Reich und in Frankreich während der Besatzung,* a. a. O. 1979, S. 118.

10 Anklageschrift gegen Lischka u. a. (»Endlösung der Judenfrage« in Frankreich), Zentrale Stelle Ludwigsburg Sammelakte Nr. 568.

11 Ebd.

12 Interview Beate Klarsfeld vom 4. Februar 2004 in Paris.

13　National Archives, Washington D.C., RG No. 549: Landsberg – Release/Inmates, Box 27; Staatsarchiv München, SpKa Karton 583 Gundelach, Oswald; Bayerisches Hauptstaatsarchiv Dachauer Kriegsverbrecherprozesse 177/3; Staatsarchiv Würzburg Polizeipräsidium Unterfranken, Personalakten – 55 –.

14　Staatsarchiv München: Akten Fall Gundelach; SpKa Karton 583, Gundelach, Oswald.

15　Verfügung Verfahren Gundelach; Staatsarchiv München: SpKa Karton 583, Gundelach, Oswald. Es gab zunächst fünf Kategorien: Hauptschuldiger, Belasteter, Minderbelasteter, Mitläufer, unbelastet. Die Einstufung in die ersten beiden hatte vor allem im öffentlichen Dienst dienstrechtliche Konsequenzen (Verlust des Beamtenstatus, Suspendierung) u. U.

auch im Hinblick auf Versorgungsansprüche. Darüber hinaus drohten je nach Tatschwere, z. B. Mord, Haftstrafen und eingeschränktes Wahlrecht.

16　Vgl. Dienstliche Zwischenbeurteilung vom 28. Januar 1955, Staatsarchiv Würzburg, Polizeipräsidium Unterfranken, Personalakten – 55 –.

17　Vgl. Dankesurkunde vom 31. März 1964, Staatsarchiv Würzburg, Polizeipräsidium Unterfranken, Personalakten – 55 –.

18　Vgl. Schreiben Gundelachs an das Bayerische Statistische Landesamt; Staatsarchiv Würzburg, Polizeipräsidium Unterfranken, Personalakten – 55 –.

19　Zahlen nach Michael Greve, *Der justitielle und rechtspolitische Umgang mit den NS-Gewaltverbrechen in den sechziger Jahren*, Frankfurt am Main 2001, S. 11.

Auswahlbibliographie

Uwe Dietrich Adam: *Judenpolitik im Dritten Reich*, Düsseldorf 2003

Jens Banach: *Heydrichs Elite. Das Führerkorps der Sicherheitspolizei und des SD 1936 – 1945*, Paderborn / München / Wien / Zürich 1998

Wolfgang Benz / Hermann Graml / Hermann Weiß (Hg.): *Enzyklopädie des Nationalsozialismus*, München 1997

Heinz Boberach (Hg.): *Meldungen aus dem Reich. Die geheimen Lageberichte des Sicherheitsdienstes der SS 1938–1945*, 18 Bde., Herrsching 1984

Richard Breitman: *Heinrich Himmler. Der Architekt der »Endlösung«*, Zürich / München 32000

Hans Buchheim / Martin Broszat / Hans-Adolf Jacobsen / Helmut Krausnick: *Anatomie des SS-Staates*, 2 Bde., München 51989

Klaus Drobisch / Günther Wieland: *System der NS-Konzentrationslager 1933 – 1939*, Berlin 1993

Ernst Fraenkel: *Der Doppelstaat. Recht und Justiz im »Dritten Reich«*, Frankfurt am Main 1984 (1974, EVA)

Norbert Frei: *Vergangenheitspolitik. Die Anfänge der Bundesrepublik und die NS-Vergangenheit*, München 21997

Norbert Frei (Hg.): *Hitlers Eliten nach 1945*, München 2003

Henry Friedlander: *Der Weg zum NS-Genozid. Von der Euthanasie zur Endlösung*, Berlin 1997

Robert Gellately: *Die Gestapo und die deutsche Gesellschaft: Die Durchsetzung der Rassenpolitik 1933 – 1945*, Paderborn 21994

Generaldirektion der Staatlichen Archive Bayerns (Hg.): *Wege in die Vernichtung. Die Deportation der Juden aus Mainfranken 1941 – 1943. Begleitband zur Ausstellung des Staatsarchivs Würzburg und des Instituts für Zeitgeschichte München-Berlin in Zusammenarbeit mit dem Bezirk Unterfranken*, München 2003

Israel Gutman (Hg.): *Enzyklopädie des Holocaust. Die Verfolgung und Ermordung der europäischen Juden*, 4 Bde., Hg. d. dt. Ausgabe: Eberhard Jäckel / Peter Longerich / Julius H. Schoeps, München / Zürich 21998

Ulrich Herbert: *Best. Biographische Studien über Radikalismus, Weltanschauung und Vernunft. 1903 – 1989*, Bonn 31996

Ulrich Herbert: *Fremdarbeiter. Politik und Praxis des »Ausländer-Einsatzes« in der Kriegswirtschaft des Dritten Reiches*, Bonn 1999

Ulrich Herbert / Karin Orth / Christoph Dieckmann (Hg.): *Die nationalsozialistischen Konzentrationslager. Entwicklung und Struktur*, 2 Bde.; Frankfurt am Main 2002

Raul Hilberg: *Die Vernichtung der europäischen Juden*, 3 Bde., Frankfurt am Main 1993 (1990)

Heinz Höhne: *Der Orden unter dem Totenkopf. Die Geschichte der SS*, Augsburg 1995

Eric A. Johnson: *Der nationalsozialistische Terror. Gestapo, Juden und gewöhnliche Deutsche*, Berlin 2001

Serge Klarsfeld: *Vichy – Auschwitz. Die Zusammenarbeit der deutschen und französischen Behörden bei der »Endlösung der Judenfrage« in Frankreich*, Nördlingen 1989

Ernst Klee: *Das Personenlexikon zum Dritten Reich. Wer war was vor und nach 1945?* Frankfurt am Main / Wien / Zürich 2003

Helmut Krausnick: *Hitlers Einsatzgruppen. Die Truppe des Weltanschauungskrieges 1938 – 1942*. Frankfurt am Main 1985

Gabriele Lotfi: *KZ der Gestapo. Arbeitserziehungslager im Dritten Reich*, Frankfurt am Main 2003

Peter Longerich: *Geschichte der SA*, München 2003

Ders.: *Politik der Vernichtung. Eine Gesamtdarstellung der nationalsozialistischen Judenverfolgung*, München / Zürich 1998

Ahlrich Meyer: *»... daß französische Verhältnisse anders sind als polnische«. Die Bekämpfung des Widerstands durch die deutsche Militärverwaltung in Frankreich 1941. In: Beiträge zur nationalsozialistischen Gesundheits- und Sozialpolitik 14. Repression und Kriegsverbrechen. Die Bekämpfung von Widerstands- und Partisanenbewegungen gegen die deutsche Besatzung in West- und Südeuropa*, Berlin 1997, S. 43 – 93

Ingo von Münch (Hg.): *Gesetze des NS-Staates. Dokumente eines Unrechtssystems*, Paderborn ³1994

Karin Orth: *Das System der nationalsozialistischen Konzentrationslager. Eine politische Organisationsgeschichte*, Zürich / München 2002

Gerhard Paul / Klaus-Michael Mallmann (Hg.): *Die Gestapo. Mythos und Realität*, Darmstadt 2003

Gerhard Paul / Klaus-Michael Mallmann (Hg.): *Die Gestapo im zweiten Weltkrieg. »Heimatfront« und besetztes Europa*, Darmstadt 2000

Dieter W. Rockenmaier: *Denunzianten. 47 Fallgeschichten aus den Akten der Gestapo im NS-Gau Mainfranken*, Würzburg 1998

Jürgen Schmädeke / Peter Steinbach (Hg.): *Der Widerstand gegen den Nationalsozialismus. Die deutsche Gesellschaft und der Widerstand gegen Hitler*, München / Zürich ²1986

Andreas Seeger: *»Gestapo-Müller«. Die Karriere eines Schreibtischtäters*, Berlin 1996

Alfred Spieß / Heiner Lichtenstein: *Unternehmen Tannenberg. Der Anlass zum Zweiten Weltkrieg.* Wiesbaden / München 1979

Peter Steinbach / Johannes Tuchel (Hg.): *Widerstand gegen den Nationalsozialismus*, Bonn 1994 (Bundeszentrale für politische Bildung, Schriftenreihe Bd. 323)

Johannes Tuchel: *Konzentrationslager: Organisationsgeschichte und Funktion der »Inspektion der Konzentrationslager« 1934 – 1938*, Boppard 1991

Johannes Tuchel / Reinold Schattenfroh: *Zentrale des Terrors: Prinz-Albrecht-Straße 8. Das Hauptquartier der Gestapo*, Berlin 1987

Gerd R. Ueberschär (Hg.): *Der Nationalsozialismus vor Gericht. Die alliierten Prozesse gegen Kriegsverbrecher und Soldaten 1943 – 1952*, Frankfurt am Main 1999

Michael Wildt: *Generation des Unbedingten. Das Führungskorps des Reichssicherheitshauptamtes*, Hamburg 2003

Michael Wildt: *Polizei der Volksgemeinschaft. NS-Regime und Polizei 1933 – 1945*, Hamburg 2000

Friedrich Wilhelm: *Die Polizei im NS-Staat. Die Geschichte ihrer Organisation im Überblick*, Paderborn / München / Wien / Zürich ²1999

Leni Yahil: *Die Shoah. Überlebenskampf und Vernichtung der euopäischen Juden*, München 1998

Fotonachweis

Archiv der KZ-Gedenkstätte Dachau 49

Bilderdienst Süddeutscher Verlag 12, 41, 45, 47, 69, 72, 120, 140, 141, 171, 191, 192, 193, 196

Bundesarchiv Berlin 65, 119, 132, 151

Bundesarchiv Koblenz 14, 19, 21, 23, 27, 39, 40, 42, 118, 126, 147, Buchrückseite unten rechts, unten links und oben

Bundesarchiv Ludwigsburg 46, 48

Deutsches Historisches Museum Berlin 38, 53, 115, 162, 167, 182

Dokumentationsarchiv Österreichischer Widerstand Wien 92, 96

Dokumentationszentrum Reichsparteitagsgelände Nürnberg 83

DPA 205

Essener Luftfahrtarchiv 175, 177

Gedenkstätte Haus der Wannsee-Konferenz Berlin 149

Musée de la Résistance Nationale, Paris 143

National Archives Washington D.C. 213

Österreichische Nationalbibliothek, Wien 97

Polizeipräsidium München 24

Robert Hunt Library 131

Andreas Seeger 93

Staatsarchiv Würzburg 158 – 161, 216

Stadtarchiv Baden-Baden 99, 100

Stadtarchiv München 122

Stadtarchiv Nürnberg 85, 201, 215

tvschoenfilm W. Schoen / H. Hillesheim GbR 66

Ullstein Bilderdienst 15, 16, 91, 101, 105, 107, 123, 125, 183, 194, 206, 209, 211

United States Holocaust Memorial Museum, Washington D.C. 113, 137, 167, 168

Yad Vashem, Jerusalem 95, 142, 184

Frank Gutermuth

geboren 1971, studierte Sozialwissenschaften in Nürnberg mit Forschungsaufenthalt in Brasilien. Nach mehrjähriger wissenschaftlicher Tätigkeit im Ausstellungsbereich zum Thema Nationalsozialismus und Durchführung verschiedener gesellschaftspolitischer Studien arbeitet er heute freiberuflich als Rechercheur und Dokumentarist für zeitgeschichtliche Fernsehdokumentationen wie u. a. »Die Gestapo«. 2004 Veröffentlichung des Essays »Moderner Antisemitismus in Deutschland. Entstehungsgeschichte, Motive und Strukturen«.

Arno Netzbandt

geboren 1966 in Hamburg, ist diplomierter Raumplaner. Nach sozialwissenschaftlichen Forschungstätigkeiten promoviert er derzeit in Politikwissenschaften an der FU Berlin. Er ist seit Jahren in der politischen Bildungsarbeit aktiv, vornehmlich in den Themenbereichen Gesellschaftspolitik, Ökonomie und Zeitgeschichte, zuletzt stand die Beschäftigung mit Nationalsozialismus und Antisemitismus im Mittelpunkt.